成长，自学生活动中来

主编 杜毓贞
副主编 刘露 邱磊

清华大学出版社
北京

内容简介

中小学生的价值观与世界观的形成是在家庭、学校、社会三者叠合渗透的环境影响之下形成的，全面、深刻地学习和理解社会主义核心价值体系是一个复杂而系统的过程。学校和班级是学生形成价值观倾向现实而具体的微环境，本书分别介绍了思想政治理论课、班会活动和校园活动三个维度的策略，涵盖小学、初中和高中各个学龄段，遴选汇总了60余位教师近4年的经验成果，阐述在校园教育教学中如何实现寓教于乐，润物细无声地让学生在活动中接受和认同社会主义核心价值观。

本书适合中小学教师和教育管理者阅读，也适合一般社会读者阅读参考。

图书在版编目（CIP）数据

成长，自学生活动中来 / 杜毓贞主编 .—北京：清华大学出版社，2020.7

ISBN 978-7-302-54482-1

Ⅰ . ①成…　Ⅱ . ①杜…　Ⅲ . ①青少年教育 – 素质教育 – 教育研究　Ⅳ . ① G40-012

中国版本图书馆 CIP 数据核字（2019）第 265693 号

责任编辑：刘士平
封面设计：傅瑞学
责任校对：刘　静
责任印制：沈　露

出版发行：清华大学出版社
网　址：http://www.tup.com.cn, http://www.wpbook.com
地　址：北京清华大学学研大厦 A 座　**邮　编**：100084
社 总 机：010-62770175　**邮　购**：010-62786544
投稿与读者服务：010-62776969，c-service@tup.tsinghua.edu.cn
质量反馈：010-62772015，zhiliang@tup.tsinghua.edu.cn
印 装 者：三河市龙大印装有限公司
经　销：全国新华书店
开　本：185mm × 260mm　**印　张**：22.25　**字　数**：428 千字
版　次：2020 年 7 月第 1 版　**印　次**：2020 年 7 月第 1 次印刷
定　价：65.00 元

产品编号：084381-01

前言

教育事业是一个国家的根本事业，是百业之本，教育能促进人的发展，培养人才，而培养优秀人才的关键在于教，教之先又在于立德树人。习近平总书记在全国教育大会上指出，我国是中国共产党领导的社会主义国家，这决定了我们的教育必须把培养社会主义建设者和接班人作为根本任务，培养一代又一代拥护中国共产党领导和我国社会主义制度、立志为中国特色社会主义奋斗终身的有用人才。党的十九大报告明确指出，要以培养担当民族复兴大任的时代新人为着眼点，强化教育引导、实践养成、制度保障，发挥社会主义核心价值观对国民教育、精神文明创建、精神文化产品创作生产传播的引领作用，把社会主义核心价值观融入社会发展的各方面，转化为人们的情感认同和行为习惯。青少年阶段是人生的“拔节孕穗期”，是人生中进行价值确认的最为敏感的生命阶段，最需要精心引导和栽培，是社会主义核心价值观教育融入国民教育全过程的至关重要的环节。

中小学生的价值观与世界观的形成是在家庭、学校、社会三者叠合渗透的环境影响下形成的，全面、深刻地学习和理解社会主义核心价值体系是一个复杂而系统的过程。学校作为一个专门的教育机构，为学生的道德学习、价值观养成提供了一个相对有组织、有目的、有计划的公共空间，它比社会教育更加集中，在价值交会、交融、交锋的信息化社会中，相对而言最有条件促使学生形成核心价值观。如何在中学校园开展社会主义核心价值观教育，如何引导中学生自觉树立和践行社会主义核心价值观，这是北京市“十三五”规划优先关注课题《当前青少年价值取向的特点及影响策略研究》的核心研究问题。

课题组在研究过程中结合清华大学附属中学、清华大学附属实验学校、清华大学附属中学朝阳学校、清华大学附属中学永丰学校、清华大学附属中学丰台学校、清华大学附属中学上地学校、清华大学附属中学奥森将台路校区7所学校的教师们社会核心价值观的教育教学实践，遴选汇总了60余位教师近4年的经验成果，形成本书。这些教师分别是（以文章顺序排列）：郎艳、刘露、邱磊、于洺、向丽、赵爱军、陈华、魏园园、刘贝贝、黎颖、岑逸飞、谭晨、叶海波、宫宝龙、聂敏、隋颖、吕宝强、李越、潘锐、刘文斌、娄赛赛、庄春妹、黄维超、王雪楠、王露迪、杨先溥、鄂宇、韩同美、武晓青、李琛、孔冰、梁月松、王庆超、杜毓贞、石莹、陈红、周爱民、秦洪明、张晓宁、王颖、朱建宏、杨晓彤、祁雯、白雪峰、王殿军、潘鑫、孟卫东、杨莹、史晓雨、张悦、辛颖、叶春芳、胡军。

校园、课堂和班级是学生形成价值观倾向现实而具体的微环境，所以本书从思想政治理论课、班会活动、校园活动三个维度展开，涵盖7所学校小学、初中和高中各个学龄段，阐述在校园教育教学中如何融合社会主义核心价值观，实现寓教于乐，润物细无声地让学生在活动中接受和认同社会主义核心价值观。

编者

2020年1月

目录

第一篇 思想政治理论课策略

思想政治理论课是落实立德树人根本任务的关键课程。习近平总书记在学校思想政治理论课教师座谈会上指出，办中国特色社会主义教育，就是要理直气壮开好思政课，用新时代中国特色社会主义思想铸魂育人，引导学生增强中国特色社会主义道路自信、理论自信、制度自信、文化自信，厚植爱国主义情怀，把爱国情、强国志、报国行自觉融入坚持和发展中国特色社会主义事业、建设社会主义现代化强国、实现中华民族伟大复兴的奋斗之中。

小学品德与社会课、初中道德与法治课、高中思想政治课这三门课程作为一种知性与德行相结合的教育，要形成以真理服人、以事理服人、以情理服人的教育合力，实现社会主义核心价值观入耳、入脑、入心。大、中、小学循序渐进、螺旋上升地开设思想政治理论课是培养一代又一代社会主义建设者和接班人的重要保障。因此，思想政治理论课要改革创新，不断增强思想性、理论性和亲和力、针对性，不但需要通过正确的理论灌输，使学生获得关于理想信念的正确认知，而且需要通过联系和分析国内外实际生活中发生的典型事件及其背后的原因，使学生通过事实判断和价值判断在内心形成一种积极的情感体验，激发情感共鸣，为学生确立社会主义核心价值观提供内化依据和内在动力。

1.1 国家层面（富强、民主、文明、和谐）

1.1.1 关注民主，了解我国的基本政治制度

——《我国基本政治制度》教学案例

清华大学附属中学　郎艳

关于社会主义民主和人民当家作主的理论阐释，在十九大报告中有充分体现：

“三、新时代中国特色社会主义思想和基本方略

明确中国特色社会主义最本质的特征是中国共产党领导。

……

（五）坚持人民当家作主……坚持和完善人民代表大会制度、中国共产党领导的多党合作和政治协商制度……

……

六、健全人民当家作主制度体系，发展社会主义民主政治

……

（三）发挥社会主义协商民主重要作用。有事好商量，众人的事情由众人商量，是人民民主的真谛。”

本课是教育部编教材《道德与法治》八年级下册第五课第三框题《我国基本政治制度》的第一课时，旨在引导学生关注社会主义民主，帮助学生掌握我国基本政治制度，培养学生思想政治核心素养中的政治认同和公共参与，践行社会主义核心价值观国家层面的民主。在《思想品德课程标准（2011 年版）》第三部分《我与国家和社会》中第二个内容《认识国情，爱我中华》中是这样要求的：知道中国特色社会主义理论体系。了解我国现阶段基本经济制度和政治制度。

本课教学过程中教师运用“深度学习”理论帮助学生理解政治理论。深度学习是指基于学生理解基础进行教师教学，帮助学生以高层次思维的发展和实际问题的解决为目标，以整合的知识为内容，积极主动地、批判性地学习新的知识和思想，并将它融入原有的认知结构中，且能将已有的知识迁移到新的情境的一种学习。深度学习的特点是：理解与批判、联系与建构、迁移与应用。

适用教材

初中《道德与法治》八年级下册。

指导思想

本课是教材第三单元“人民当家作主”中第五课的内容。

作为中华人民共和国公民，我们要理解国家基本制度，了解国家机构的性质与职责。宪法规定国家制度，将国家权力赋予国家机构并规范国家权力的运行，实质是保障人民当家作主，这是宪法精神的具体化。第五课“我国基本制度”和第六课“我国国家机构”对这部分内容进行了具体分析介绍，对学生进行社会主义民主教育，增强学生的国家认同，树立制度自信，重点进行国家意识教育，鼓励学生积极参与国家政治生活。

第五课“我国基本制度”，重点介绍了我国公有制为主体、多种所有制共同发展的基本经济制度，人民代表大会制度（根本政治制度）以及中国共产党领导的多党合作和政治协商制度、民族区域自治制度、基层群众自治制度等基本政治制度，阐明了这些制度对实现人民当家作主的意义，从而增强学生的制度自信。

本节课要讲授的是第三框题《我国基本政治制度》的第一课时，中国共产党领导的多党合作和政治协商制度。第二课时介绍我国基本政治制度中的民族区域自治制度和基层群众自治制度。教学重点设为坚持中国共产党领导的多党合作和政治协商制度，强调党的领导。教学难点是中国共产党领导的多党合作和政治协商制度的作用。

第三单元结构如下图所示。

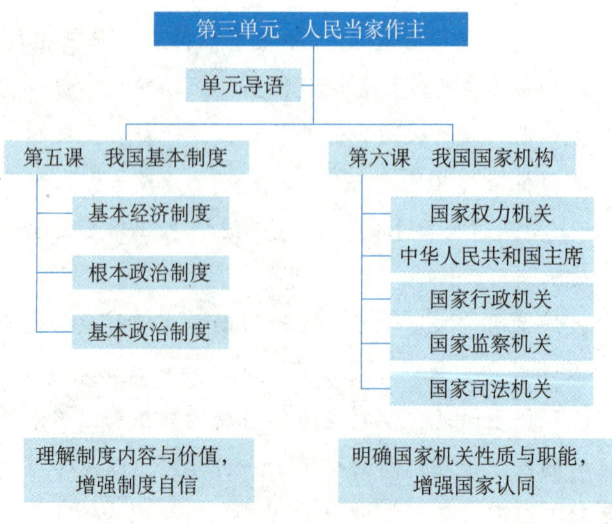

学情分析

由于初中学生年龄偏小，思维能力有待提高，所以学生对社会政治生活不太理解，对民主法治不清楚，因此激发学生对了解国家制度的兴趣，清晰阐释理论，调动学生思维的积极性是教学着力点。

清华附中八年级的学生关心时事政治，对十九大报告和“两会”有所了解，经过八年级下学期两个月的学习，乐于接受宪法知识，形成了尊重宪法权威的意识，但是对国家制度的内容还比较陌生，所以教师需要以学生的生活经验为起点，遵循生活逻辑与知识逻辑相结合的原则，力求理解法律知识，树立法治观，为学生生活经验和认知结构建立打下坚实的基础。

教学目标

结合深度学习理论方法，通过对宪法精神——公民意识——国家观念——法治精神这一教学线索的落实，以宪法精神为主线，以增强学生公民意识和国家意识为主旨，遵循生活逻辑与知识逻辑相结合的原则。在学习过程中认识了解社会主义民主，明确宪法保障人民当家作主。

在对中国共产党领导的多党合作和政治协商制度具体内容进行学习、掌握的基础上，能够阐明坚持中国共产党领导是由国家性质和党的性质决定的，体现政治认同。能够通过小组讨论、材料分析等活动理解这一制度对实现人民当家作主的意义，从而增强制度自信。以学案材料为依据进行分析讨论，将已有知识迁移到新的情境中，尝试总结多党合作和政治协商制度的优越性，加强学生公共参与意识的培养。

教学方式

小组问卷调查、观看视频短片、学案导读、讨论汇报。

教学过程

一、导入新课

（一）环节一

（1）教师活动。出示“根本”和“基本”两个词，请学生根据自己的理解进行释义。

（2）学生活动。思考后回答问题，提出自己对“根本政治制度”和“基本政治制度”二者含义不同的看法。

（3）设计意图。根据课前调查，学生对根本政治制度和基本政治制度的表述感到很难理解，难以区分，所以先从语义概念上区别。

（4）过渡。党是领导核心。

（二）环节二

（1）教师活动。出示材料并提问：“中共中央提出实施食品安全战略的建议，民主党派围绕中共中央的建议积极建言献策，这说明了什么问题？”

（2）学生活动。学生阅读材料后进行小组讨论，整理出小组意见。通过讨论，学生能够得出结论：材料说明了中国共产党是领导核心，多党合作。

（3）设计意图。从社会生活入手，便于学生理解十九大报告指出的“党领导一切”。

讲授新课：中国共产党领导的多党合作和政治协商。

（三）环节三

（1）教师活动。教师出示开国大典、改革开放、科技强国三张图片并提问：中国共产党为什么是领导核心？

（2）学生活动。观察图片后小组讨论概括图片内容所表达的内涵：在党的领导下，中国从站起来到富起来到强起来。

（3）设计意图。十九大报告指出：明确中国特色社会主义最本质的特征是中国共产党领导。在这一环节活动中帮助学生理解教学重点，培养政治认同。

（四）环节四：活动一

（1）教师活动。请学生阅读课本材料“庆祝建党95周年讲话”和学案材料《十九大报告摘录》。

（2）学生活动。阅读两份材料之后，用材料的内容证明阅读感悟中的观点。

（3）设计意图。培养学生在政治学科学习中阅读材料、分析材料的能力。引导学生理解宪法，将社会主义制度确立为国家根本制度实质就是保障人民当家作主，增强学生的制度自信。

（五）环节五

（1）教师活动。播放视频“全国政协十三届一次会议记者会民主党派中央领导人集体亮相”。

（2）学生活动。拿出课前小组抽取的知识条，为大家介绍民主党派相关知识

（3）设计意图。增强学生对民主党派的感性认识。

（六）环节六：活动二

（1）教师活动。播放视频“民主党派调研行”，组织学生小组讨论并完成学案中的内容。

（2）学生活动。观看视频，小组讨论，完成学案，总结出民主党派的作用。

（3）设计意图。借鉴深度学习理论，引导学生将已有知识迁移到新情境，生成新认识。

（七）环节七

（1）教师活动。播放视频“政协的主要职能”和“政协是如何工作的”，介绍人民政协及其职能。

（2）学生活动。观看视频并记录观点。

（3）设计意图。落实了解十九大报告内容“发挥社会主义协商民主重要作用”。

（八）环节八：活动三

（1）教师活动。通过关于民主党派作用和人民政协职能的学习，请每小组总结出至少一条中国共产党领导的多党合作和政治协商制度的优越性。

（2）学生活动。小组用前面活动的记录内容进行归纳总结。

（3）设计意图。学生以实际问题的解决为目标，进行深入思考，提升思维品质。

二、课堂小结

（1）教师活动。通过对中国共产党领导的多党合作和政治协商制度具体内容的学习，我们明确了坚持中国共产党领导是由国家性质和党的性质决定的。这一制度对实现人民当家作主具有重要意义。中国共产党领导的多党合作和政治协商制度是发扬社会主义民主的重要形式，具有优越性。

（2）学生活动。根据下面表格中的维度进行自评，等级从低到高为1～5级。

维　度	等　级
结合典型事例，说明中国共产党是中国特色社会主义事业的领导核心，体现政治认同	
清晰表达民主党派知识	
小组合作讨论总结民主党派作用，体会公共参与	
对中国共产党领导的多党合作和政治协商制度的优越性有清楚的认识	
了解十九大报告中关于这一制度的表述，理解内涵，增强制度自信	

教学反思

本节课理论性比较强，所以借助多个视频的引用和分析帮助学生理解，形成对中国共产党领导的多党合作和政治协商制度的正确认识。通过对深度学习理论的实践应用，引导学生高阶思维，迁移知识到新情境中进行分析思考，推导出这一制度的优越性，从而加深对国家基本政治制度的政治认同，理解民主协商过程和作用，培养公共意识，增强对十九大报告中的关于坚持党的领导、社会主义协商民主等论述的理解。

教学素材

一、视频

- 全国政协十三届一次会议记者会民主党派中央领导人集体亮相
  https://www.mgtv.com/b/320388/4303948.html?cxid=11zus2nww2
- 民主党派调研行
  https://tv.sohu.com/v/dXMvMjk0Njg3MTMyLzg5MzIyNjM3LnNodG1s.html
- 政协的主要职能和政协是如何工作的
  http://www.pps.tv/w_19rt14hn85.html
  http://tv.sohu.com/20130304/n367701859.shtml

二、学案

十九大报告摘录和教材阅读感悟，用材料证明观点如下。

（1）要在全党开展好“不忘初心、牢记使命”主题教育，增强学习贯彻的自觉性和坚定性，深入理解和把握习近平新时代中国特色社会主义思想的科学体系、精神实质、丰富内涵、实践要求，把习近平新时代中国特色社会主义思想贯彻到社会主义现代化建设全过程，体现到党的建设各方面，更好地统筹推进“五位一体”总体布局，协调推进“四个全面”战略布局，不断开创新时代中国特色社会主义伟大事业新局面。

（2）从党和国家事业发展全局高度与长远角度，对新时代中国特色社会主义发展做出了战略部署，要求决胜全面建成小康社会，实现第一个百年奋斗目标，并乘势而上开启全面建设社会主义现代化国家新征程，向第二个百年奋斗目标进军。

（3）党中央以巨大的政治勇气和强烈的责任担当，提出一系列新理念、新思想、新战略，出台一系列重大方针政策，推出一系列重大举措，推进一系列重大工作，解决了许多长期想解决而没有解决的难题，办成了许多过去想办而没有办成的大事，在新中国成立特别是改革开放以来我国发展取得的重大成就基础上，推动党和国家事业发生历史性变革，国家经济实力、科技实力、国防实力、综合国力、国际影响力和人民获得感显著提升。

（4）经济平稳健康发展。在基数不断增大的情况下，2013—2016 年国内生产总值年均增长 7.2%，对世界经济增长的贡献率超过 30%。当前经济发展稳中向好，2017 年我国经济总量将达到 80 万亿元人民币，折合约 12 万亿美元，稳居世界第二位。

（5）在文化建设方面，社会文明程度达到新的高度，国家文化软实力显著增强，中华文化影响更加广泛深入。中国梦和社会主义核心价值观深入人心，爱国主义、集体主义、社会主义思想广泛弘扬，全体人民的文化自信、文化自觉和文化凝聚力不断提高。重视社会公德、职业道德、家庭美德、个人品德的社会风尚基本养成，人民思想道德素质、科学文化素质、健康素质明显提高。公共文化服务体系、现代文化产业体系和市场体系基本建成，中外文化交流更加广泛，中华文化走出去达到新水平。

（1）民主党派调研行。

民主党派名称	调研方向	呼吁主题	曾被采纳建议主题	过去几年的关注点	推动方式

根据上表，总结民主党派的作用。

____

____

____

（2）观看视频，记录观点。

政协的主要职能和作用。

____

____

____

用前面活动的记录内容进行归纳总结。

通过前面关于民主党派作用和人民政协职能的学习，请你们小组总结出至少一条中国共产党领导的多党合作和政治协商制度的优越性。

____

____

学生学习效果评价。

维　度	等　级
结合典型事例，说明中国共产党是中国特色社会主义事业的领导核心，体现政治认同	
清晰表达民主党派知识	
小组合作讨论总结民主党派作用，体会公共参与	
对中国共产党领导的多党合作和政治协商制度的优越性有清楚的认识	
了解十九大报告中关于这一制度的表述，理解内涵，增强制度自信	

学生根据上面表格中的维度进行自评，等级从低到高为1～5级。

1.1.2　“一带一路”见证中国发展
——《国际关系的决定性因素》教学设计

清华大学附属中学　刘露

“一带一路”是指“丝绸之路经济带”和“21世纪海上丝绸之路”，它将充分依靠中国与有关国家既有的双多边机制，借助既有的、行之有效的区域合作平台。“一带一路”倡议不仅是各方交流合作的平台，更是中国面对时代命题、改善全球治理、推进对外开放提出的中国方案，顺应了全球治理体系变革的内在要求，彰显了同舟共济、权责共担的命运共同体意识，为完善全球治理体系变革提供了新思路、新方案。“一带一路”倡议既不是对外援助计划，也不是地缘政治工具，而是互利共赢的合作平台。五年来，共建“一带一路”推动了中国对外开放，也让沿线国家受益。

本课以“一带一路”为线索，探讨亚投行建设中国家的博弈，通过思考中国为什么能创建亚投行，真切地感受到我国综合国力和国际地位的提高，激发爱国主义情怀，增强政治认同；通过辨析亚投行遇到的挑战，探讨应对挑战的策略，初步形成正确的国家利益观；通过畅想“一带一路”战略对中学生未来的影响，激发中学生主动投身实践、维护国家利益的热情，培养其勇于担当的责任感。

适用教材

高中必修二《政治生活》。

指导思想

建构主义教学理论提倡以学生为中心，教师在整个教学环境中是促进者、组织者、发起者，学生能动地利用各种条件对所学的知识进行建构。本课强调学生作为认知的主体，鼓励学生主动去收集并分析有关的信息和资料，通过综合运用政治、历史和地理等多学科知识，在合作解决问题的过程中主动建构知识。

《教育部关于全面深化课程改革落实立德树人根本任务的意见》提出，依据学生发展核心素养体系先行修订高中课程方案和课程标准。学科素养是指：“学生发展素养在特定学科的表现，是学生学习一门学科课程之后所形成的、具有学科特点的关键成就，是学科育人价值的集中体现。”目前思想政治学科核心素养拟定为政治认同、理性精神、法治意识、公共参与四个要素。

学情分析

（1）学生在本学期政治课《新闻评论》环节自选了亚投行的新闻，进行了初步介绍。所以，学生对本课的热点新闻有较为浓厚的兴趣和一定的知识储备。但是对各国为什么对亚投行有不同态度分析得不够深入，缺乏对问题本质的探讨。

（2）通过之前的学习，学生对经济现象有一定了解，也接触到基本的国际政治概念，有利于国际关系问题探究的展开。但由于高一年级学生的认知和心理等特点，学生接受社会新闻时容易产生负面情绪，需要教师通过全面深入的课堂教学，对其在情感态度与价值观方面进行引导。

教学目标

知识目标：通过分析亚投行的“朋友圈”，知道国际关系的含义、内容和基本形式；通过小组分析和讨论各国在亚投行问题上的“博弈”，理解国际关系的决定性因素是国家利益，明确国家利益的内涵。

能力目标：通过分析中国力推亚投行、亚投行第一笔投资花落巴基斯坦、英国背弃“盟友”加入亚投行以及美国对亚投行态度转变的原因，提升透过现象揭示问题本质的能力，锻炼合作探究能力，提高辩证地观察事物和分析国际政治问题的能力，学会做出一定的理性解释、判断和选择。

情感态度与价值观目标：通过思考中国为什么能创建亚投行，真切地感受到我国综合国力和国际地位的提高，激发爱国主义情怀，增强政治认同；通过辨析亚投行遇到的挑战，探讨应对挑战的策略，初步形成正确的国家利益观；通过畅想“一带一路”战略对中学生未来的影响，激发其主动投身实践、维护国家利益的热情，培养勇于担当的责任感。

教学方式

体验式教学、合作探究式教学。

教学过程

整个教学分为了三个环节，暗含着明暗两条线索。明线围绕亚投行展开，它的“朋友圈”、背后的“博弈”和遇到的挑战；暗线是国际关系的基本观念、决定性因素和如何维护三个知识点的落实与学科核心素养的渗透，引导学生如剥竹笋一样，由浅入深、由表及里一层一层地去获取知识。

一、第一环节，亚投行的“朋友圈”——走进国际关系

（1）情境内容。展示了一个特别的“朋友圈”，各国讨论是否加入亚投行。

（2）教师活动1。这个“朋友圈”在讨论什么，为什么如此热闹，特别是美国和日本的态度。

（3）学生活动。阅读亚投行“朋友圈”讨论的内容，思考并回答问题。阅读教材，回答相关问题。

（4）教师活动 2。其实热闹的“朋友圈”，就是国际关系最真实的写照，在此基础上我和学生一起梳理了国际关系的含义、内容及其基本形式。

（5）设计意图。用学生熟悉的“朋友圈”导入课程，有利于产生共鸣，激发学习的兴趣，选择热点新闻作为素材，能引导学生关注时事政治，培养理论联系实际的能力。

二、第二环节，亚投行的国家“博弈”——分析国家利益

情境内容。“一带一路”版图，各国领导人对“一带一路”的态度。

习总书记亚投行开业仪式致辞。中国作为亚投行倡议方，在银行成立后，将坚定不移支持其运营和发展，除按期缴纳股本金之外，还将向银行即将设立的项目准备特别基金出资 5000 万美元，用于支持欠发达成员国开展基础设施项目准备。

巴基斯坦财政部部长伊沙克・达尔说道，2016 年 5 月 3 日亚投行正式宣布其首个联合融资项目—— 一条位于巴基斯坦境内、连接旁遮普省的绍尔果德与哈内瓦尔的 64 千米长的高速公路项目。

英国财政大臣乔治・奥斯本提道，英国将作为第一个主要西方国家，成为亚投行的意向创始成员国，这个银行已经在这一地区获得了巨大支持。

美国财政部部长雅各布・卢 2014 年 10 月说道，我希望欲加入亚投行的国家，都能在充分考察该机构的运行情况之后再达成最终协议。2015 年 3 月，美国“随时准备欢迎”亚投行的建立。

（1）教师活动 1。①中国为什么力推亚投行？②亚投行首笔融资为什么花落巴基斯坦？③英国为什么背弃“盟友”加入亚投行？④结合中美关系未来遇到的挑战，预测美国是否会加入亚投行？为什么？

（2）学生活动。①思考并回答问题。②课前，全班学生分为 4 个国家代表团，分别代表中国、巴基斯坦、英国、美国财政官员。学生提前查阅所代表国家在亚投行问题上的国家立场及其相关材料。③课上，学生结合日常所学的政治、历史、地理等多学科知识，依据课前查阅的资料，思考问题，并逐一进行回答。

（3）教师活动 2。总结学生发言，结合政治、历史和地理多学科知识综合全面分析各国在亚投行问题上的态度。进一步提问：各国产生不同态度的根本原因是什么？总结：国家利益是国际关系的决定性因素。

（4）设计意图 1。亚投行是服务于“一带一路”战略的，所以选取了这个战略中有代表性的 4 个国家，具有很强的现实意义，能充分地开展研讨。学生站在所代表国家的立场去思考分析，在思维碰撞中切身参与国际问题的讨论，渗透理性精神的培养。在时事问题

研究中，学生调用多学科进行分析，培养综合性思维。

（5）情境内容。举例说明古代丝绸之路的繁荣。

（6）教师活动 3。提问：为什么中国主导的亚投行能有那么多国家响应？

（7）设计意图 2。从中学生真切地感受到我国综合国力和国际地位的提高，增强政治认同。

三、第三环节，亚投行的挑战与发展——维护我国利益

（1）情境内容。阐述亚投行的发展过程中可能遇到的挑战。

（2）教师活动 1。中国应该如何面对这些挑战？中国如何处理好与其他国家的关系？

（3）学生活动。认真思考并回答问题。

（4）教师活动 2。播放了一个总书记讲话的视频集锦，核心意思是独行快、众行远，只有合作共赢才能办大事，引导学生认识到维护国家利益的同时，要谋求与其他国家的共赢，从而将课程上升到一个新的高度。

通过这个环节，学生理解维护我国国家利益的重要性，知道如何处理好与其他国家的关系，形成正确的国家利益观。

教学反思与创新

（1）强化育人导向，渗透核心素养。把基础知识、学科能力考查与思想道德教育相结合，利用通过鲜活的情境、对问题的理性分析、多种方式的参与等形式，润物细无声地向学生渗透学科核心素养，帮助学生培养政治认同、理性精神，铸就高尚的品格，成为具有完整人格的人。

（2）以学生为中心，重视实践性。课程以学生的认知特点和知识结构为起点，尊重学生，引导学生在与现实生活的情境互动中，在深入浅出的分析中把抽象的学科知识逐步转化为分析和解决实际问题的能力。课程最终的落脚点还是学生，帮助学生在体验与感悟中发展个性，形成生活的智慧。

（3）突出综合性，关注思维品质的培养。通过创设新颖的问题情境，鼓励学生独立思考、大胆探究、表达见解，在思考和解决问题的过程中，整合跨学科的知识，提升思维的深刻性、层次性和多样性，培养综合性思维。

1.1.3　体会人民当家作主

——《国家的权力机关：人民代表大会》教学案例

清华大学附属中学　邱磊

高中思想政治课程理论知识丰富，但必须在学生紧密结合与自己息息相关的生活的基础上达到情态价值观的教学目标——这正是我们强调“使社会主义核心价值观的影响像空气一样无所不在”的原因，而如何让“民主”像空气一样存在于青年学生的周围，正是政治教师需要面对的挑战与机遇。

马克思唯物史观揭示：人民群众是历史的创造者，是无产阶级政党的力量之源和胜利之本，无产阶级执政党最大的危险就是脱离群众。基于此,《政治生活》模块的展开以“中国共产党始终代表最广大人民的根本利益”的思想为统领，采取“画民主政治之龙，点社会主义之睛”的方式，以公民政治文化素养的提高为着力点，以正确政治观点的形成目标，促使学生思考有序政治参与、行使民主权利的具体过程与方法。

本课内容是《思想政治》课程之《政治生活》第三单元第五课的第一框题。通过“公民的政治生活”与“为人民服务的政府”的铺陈，学生对身边的政治现象有了初步的了解与分析，但他们需要理解“人民当家作主”何以可能，这就是政治制度保障问题，也是社会主义民主之正题。

适用教材

高中必修二《政治生活》。

活动意义

十九大报告（《决胜全面建成小康社会　夺取新时代中国特色社会主义伟大胜利》）指出：“发展社会主义民主政治就是要体现人民意志、保障人民权益、激发人民创造活力，用制度体系保证人民当家作主。”《普通高中思想政治课程标准》(2017 年版)：关注思想政治学科核心素养的培育，着眼于学生的真实生活和长远发展，使理论观点与生活经验有机结合，让学生在社会实践活动的历练中、在自主辨析的思考中感悟真理的力量，自觉践行社会主义核心价值观。

明确人民代表大会是我国的国家权力机关；知道人民代表大会的主要职权；了解人民代表的法律地位、权利和义务。培养自主学习的能力，能够运用事例说明人民代表大会行使职权的具体表现；增强收集相关信息、选取有用信息的能力，能多渠道将人民代表大会的有关资料用于知识学习；锻炼辩证思考问题的能力，通过人大代表团会议讨论模拟，培养辩证看待问题的思维。通过对人民代表大会相关知识的学习，明确我国人民民主专政的国家性质，坚定热爱社会主义政治制度的信念；通过对人大代表的了解，树立权利、义务不可分割意识；通过模拟与讨论，从公民如何参与政治活动角度进一步增强学生公民意识。

教学过程

一、环节一：引入课堂

(背景音乐起)各位同学，高 17 级 4 班应上课学生 42 人，今天政治课出席 42 人，无一人缺席，出席人数符合法定人数。现在我宣布，上课……

从 2018 年 3 月 5 日开始，第十三届全国人民代表大会第一次会议在北京举行，在这两个星期之中，来自祖国各地的人民代表们在做些什么，他们究竟为了什么而来？他们组成的全国人民代表大会具有怎样的功能？它又将对我们的生活产生什么影响？下面，咱们一同看看手中的学案，体验自己就是一名人大代表，全程参会。

对照教材，自我思考，看看能否归纳出全国人大主要行使着自己的什么权力？

二、环节二：“议程”中的当家作主

看学案“全国人民代表大会日程”这一列，体验自己作为人大代表全程参会。

看教材，自我思考，看看能否归纳出这两个礼拜全国人大主要在做些什么。

(一)人大的权力

3 月 5 日——十三届全国人民代表大会开幕，看一看全国人大会议日程，短短的两个星期全国人大做了什么事情？通过阅读教材，能否归纳出这件事情背后代表人大的什么权力？

学生活动：

决定权——国务院机构改革草案的通过；

任免权——国家主要领导人的更替；

监督权——审查各部门工作报告、代表有针对性地提出议案；

立法权——全体会议审议宪法修正案草案。

（为什么人大会议的大部分议程与立法有关？这是我国民主真实性的重要保障。）

从同学们的归纳中，可以得知我们将人民代表大会称为“权力机关”的原因——代表人民行使管理国家的权力。

概括而言：①决定全国和各级地方的一切重大事务；②产生行政、审判、监察机关，具体管理国家与社会。注意，对于全国人大来说，以上所说的权力必须加上“最高”二字，因为我国地方各级都有自己的人民代表大会。

（二）人大的体系

3月21日起，全国人大闭会到明年，这一年中国家权力机关是否应继续行使权力？由谁代为行使？

学生活动：

全国人民代表大会常务委员会是全国人民代表大会的常设机关；闭会期间行使全国人大大部分职权。

了解我国权力机关的完整体系。

（三）人大代表的职权

我们了解了人民代表大会的性质、权力以及常设机构，也了解了全国人大的地位，今年全国人大总共有近3000名代表，由人民选举出来的人大代表在这些天里做了些什么，他们拥有怎样的权力，顺着日程，我们一同归纳。再看一看本届代表的日程，说一说作为全国人大代表，做了什么，表明人大代表拥有什么职权。

学生活动：

审议权——听取并参与对国家各部门工作报告的审议讨论；

表决权——就宪法修正、国家主席选举等进行表决；

提案权——如《如何解决中小学下午“三点半”问题》《优化网络直播平台风气的建议》；

质询权——人民代表大会制度是我国的根本政治制度，询问和质询是国家权力机关对行政机关、审判机关和检察机关实行监督的形式。

拥有人民赋予的权力，人大代表就要为人民说话。有代表在自己呈交的第一份议案中这样写道：“建议考虑取消对外地户口人员高考限考规定，高中阶段教育可向流动人口子女敞开大门，并且实行统一收费标准。”其他全国代表也提交了《关于切实关心外来民工子女参加当地高考的建议》等议案，这一系列的发言引起了关于“高考是否应受户籍限制”的争议。在了解全国人大议程和人大代表权利的基础上，我们能否体验一番当人大代表的滋味？

三、环节三：假如我是人大代表

见“活动片段”。

四、环节四：我们不需要模拟

刚才的模拟议案，正是一名公民参与人民代表大会的实际行动。作为普通公民，和人大会议还有什么别的关系吗？

大会期间，通过媒体关注“两会”，关心人大代表的提案（了解政府工作报告，观看相关新闻，上网查看人大代表的议案）。

大会期间与平时，通过舆论提出自己的议案（主要通过网络、电话、信件，问总理、问部委、提建议）。

平时生活中，注意身边的人大代表，积极联系他们以便反映民意，同时对人民代表的言行进行监督。

这正是：风声雨声读书声，声声入耳；家事国事天下事，事事关心。

横批：政治生活，其乐无穷。

总而言之，人民自己选举出来的人大代表需要真正做到为人民服务，对人民负责，并接受人民监督。

五、环节五

参与“北京人大常委会开门立法”。

活动片段

现在我们北京人大代表团就此议题进行全体讨论，如果你是：北京市民代表、外来人员代表、经济界代表、教育界代表，你将如何参与到全国人大会议这一重大政治事件中？给出一个最佳议案。

1. 活动准备

事先预设好代表所在领域的发言，与学生课堂的发言作对比归纳。

2. 活动展示

外来人员代表：这些年我们非常高兴地看到政府正在户籍改革的路上探索，例如积分落户政策，让大家看到了希望。现在大家焦虑的是，积分落户政策会惠及多少家庭？由于城市承载能力的限制，北京在限制人口膨胀速度，这一点大家都可以理解，也都全力支持。所以可以预见，相对于1000万左右外来人口，能解决户口的，肯定是一小部分，而大部分的外来人员还是无所依托，回老家高考是无法改变的。如果能在积分落户基础上，推出积分高考，相信在把握城市承载能力的基础上，也能惠及更多长期扎根北京的劳动者。相信我们的政府在教育体制改革上面，也会有一些有益探索，并逐步解决焦点问题。

北京市民代表：北京高考完全放开不可能，北京发文严控人口，如完全放开异地高考就导致上千万外地人涌进北京，北京无法承受，目前外地在京长住和本地人都快3000万人了，资源严重短缺反而不利于“共享”社会的实现。

教育界代表：尽早制定明确的“重学籍、轻户籍”的高考相关政策。考虑到大城市人口承载力以及教育资源的配置问题，建议以考生在高考所在地的学籍年限为主，辅以考生家长在当地工作、居住和纳税的年限等条件来设定界限。此外，可根据当年即将参加高考的流动人员子女数量，相应调整本年度的各地招考数量。这样可以有效防止流动人员子女在居住地高考对本地户籍生源的冲击，也保证了教育资源分配的公平性。

3. 活动意义

（1）引导学生理解人大代表光荣权利背后也存在相应的义务与厚重的责任，学生需明白人大代表在自己参加的生产、工作和社会活动中：代表人民的利益和意志，依照宪法和法律赋予的各项职权，行使管理国家的权力；协助宪法和法律的实施；与人民群众保持密切联系，听取和反映人民群众的意见与要求。

（2）作为人大代表，要想更好地行使权利、履行义务，你归纳一下应该具备的能力。

坚定的政治原则性；实事求是的品质；强烈的使命感和责任感。

调查研究能力；阅读、表达和分析判断能力；社会活动能力。

第十三届全国人民代表大会第一次会议议程

3 月 5 日（星期一）

上午 9 时，代表大会第一次全体会议（开幕会）。

（1）听取国务院总理李克强关于政府工作的报告。

（2）审查国务院关于 2017 年国民经济和社会发展计划执行情况与 2018 年国民经济和社会发展计划草案的报告。

（3）审查国务院关于 2017 年中央和地方预算执行情况与 2018 年中央和地方预算草案的报告。

（4）听取全国人大常委会副委员长兼秘书长王晨关于中华人民共和国宪法修正案草案的说明。

下午 3 时，代表团全体会议审议政府工作报告。

3 月 6 日（星期二）

上午 9 时，代表小组会议审议政府工作报告。

下午 3 时，代表小组会议审议政府工作报告。

3 月 7 日（星期三）

上午 9 时，代表团全体会议审议宪法修正案草案。

下午 3 时，代表小组会议审议宪法修正案草案。

3 月 8 日（星期四）

上午 9 时，代表团全体会议审查计划报告和预算报告，推选监票人。

下午 3 时，代表小组会议审查计划报告和预算报告。

3 月 9 日（星期五）

上午 9 时，代表小组会议审议宪法修正案草案修改稿，审查计划报告和预算报告。

下午 3 时，代表大会第二次全体会议。

（1）听取最高人民法院院长周强关于最高人民法院工作的报告。

（2）听取最高人民检察院检察长曹建明关于最高人民检察院工作的报告。

3 月 10 日（星期六）

上午 9 时，代表团全体会议审议最高人民法院工作报告和最高人民检察院工作报告。

下午3时，代表小组会议审议最高人民法院工作报告和最高人民检察院工作报告。

3月11日（星期日）

上午9时，代表团全体会议审议宪法修正案草案建议表决稿，大会关于设立第十三届全国人大专门委员会的决定草案，关于第十三届全国人大专门委员会主任委员、副主任委员、委员人选的表决办法草案；酝酿第十三届全国人大法律委员会、财政经济委员会主任委员、副主任委员、委员的人选。

下午3时，代表大会第三次全体会议。

（1）表决总监票人、监票人名单草案。

（2）投票表决中华人民共和国宪法修正案草案。

（3）听取全国人大常委会委员长张德江关于全国人民代表大会常务委员会工作的报告。

3月12日（星期一）

上午9时，代表团全体会议审议全国人大常委会工作报告。

下午3时，代表小组会议审议全国人大常委会工作报告。

3月13日（星期二）

上午9时，代表大会第四次全体会议。

（1）听取全国人大常委会副委员长李建国关于中华人民共和国监察法草案的说明。

（2）听取国务委员王勇关于国务院机构改革方案的说明。

（3）表决大会关于设立第十三届全国人大专门委员会的决定草案。

（4）表决大会关于第十三届全国人大专门委员会主任委员、副主任委员、委员人选的表决办法草案。

（5）表决第十三届全国人大法律委员会主任委员、副主任委员、委员人选名单草案。

（6）表决第十三届全国人大财政经济委员会主任委员、副主任委员、委员人选名单草案。

下午3时，代表团全体会议审议监察法草案。

3月14日（星期三）

上午9时，代表小组会议审议监察法草案。

下午3时，代表团全体会议审议国务院机构改革方案。

3月15日（星期四）

大会休息。

3 月 16 日（星期五）

上午 9 时，代表团全体会议审议监察法草案修改稿，关于批准国务院机构改革方案的决定草案，第十三届全国人大一次会议选举和决定任命的办法草案。

下午 3 时，代表团全体会议酝酿协商中华人民共和国主席、副主席人选，中华人民共和国中央军事委员会主席人选，全国人大常委会委员长、副委员长、秘书长人选。

3 月 17 日（星期六）

上午 9 时，代表大会第五次全体会议。

（1）表决关于批准国务院机构改革方案的决定草案。

（2）表决第十三届全国人大一次会议选举和决定任命的办法草案。

（3）选举中华人民共和国主席、副主席。

（4）选举中华人民共和国中央军事委员会主席。

（5）选举第十三届全国人大常委会委员长、副委员长、秘书长。

下午 3 时，代表团全体会议酝酿国务院总理人选，中华人民共和国中央军事委员会副主席、委员人选；酝酿协商国家监察委员会主任、最高人民法院院长、最高人民检察院检察长的人选，全国人大常委会委员人选。

3 月 18 日（星期日）

上午 9 时，代表大会第六次全体会议。

（1）决定国务院总理人选。

（2）决定中华人民共和国中央军事委员会副主席、委员人选。

（3）选举国家监察委员会主任。

（4）选举最高人民法院院长。

（5）选举最高人民检察院检察长。

（6）选举第十三届全国人大常委会委员。

下午 3 时，代表团全体会议酝酿国务院副总理、国务委员、各部部长、各委员会主任、中国人民银行行长、审计长、秘书长的人选，全国人大民族委员会、内务司法委员会、教育科学文化卫生委员会、外事委员会、华侨委员会、环境与资源保护委员会、农业与农村委员会等专门委员会主任委员、副主任委员、委员的人选。

3 月 19 日（星期一）

上午 9 时，代表大会第七次全体会议。

（1）决定国务院副总理、国务委员、各部部长、各委员会主任、中国人民银行行长、审计长、秘书长的人选。

（2）分别表决全国人大民族委员会、内务司法委员会、教育科学文化卫生委员会、外事委员会、华侨委员会、环境与资源保护委员会、农业与农村委员会等专门委员会主任委员、副主任委员、委员人选名单草案。

下午3时，代表团全体会议审议关于政府工作报告、年度计划、年度预算、全国人大常委会工作报告、最高人民法院工作报告、最高人民检察院工作报告的六个决议草案和监察法草案建议表决稿。

3月20日（星期二）

上午9时，代表大会第八次全体会议（闭幕会）。

（1）表决关于政府工作报告的决议草案。

（2）表决中华人民共和国监察法草案。

（3）表决关于2017年国民经济和社会发展计划执行情况与2018年国民经济和社会发展计划的决议草案。

（4）表决关于2017年中央和地方预算执行情况与2018年中央和地方预算的决议草案。

（5）表决关于全国人民代表大会常务委员会工作报告的决议草案。

（6）表决关于最高人民法院工作报告的决议草案。

（7）表决关于最高人民检察院工作报告的决议草案。

（8）中华人民共和国主席讲话。

（9）第十三届全国人大常委会委员长讲话。

闭　幕

学生体会

我们喜欢的政治课不在于这门课是否添置了活动环节或者让我们能看几个视频，关键是让我们通过一些类似活动去体验，这节课堂以人民代表大会的举行为主线，让我们参与到“北京团模拟讨论”，我还以北京市民代表的身份对“异地高考”问题发表了自己的想法，这给了我们对现实问题真切的感受，真正体会到政治生活就在我们身边。

——高16级夏九州

这堂课的“阅读学案”环节我十分喜欢，因为平时我对时政材料的了解相当粗浅，老师说这也是针对我这样的阅读能力较薄弱的学生设计的，我确实也体会到政治课自我学习、自我阅读的滋味。对于知识归纳，我们确实已经足以应付，老师课堂后半部分的教学效果明显好于前半部分，究其原因，还是在于课堂前半部分让我们读了很多素材，这样才能在后面的活动展示中游刃有余，表现自如。

——高 16 级　施冰慧

1.1.4　用好民主权利　监督权力运行

——《权力的行使：需要监督》教学案例

清华大学附属中学　于洛

权力是一把双刃剑，一旦被滥用，超越了法律的界限，就会滋生腐败，贻害无穷。如何制约和监督权力，需要智慧，需要勇气，更需要所有公民的参与。

“民主”是社会主义核心价值观的要求之一，也是人类的美好追求。公民以高度的责任感和使命感，参与政治生活，行使民主权利，加强监督，才能让权力在阳光下运行。

思想政治课教学，要鼓励、尊重学生的独立思考与积极探究，更重要的是，要坚持正确的价值导向。在高中这样一个世界观、人生观、价值观形成的重要阶段，要让同学们对把我国政府建设成为服务政府、法治政府、阳光政府、责任政府充满信心和希望。

这也是本课的落脚点所在。本课是高中思想政治必修二《政治生活》第二单元《为人民服务的政府》的最后一个框题，是在依法行使政府权力的基础上，进一步探讨公民与政府的关系，是一个回归社会生活的框题。在本课中，理论文献与真实案例相结合，同学们通过对一地方政府违反《反垄断法》案例的探究和分析，了解对政府权力进行制约和监督的必要性与意义，有效制约和监督权力的关键，我国已经初步建立起全面的行政监督体系等知识，培养辩证思维和科学精神，更重要的是，加强了对党和国家依靠民主与法制来制约监督权力的政治认同，并树立了积极行使知情权、参与权、表达权、监督权的公共参与意识。

适用教材

高中必修二《政治生活》。

指导思想

十九大报告（《决胜全面建成小康社会　夺取新时代中国特色社会主义伟大胜利》）指出："健全依法决策机制，构建决策科学、执行坚决、监督有力的权力运行机制。各级领导干部要增强民主意识，发扬民主作风，接受人民监督，当好人民公仆。"

《普通高中思想政治课程标准（2017 年版）》指出："关注思想政治学科核心素养的培育，着眼于学生的真实生活和长远发展，使理论观点与生活经验有机结合，让学生在社会实践活动的历练中、在自主辨析的思考中感悟真理的力量，自觉践行社会主义核心价值观。"

建构主义学习理论告诉我们，学生作为认知主体，是学习过程的中心，是信息加工的主体，是意义的主动建构者；而教师的角色是意义建构的帮助者、促进者，而不是知识的传授者与灌输者。

学情分析

作为高一年级学生，同学们的自我意识正在逐渐完善，思辨能力逐步提升，对社会生活有了一定的认知，能够开始使用辩证思维对具体社会问题进行评价，但仍需提升。通过《政治生活》第一单元、第二单元前半部分的学习，同学们已具备了有关公民权利的基本知识，也特别关注政府行为和社会反馈，但在遇到问题时，容易忽略我国政治发展取得的成绩，也缺少深入思考如何改进的意识，这一点需要引导和强化。

教学目标

通过案例探究、小组讨论、文献研读等多种方式，学生理解有效制约和监督权力的关键与意义，了解我国在政府权力的制约和监督方面做出的努力与取得的成绩，增强政治认同。

通过对行政垄断案例的探究，学生了解权力的特点，分析权力滥用的现象及危害，在思考的过程中层层深入，透过现象认识本质，提高辩证思维能力，做出正确价值判断，树

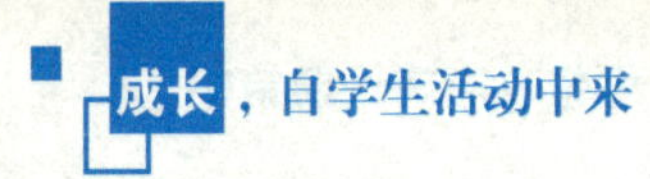

立科学精神。

通过对行政监督的关键和体系的学习，学生深化法治意识。

通过整节课的学习，学生深刻理解要靠民主和法制对权力进行制约与监督，树立公民意识，增强监督意识，积极行使知情权、参与权、表达权、监督权，加强公共参与。

教学方式

案例分析，教师讲授。

教学过程

导入：政治学中充满魅力、诱惑力的一个词——权力。

一、环节一：权力是把双刃剑——为什么要制约和监督权力

（一）活动一

（1）学生活动。阅读霍布斯的名言：“全人类共同的爱好，便是对权力永恒地和无休止地追求。”思考并回答问题：权力是什么？为什么权力如此让人着迷？总结归纳“权力”的定义。

（2）教师反馈。摘录学生发言中的关键词；引用当代学术著作中对“权力”一词的定义，总结印证学生们的发言。

（3）参考文献。“政治权力就是政府利用公民认可而实现集体目标的能力”“权力就是‘影响力’，凭借这种‘影响力’，A 以某些方式改变了 B 的行动或倾向”“在社会生活中，凡是依靠一定的力量使他人的行为符合自己目的的现象，都是权力现象”。

（4）设计意图。认识“权力”。

（二）活动二

（1）学生活动。阅读英国哲学家、政治学家霍布斯文献（《利维坦》第十三章、第十七章文段），思考并回答问题：霍布斯用“利维坦”比喻什么？在没有“利维坦”的情况下，人们会处于怎样的状态？

（2）教师反馈。根据学生发言，深度追问，引导学生比较完整、深入地理解霍布斯的“权力”（国家）学说。

（3）设计意图。理解霍布斯理论中“权力”的由来，以及权力对人们日常生活的重要性。

（三）活动三

（1）学生活动。对比阅读洛克《政府论》中的观点（教师直接给出），小组讨论，思考并回答问题：为什么要给政府行为设置“底线”？霍布斯和洛克的观点各自的合理性是什么？

（2）教师反馈。鼓励学生自主总结两个观点的合理性。

（3）设计意图。辩证地看待“权力”，引导学生得出“权力是把双刃剑”的结论。

（四）小结：权力监督与制约的必要性

（1）从“权力”本身看，权力是把双刃剑，一旦被滥用，超越了法律的界限，就会滋生腐败，贻害无穷。

（2）从政府角度看，政府只有接受监督，才能更好地合民意、集民智、聚民心，做出正确的决策；才能提高行政水平和工作效率，防止和减少工作失误；才能防止滥用权力，防止以权谋私、权钱交易等腐败行为，保证清正廉洁；才能真正做到权为民所用，造福人民，建立起一个具有权威的政府。

二、环节二：有权不可任性——如何制约和监督权力

（一）案例第一部分

2013 年 10 月，河北省交通运输厅、物价局和财政厅联合下发通知，确定自 2013 年 12 月 1 日起，全省收费公路对本省客运班车实行通行费优惠政策：按照计费额的 50% 给予优惠。优惠政策只适用于本省客运班线车辆。

（1）学生活动。阅读案例第一部分，小组讨论，思考并回答问题：这一优惠政策会导致怎样的后果？你认为，河北省三个部门是否滥用了权力？

（2）教师反馈。学生思考权力滥用对经济的影响，教师给予一定的引导，帮助学生分析出这种行为对市场竞争的干预。学生通过对问题的讨论，得出“权力是否滥用”的标准是是否违法。教师引出具体违反的法律。

《中华人民共和国反垄断法》（2008 年 8 月 1 日起施行）第五章第三十三条第一款规定：“行政机关和法律、法规授权的具有管理公共事务职能的组织不得滥用行政权力，实施下列行为，妨碍商品在地区之间的自由流通：（一）对外地商品设定歧视性收费项目、实行歧视性收费标准，或者规定歧视性价格……”

（3）设计意图。通过案例感受权力滥用的危害，进一步加深对权力制约必要性的认识，联结上一框题依法行政的内容。

（二）案例第二部分

以天津至石家庄线路为例，天津公司单程需缴纳通行费 360 元，与之对开的河北省公

司缴纳 180 元。据天津一运输公司测算，仅这一线路天津公司比河北公司每年多支出 130 余万元。一家在天津注册的中韩合资企业未能享受到该优惠待遇，于是便向韩国大使馆投诉。韩国大使馆向国家发展和改革委员会举报。

（1）学生活动。阅读案例第二部分，思考并回答问题：为什么是中韩合资企业举报？为什么要通过大使馆举报？

（2）教师反馈。引用名言“知屋漏者在宇下，知政失者在草野”，引导学生思考制约权力的第一种路径——民主，并回忆公民有哪些权利可以制约权力。

（3）设计意图。从材料中体会公民（企业）监督意识的缺失、政府投诉和解决渠道不畅等情况，理解“用权力制约权力”。

（三）案例第三部分

2014 年 9 月 11 日，国家发展和改革委员会向河北省人民政府发出执法建议函，建议立即责令三部门改正错误。这是《反垄断法》实施 6 年来，中国反垄断调查首次涉及行政机关。

（1）学生活动。阅读案例第三部分，思考并回答问题：从国家机关层面，谁可以防止这种情况发生？

（2）教师反馈。引用名言“要防止滥用权力，就必须以权力制约权力”，引导学生思考制约权力的第二种路径——法制。

（3）设计意图。从材料中体会行政机关接受内外部制约和监督的重要性，理解“用权力制约权力”。

（四）小结

有效制约和监督权力的关键，是要健全权力运行的制约和监督体系。这个体系，一靠民主；二靠法制。切实保障广大人民的知情权、参与权、表达权、监督权；加强法制对权力的制约和监督，坚持用制度管权、管事、管人。

三、环节三：让权力在阳光下运行，把权力关进制度的笼子——我们做了哪些工作

（1）学生活动。阅读教材 47 页，总结归纳我国已经建立的行政监督体系。

（2）教师反馈。通过案例简述，介绍系统内部、外部各一个监督主体的工作。如“人在证途”。广州市政协常委曹志伟调研收集了 103 个与人生不同阶段相关的证件。办理这些证件，要经过 18 部委、39 处室，要交 28 项办证费，盖 100 多个章。2014 年 5 月，“人在证途”成为广州政协 1 号重点督办提案，由市委深化改革办公室和市法制办主办落实。

（3）设计意图。了解目前我国已初步建立起全面的行政监督体系。

四、环节四：任重而道远——还要做哪些努力

（1）学生活动。观看有关《立法法》的小视频，思考问题：修订《立法法》意义何在？在发挥人民民主对权力的制约和监督方面，我们还应该做些什么？

（2）教师反馈。《立法法》修订，有利于排除部门和地方利益对立法的影响，坚持科学立法。

（3）设计意图。了解、思考国家在权力制约和监督方面做出的进一步努力。

五、环节五：课堂小结和结语

你怎么样，中国便怎么样。你有光明，中国便不黑暗！

教学反思

本课找准了课的落脚点，重视对学生情感、态度、价值观的引导和教育。在教学过程中，特别注意问题的设计，既要引发思考，又不能难度过高，让学生无从下手。课堂要给学生留出充分的思考空间，促使学生形成自己的看法和观点，教师要及时给予总结和正向引导。

1.1.5　激发创新活力　推动文明进步

——《文化创新的途径》教学案例

清华大学附属中学　向丽

中国梦是民族复兴与文明创新的合二为一。实现中国梦的过程，不仅是强国复兴的过程，同时也是探索人类文明新形态的过程。

创新是一个民族进步的灵魂和不竭动力。文化创新则是文化发展的内在动力，更是建设社会主义文化强国之关键。树立文化创新精神，坚持正确的方向，掌握文化创新的途径，坚定文化自信，强化责任担当，不断弘扬博大精深的中华优秀传统文化、积极汲取外来文化的精华，在内容和形式上进行创新和改革，努力提升我国的文化“软实力”，推动社会的文明进步与繁荣，是每一个中国公民的责任，也是正确理解和践行社会主义核心价值观的要求。

本课是高中政治教材必修三《文化生活》第二单元第五课《文化创新》的第二框题《文化创新的途径》。本课的教学借鉴了国外翻转课堂的教学形态，围绕文化创新需要正确处理传统与时代（古今）、中国与西方（中外）文化的关系，以皮影戏、京剧以及年文化的传承与发展为议题进行讨论和探究，重在引导学生树立文化创新精神，坚定文化自信，强化文化自觉，为推动中华文明的繁荣进步贡献力量。

本课教学方式采用了翻转课堂、合作探究式教学、议题式教学的教学方式以及互联网线上线下相结合的方式。主要由课前的观看教学视频和课堂中的活动探究两部分组成。以教学微视频的方式将传统课堂讲授的内容转移到课下，课堂成为一个构建深度知识的课堂；简单的记忆、理解被放在课下，而高层次的综合运用和创新以及价值观层面的碰撞与引导在课上实现。

适用教材

高中必修三《文化生活》。

指导思想

党的十八大报告指出："建设社会主义文化强国，关键是增强全民族文化创造活力。"文化创新，是党为全面建成小康社会和实现中华民族伟大复兴而提出的重要战略任务，是建设社会主义文化强国的关键所在。

建构主义学习理论认为，学习不仅仅是简单的知识由外到内的转移和传递，而是学习者主动建构的过程。建构主义学习理论强调学生的主动性，强调学生情境的建立以及学习中的相互合作。

《普通高中思想政治课程标准（2017年版）》指出：培育和践行社会主义核心价值观，继承和弘扬中华优秀传统文化，使学生坚定中国特色社会主义道路自信、理论自信、制度自信和文化自信。

学情分析

此堂课的教学对象是高二的学生，对于社会文化现象有一定的关注和了解，也有一定的兴趣。但是对于复杂的文化现象，还存在理解不够深入、偏激、不全面的问题，不能辩证、深入、多角度地思考问题，还需进一步提高透过现象认识本质的能力，加以正确的引导。

通过前面的学习，学生已积累了文化交流传播的相关知识，也明白了为什么要进行文化创新，为此课学习如何进行文化创新奠定了理论基础。高二学生已具备一定的分析归纳综合能力，本课采用情境教学和学生合作探究的方式，符合学生的思维特点。

教学目标

通过对传统音乐《梁祝》、传统杂技、传统艺术皮影戏、传统文艺京剧等的了解和探究活动，激发学生热爱优秀传统文化的情感，帮助学生树立文化创新精神，坚持正确的方向，坚定文化自信，强化责任担当，践行社会主义核心价值观。

通过对课题“非物质文化遗产皮影该如何传承”的深入探究，提高学生运用知识多角度思考和解决问题的创造性思维能力。通过对“比基尼京剧”等议题的讨论，培养学生透过现象认识本质、辩证深入的思维能力。

通过课前的观看教学视频、课堂中的探究和议题，理解文化创新的根本途径是立足于社会实践；理解文化创新的基本途径是继承传统、推陈出新；面向世界、博采众长。

教学方式

翻转课堂、合作探究式教学、议题式教学。

教学过程

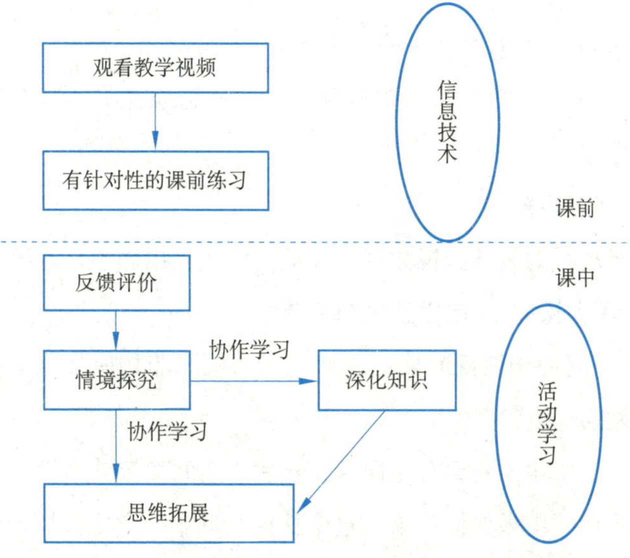

一、课前环节：微视频教学，学生在课堂外学习完成

教师精心录制8分钟的教学微视频，主要针对这一框题中文化创新的根本途径是社会实践，文化创新要继承传统、推陈出新，文化创新需要面向世界、博采众长这些重点知识进行讲解。

微视频片头导入：中国文化遗产，激发学生兴趣，营造文化氛围。

情境素材：

（1）2015年米兰世博会中国馆建筑——中国传统建筑思想与现代技术的结合。

（2）“郭巨埋儿”传统孝故事、新“二十四孝”行动标准。

（3）中西文化融合的杂技剧《天鹅湖》和好莱坞片《功夫熊猫》中的中国元素。

教师讲解：米兰世博会中国馆建筑设计具有鲜明的中国特点，体现了浓郁的中国传统建筑思想和建筑风格，比如“天、地、人、和”的思想，又结合现代科学技术，时尚新颖，这种创新正是在继承传统基础上的推陈出新。“郭巨埋儿”的孝故事，让我们理解了传统文化既有精华，也有糟粕，需要我们取其精华，去其糟粕，进行扬弃。随着我国经济的发展，人口老龄化问题日益突出，“空巢老人”现象引人关注，因此我国发布了新“二十四孝”行动标准。这正说明了文化创新不是脱离社会发展实际的改变。立足于社会实践，反映人们发展变化的精神文化需求，这是文化创新的源泉，也是根本途径。杂技剧《天鹅湖》和好莱坞片《功夫熊猫》的成功说明，文化创新需要处理好民族文化与外来文化的关系，要面向世界、博采众长。我们要有海纳百川的心胸，借鉴优秀文化；但也不能一味地借鉴而丧失自己的民族特色。要以我为主，为我所用。

二、课中环节

（一）环节一，导入：播放歌曲《卷珠帘》

教师预设：引导学生欣赏歌曲，体会流行与古典结合之美，激发学生学习、探究兴趣，引出本堂课的主题。

（二）环节二，释疑解惑

学生对课下已经观看的教学微视频进行反馈，学生提出困惑，教师或其他学生解惑。

（三）环节三，深入探究：“皮影艺术如何传承”

（1）情境设置。“起源于西汉时期的皮影艺术，国家非物质文化遗产之一，正濒临消失，该如何保护并发扬光大？”

（2）学生活动。学生4人一组合作探究，然后小组间交流分享。

（3）教师预设。在“皮影如何传承”这个探究活动中，学生会用到课前微视频所学的

理论知识（继承传统、推陈出新；面向世界、博采众长），创造性地想出许多具体举措。比如，开发适合于儿童和旅游市场的话剧皮影戏；建立少儿皮影文化教育基地，让少儿动手制作和自编自演；经营关于皮影的工艺品；皮影和动漫合作，如《喜羊羊与灰太狼》；声光电高科技皮影戏；皮影和小品的合作，如《卖拐》；与皮影有关的表演，如皮影舞蹈《俏夕阳》；走出去，到国外表演等。在合作中，学生从各方面（文化的内容、形式、传播方式等）进行了多角度发散性的思考，教师给予肯定评价并进行归纳总结：只有不断创新，才能永葆文化生机与活力，优秀的传统文化怎样才能真正得以传承和繁荣发展？需要我们继承传统、推陈出新；面向世界、博采众长。我国有丰富的优秀传统文化，如建筑、思想、文艺、手工艺术等，传承这些优秀的传统文化，注入时代精神，创新中发展，是我们每一个中国人的责任。

（四）环节四，思维拓展："比基尼京剧"如何看待

（1）议题。京剧艺术被称为"国粹"，是积淀了中华民族审美习惯和文化传统的艺术瑰宝，但喜欢京剧、懂京剧、看京剧的人越来越少。怎样将京剧艺术传承好、发展好是我们不能不思考的问题。在 2012 年中国区比基尼小姐总决赛和全球总决赛的启动仪式上，参赛佳丽们穿着京剧元素的比基尼进行展示。有的网友认为这是一种创新，是一种时尚潮流，但也有网友认为这是在糟蹋国粹。你对"比基尼京剧"这一现象怎么看？

（2）学生讨论（体验矛盾冲突、思维碰撞）。

（3）教师预设。这个情境设计的目的重在引导学生体验矛盾冲突、进行辩证思考。在学生之间的争辩、讨论、思维的碰撞中，或师生的互动中，学生对本课"文化创新"这一重要知识理解更加准确深刻。如何看待"比基尼京剧"，单从理念上来说，"比基尼京剧"的确有些创意，在一定程度上能拓展人们的思维空间；但从内容和形式上来看，则未免不如人意。文化创新并不是中西文化的简单嫁接。对于传统文化的传承来说，该守的守，该变的变，要把握其中的艺术创新尺度。如果抛弃了京剧的精髓只是借京剧外壳吸引眼球，达到商业炒作的效果，那就不是文化创新，而是把优秀文化低俗化。

（五）环节五，思维拓展：要蓝天还是要年味

（1）情境设置。"爆竹声中除旧岁"，中国的年文化自古以来就离不开烟花爆竹。但随着人们越来越关注空气的质量，减少烟花爆竹燃放的呼声也日益强烈，因此许多省市采取了限制燃放的措施。但是没有了烟花爆竹，人们又发现年味淡了很多。这一矛盾该如何解决，过年时到底该不该禁放烟花爆竹？

（2）学生活动。分成正反两方，围绕"过年时到底该不该禁放烟花爆竹"话题辩一辩。

（3）教师引导。对于烟花爆竹，我们要辩证地看，既要看到它会带来一定的安全问题、环境污染问题，又要看到烟花爆竹是中华传统“年”文化的重要组成部分。能不能既拥有蓝天又拥有浓郁的年味？这就需要创新。一方面，我们的“年”文化在继承传统优秀内容的同时，形式方面可以反映时代发展的要求，与时俱进地变化；另一方面，烟花爆竹从技术层面也必须顺应时代的要求有所创新。例如，伦敦有几位科学家发明了水果烟花——可以吃的烟花。

关于“年”文化的话题还有很多，很值得我们在课后继续思考。

（六）环节六，课后思考：“留住年味儿”

（1）情境设置。

① 素材一。年味儿越来越淡，越来越没意思——这是很多人过年的感受。甚至有人评论说，中国传统节日只是存留于父辈记忆里的“尤物”，已经成为国人食之无味、弃之可惜的“鸡肋”。压岁钱水涨船高，变成了负担，失去了原来祈福去灾的本意；庙会办到商场里边，实际就是商品交易；群发短信拜年，平均给每个人的情感又有多少？专家们认为，这一现象是传统节日的“异化”“空洞化”“物化”等原因造成的。要改变这样的现状，就要提高全民的文化自觉，让传统在现代社会得到很好的延续。

② 素材二。2018 年的春节，北京呈现出很多新气象：一家人通过网络拜年、抢红包、玩同一款游戏，既热闹又享受了亲情；图书大厦、新华书店挂上了吉祥的红灯笼、福字拉花、大红纸扇，为选择书香中过大年的人们增添了节日氛围；京味儿最浓、最有文化味儿的厂甸庙会，丰富了北京人的年节生活；民俗表演、非遗展示、诗歌春晚、猜灯谜写春联等文化活动，传统与现代交织，给市民带来了丰富喜庆的节日体验。和家人团聚在一起，过一个温馨热闹的春节，年味儿似乎又回来了。

（2）课后思考。怎样不让年味儿变淡？请以“留住年味儿”为题拟定一份倡议书。

（3）设计意图。从生活中来，回到生活中去，引导学生运用本节课所学的知识解决生活中的问题，激发学生热爱优秀传统文化的情感，树立文化创新精神，强化文化传承与文化创新的责任担当。

教学反思

该教学设计立足社会实际和学生的生活经验，构建以生活为基础，以学科知识为支撑的课堂教学。注重引导学生树立文化创新精神，坚持正确的方向，坚定文化自信，强化传承中华优秀传统文化、推动中华文明繁荣进步的责任担当。

通过合作探究式教学和议题式教学引导学生观察文化现象、体验矛盾冲突、引发辩证思考、合作探究解决问题、生成构建知识、启发正确观念、反思践行提升，较好地体现了建构主义学习理论的要求。

翻转课堂以视频的方式将传统课堂讲授的内容转移到课下，教师从传统课堂中的知识传授者变成了学习的促进者和指导者。课堂成为一个构建深度知识的课堂，提升了课堂的互动，更加有助于知识的内化和新知识的生成。

教学素材

- 米兰世博会中国馆建筑
  https://baike.baidu.com/item/%E6%84%8F%E5%A4%A7%E5%88%A92015%E5%B9%B4%E7%B1%B3%E5%85%B0%E4%B8%96%E7%95%8C%E5%8D%9A%E8%A7%88%E4%BC%9A%E4%B8%AD%E5%9B%BD%E5%9B%BD%E5%AE%B6%E9%A6%86/13134242?fr=aladdin
- 雷倒老外的中国杂技版《天鹅湖》
  https://tv.sohu.com/v/dXMvNjMzNDM1MTkvNTc4MDg1NTcuc2h0bWw=.html
- 动画电影《功夫熊猫》
  https://baike.baidu.com/item/%E5%8A%9F%E5%A4%AB%E7%86%8A%E7%8C%AB/30666?fr=aladdin
- 歌曲《卷珠帘》
  http://music.taihe.com/search?fr=ps&ie=utf-8&key=%E5%8D%B7%E7%8F%A0%E5%B8%98
- 《留住年味儿》
  北京市东城区 2018 年 4 月高三期中试题
- 比基尼京剧
  https://news.qq.com/a/20120924/001734.htm
- 《年味越来越淡，越来越没意思》
  http://www.docin.com/p-1240301175.html

1.1.6 “互联网+”民主生活

——《政府的权威从何而来》教学案例

清华大学附属中学　邱磊

信息化、大数据、中国制造2025……我们身处的时代越来越离不开互联网，最为“贴近学生、贴近生活、贴近社会”的政治课教学同样面对着信息化时代带来的冲击与挑战。作为国家德育课程的重要组成部分，社会主义核心价值观教育不仅停留于书本文字，必须做到与时俱进才能深入学生内心。一线教师要正视这种挑战，抓住本学科面临的革新与发展契机。

本课是高中政治教材必修二《政治生活》第二单元《为人民服务的政府》的综合探究，以人民与政府的关系为逻辑基础，围绕政府权威与人民民主的理解进行设计。本课教学方式符合体验式教学、合作探究式教学的要求，利用“雨课堂”APP作为技术平台，实现了线上线下混合式教学。

“议题式教学”有利于激发学生进入课堂的热情、提升学生的综合学习能力，但开放性不等于冲突性，“议题式教学”的根本目的还是要有价值观主导，在本课中引导学生理解我国社会主义核心价值观的内涵与应用是利用互联网技术的思考前提。

适用教材

高中必修二《政治生活》。

活动意义

十八大报告（《坚定不移沿着中国特色社会主义道路前进，为全面建成小康社会而奋斗》）指出：“民主是人类社会的美好诉求。”我们追求的民主是人民民主，其实质和核心是人民当家作主。它是社会主义的生命，也是创造人民美好幸福生活的政治保障。

通过认识并交流北京市政府履行职能的案例，师生能够以客观的、全面的、发展的视角认识新时代中国民主的真实性。通过对授课环节设置，如讨论核心概念的范围，范围的甄别最终选择必须符合相应的程序，使师生体味课堂上的法治意识。

通过互联网技术，沟通课堂与社会的联系，在网络中查找政府相关信息本身就是一种公共参与，在连续的分享中增强对相关议题的兴趣，有力推动师生进一步参与到实际生活中去。通过了解北京市政府的行政工作及成效，知道与政府沟通的平台，认识我国政府运转的合法性和合理性，增强政治认同。

一、环节一，情境导入：抓，还是不抓

（1）情境内容。某市某重要领导涉嫌腐败，在证据尚不确凿的情况下，鉴于其正负责当地重大招商项目，该市决策层就是否立即对其批捕产生分歧：A 方，走司法程序，立刻拘留；B 方，考虑到对政府权威的负面影响（吓跑目前重大项目的投资商），只将嫌疑人控制住，不急于扩大处理。你同意哪种选择？为什么？

（2）教师预设。抓与不抓？最后担心（表述清楚，谁担心……）的是该行为影响到政府权威，树立政府权威的结果——保持社会和谐、稳定，促进社会文明进步；使得政府自身得到人民的信任，政令畅通，令行禁止；能造福人民，切实保障公民合法权益。

（3）学生活动。从选择态度到确认身份（是站在政府还是公民角度），从接受分歧的合理性到达成以下共识。

影响权威：形象受损？工作阻碍？——表象与暂时。

不影响权威：保障权益、树立形象、反思工作、提升水平——根本与长久。

过渡：我们说了那么久的“权威”，究竟什么是“权威”，它从何而来，又向何处去？这就是今天我们要讨论的议题——政府的权威从何而来。

二、环节二，关键概念探究：初探“权威”

（1）环节设置。一般而言，人们都期待服务与管理大家的政府是一个有权威的政府，你心目中的“权威”更接近于下列哪个词——神圣、威权、威望、权力、正义、威信、威胁？

（2）教师预设。权威理论由德国社会科学家韦伯提出，他认为，任何一种组织都是以某种形式的权威为基础的。韦伯将人类社会的统治形式分为超人（克里斯玛）型的统治、传统型的统治与法理型的统治三种。韦伯认为这三种权威中只有合理和法定的权威符合理性，是现代行政组织的基础。

具体来说：神圣、威权——偏重于超人，威望、权力——偏重于历史，正义、威信——法理型（与法治、公正类似），威胁——来自霍布斯人性恶的理解。

（3）学生活动。利用互联网针对相关概念进行搜索，用“雨课堂”APP进行投票选择，并就选择结果进行讨论交流。

（4）过渡。咱们身边的政府——北京市政府，就是有权威的政府。让我们借助互联网来更多地了解我们自己的政府。

三、环节三，学生讨论：我家政府有权威

（1）环节设置。全班分为5小组，小组1～2：我家政府有权威（论证北京市政府有权威）；小组3～5：政府权威我关注（如何让市政府更加有权威）。通过互联网收集相关信息，小组内部交流，提炼出稍后的小组发言观点。

（2）教师预设。安排学生分组讨论，为学生讨论提供资源和空间，让学生能有话可说、有理可谈，考虑到学生资料查找的聚焦性和课堂利用的有效性，提前整理出参考网站附在“雨课堂”云盘中（见“活动素材”）。

（3）学生活动。围绕任务主题收集信息，交流、提炼，向教师提问。

四、环节四，汇报交流：我为政府来代言

（1）学生活动。以小组为单位就“我家政府有权威”进行分享交流。

（2）教师预设。引导学生重点从政府的表现谈北京市政府具有权威的理由及案例；在学生代表汇报时，重点观察听课学生的“弹幕”参与，要注重那些谈到政府权威“标准”“来源”“作用”“建设”维度的想法。

（3）过渡。我们已经探究出影响政府权威的几个重要因素，据此是否改变了刚才我们对“权威”的初步理解？

五、环节五，关键概念探究：二探“权威”

（1）教师预设。在环节二的基础上删除学生已澄清的2～3个词汇，再次统计学生的选择差异，引导学生思考与“初探”选择结果异同的理由。

（2）学生活动。在交流分享的基础上用“雨课堂”APP进行投票选择，反思与之前选择结果异同的原因。

六、环节六，汇报交流：政府权威我关注

（1）学生活动。以小组为单位就“政府权威我关注”进行分享交流。

（2）教师预设。重点从公民的建议谈北京市政府建设权威还需要完善的方向与路径；在学生代表汇报时，重点观察听课学生的“弹幕”参与，要注重那些谈到政府权威“标

准”“来源”“作用”“建设”维度的想法。

（3）过渡。经过两轮的分享，对于政府权威我们是否已经有了更加清晰的理解？

下面让我们进行最后一次投票，探探“权威”到底是什么。

七、环节七，关键概念探究：三探“权威”

（1）环节设置。这一环节是概念“澄清”环节，非常重要，要与学生总结对于权威的探讨，在排除了其他近似理解之后，针对“权威”“权力”“威信”三个概念之间的关系进一步分析和归纳。

（2）教师预设。以马克思主义政治学要义为核心，进行相关理论界定：权威的标准——政府在社会管理和公共服务过程中（合法性权力）形成的，得到人民认同的威望和公信力（价值认同与主观服从）——标志是“人民认同不认同”；与之对应的影响权威的因素便是——行政水平、用权方式；履职业绩、道德形象——根本上还是国体（决定性）。

（3）学生活动。在交流分享的基础上用“雨课堂”APP进行最后投票，思考教师最终的结论。

（4）过渡。回顾这堂课的讨论过程，我们能否做出这样的思维路径……

八、环节八，延伸课堂：“人民”的名义

（1）教师活动。①梳理本课逻辑结构。②总结课堂：政府以“人民”的名义行使人民赋予它的权力，人民以自己的尺度裁判政府的威信。微博问政、开门立法，人民，逐渐适应着互联网技术扩大的参政议政渠道，以人民的名义，鼓励着、督促着我们身边的服务者和管理者。“人民”很大，是一个好大的概念；“人民”很小，在座的每一位都是。我相信，在这个人民当家作主的国家，我们共同努力，才是政府不改初心、坚持“权为民所用，情为民所系，利为民所谋”的原动力。

（2）学生活动。体悟思维魅力，联系生活，展望未来。

活动片段

互联网的诞生，最大的意义也许就是打破了传统教学模式对知识的垄断。借助强大的信息获取工具，求学者让自己与施教者一起成为学习的主体的可能性大增。在课堂推进的时候，讲到政府权威和威权政府时，时间有限，我并没能带着学生仔细推敲“威权”的概念，而某位学生在自由讨论时则主动发言，这位同学在平时的课堂中并没有体现出很高的参与热情，但在那次授课中，她正是带着自己的问题在“百度百科”帮助下，达到了本应该由教师解决的相关问题。

活动素材

- 《2017 年北京市政府工作报告》
  http://leaders.people.com.cn/n1/2017/0123/c58278-29042769.html
- 《信息公开工作 2016 年度报告》
  http://zhengwu.beijing.gov.cn/zwzt/2016nb/t1470735.htm
- 《城市政府能力蓝皮书（2016 年）》
  http://news2.sysu.edu.cn/news01/146613.htm
- 《省级地方政府效率研究报告（2016 年）》
  http://money.163.com/16/1126/20/C6QSJLUQ002580S6.html
- 《市级政府财政透明度研究报告（2016 年）》
  http://www.xuexila.com/news/1250314.html
- 《中国法治政府评估报告（2016 年）》
  http://legal.people.com.cn/n1/2016/1030/c42510-28819087.html
- 《政府门户网站绩效报告（2016 年）》
  http://www.cstc.org.cn/wzpg2016/zbg/pgbg_detail.jsp?id=128308

学生体会

这堂课真的挺有趣，利用弹幕能够和老师展开即时互动，这在之前的课堂上是没有体验过的；还能在课堂进程中看到同学们的“脑洞”，真是参与感十足。老师提到的几个概念的比较，也让我利用刚看到的魏晋历史知识进行了解读，我觉得一门好的文科课应该是这样的。

——高 16 级　李思元

我本来不太愿意就政府这个话题进行讨论，但老师在课堂上采用的方式还是蛮有趣的，比之前单纯地授课与听课，有更强的互动性，尤其是老师欲言又止的关键概念，实在让人没法等到他揭开谜底“见证奇迹”的时刻，我自己就利用手机上网查了使自己满意的答案，而且这个答案居然就是老师想说的，我的成就感蛮大的，也更觉得政治课上讲的“民主”“权威”其实离自己的生活真的很近。

——高 16 级　吴悦澄

1.1.7　新时代，如何进行更高层次的对外开放

——致敬改革开放四十年

清华大学附属中学　赵爱军

改革开放40年来，从开启新时期到跨入新世纪，从站上新起点到进入新时代，40年风雨同舟，40年披荆斩棘，40年砥砺奋进，我们党引领人民绘就了一幅波澜壮阔、气势恢宏的历史画卷，谱写了一曲感天动地、气壮山河的奋斗赞歌。不断赋予中国特色社会主义以鲜明的实践特色、理论特色、民族特色、时代特色，形成了中国特色社会主义道路、理论、制度、文化，以不可辩驳的事实彰显了科学社会主义的鲜活生命力。通过聚焦对外开放，明确40年来，开放促改革促发展，极大地促进了我国生产力的发展，中国人民在富起来、强起来的征程上迈出了决定性的步伐！树立学生的制度自信、道路自信、理论自信。明确党政军民学，东西南北中，党是领导一切的。

本课是高中《经济生活》模块第四单元的内容，从更高层次的对外开放从何而来、因何而立、如何而为、往何处去四个角度探究新时代，如何进行更高层次的对外开放。

本课采用了议题式教学方式。通过议题的引入、引导和讨论，使教学在师生互动、开放民主的氛围中进行；通过问题情境的创设和学习任务的驱动，学生合作学习和互动学习的过程中，提升在真实情境中提出问题、分析问题、解决问题的能力和创新能力，提高实践能力，培养政治学科核心素养。

适用教材

高中必修一《经济生活》。

指导思想

十九大报告提出，“推动形成全面开放新格局”。中国开放的大门不会关闭，只会越开越大。

《普通高中思想政治课程标准（2017 年版）》：高中思想政治以立德树人为根本任务，以培育社会主义核心价值观为根本目的，是帮助学生确立正确的政治方向、提高思想政治学科核心素养、增强社会理解和参与能力的综合性、活动性学科课程。

建构主义学习理论：学生是学习的主体。学习不是由教师把知识简单地传递给学生，而是由学生自己建构知识的过程。学生不是简单被动地接收信息，而是主动地建构知识的主人。

学情分析

高二年级的学生，自主意识、参与意识和担当意识较强，对国家的重大事件关注度高。改革开放以来，尤其是党的十八大以来，随着经济社会的发展，尤其是社会主义核心价值观教育的深入发展，学生正确的国家观、历史观已经形成，道路自信、制度自信、理论自信、文化自信日益增强。这是引导学生探究改革开放 40 年的成果和未来如何进行更高层次的对外开放这一课题的时代背景。同时，本节课的教学内容涉及的知识跨度大，对学生的理论素养和学科思维能力要求高，而高二年级的学生具备了一定的知识储备和学科思维能力，这是本课题的学科背景。

教学目标

通过设置问题情境，了解对外开放 40 年的成果，明确中国既是对外开放的受益者，也是世界经济发展的贡献者，理解我国现阶段发展更高层次的对外开放的必要性。

通过深度阅读、分组讨论交流，明确新时代如何进行更高层次的对外开放。

通过情境探究、材料阅读等，提高抽象概括能力和辩证思维能力，认同我国对外开放的基本国策，树立道路自信、制度自信，积极投身社会主义现代化建设。

教学方式

情境体验式教学、合作探究式教学。

教学过程

一、环节一，回顾历史，悟“发展更高层次的开放型经济”之因

（1）情境内容。阅读学习任务，归纳对外开放 40 年改变中国，进而影响世界。

（2）教师预设。2019 年是改革开放 40 周年。40 年风雨同舟，40 年披荆斩棘，40 年砥砺奋进，我们党引领人民绘就了一幅波澜壮阔、气势恢宏的历史画卷，谱写了一曲感天动地、气壮山河的奋斗赞歌。请同学们分析交流：40 年的对外开放是怎样改变中国、影响世界的？

（3）学生活动。阅读学习任务，从人民生活、对外贸易、生产制造、中国经济发展对世界的影响等角度归纳概括对外开放 40 年的成果，小组交流，全班分享。

（4）教师追问。对外开放 40 年为什么能够实现中国和世界的双赢？

学生思考回答。

（5）教师引导。40 年春风化雨、春华秋实，开放促改革、促发展，中国特色社会主义迎来了从创立、发展到完善的伟大飞跃！40 年来取得的成就不是天上掉下来的，更不是别人恩赐施舍的，而是全党全国各族人民用勤劳、智慧、勇气干出来的！我们用几十年时间走完了发达国家几百年走过的工业化历程。40 年的成果充分证明，中国特色社会主义道路、对外开放的基本国策是正确的，中国是促进世界和平与发展的强大力量。

二、环节二，聚焦当下，明“发展更高层次的开放型经济”之切

（1）情境内容。在“船到中流浪更急、人到半山路更陡”的时候，我国的大门是开放还是封闭？

（2）教师预设。中国经济社会发展进入新时代，主要矛盾是人民日益增长的物质文化生活需要和不平衡不充分发展之间的矛盾；对外开放迈入新起点，要求更高、更强、更高质量的对外开放；当今国际局势处于大发展、大变革、大调整时期，贸易保护主义、单边主义抬头，面对国内国际局势，我国的选择是开放还是封闭？如何开放？

（3）学生活动。思考、交流、分享。

（4）教师引导。改革开放 40 年的成果告诉我们开放带来进步，封闭必然落后。中国的发展离不开世界，世界的繁荣也需要中国。中国要坚持对外开放的基本国策，实行积极主动的开放政策，实行更高层次的对外开放。

三、环节三，任务驱动，探“发展更高层次的开放型经济”之路

（1）情境内容。设置复杂教学情境，任务驱动学习探究。

（2）教师预设。从“一带一路”五年的成果、2018 年的“顶层设计”、企业的“全球梦”三个角度精选材料，设置复杂教学情境。学生面对复杂的情境，在学习任务的驱动

下，结合书本内容，从国家政策、企业作为、公民行为三个角度得出发展更高层次的开放型经济中政府应该继续坚持对外开放的基本国策，主动参与和推动经济全球化，以“一带一路”建设为重点，遵循共商共建共享原则，支持多边贸易体制，引导经济全球化朝着更加开放、包容、普惠、平衡、共赢的方向发展，扩大对外开放，坚持“引进来”和“走出去”并重，实施高水平的贸易和投资自由化、便利化政策，形成陆海内外联动、东西双方互济的全方位、宽领域、深层次开放格局。企业要树立正确的经营战略，坚持“引进来”和“走出去”相结合，利用两种市场、两种资源发展自己，提升自主创新能力和科学管理，优化产品结构，形成以核心技术、质量、品牌等为核心的企业竞争力等。公民要做好“移动的名片”，提高自身的素养，维护好国家形象。

四、环节四，畅想未来，望“发展更高层次开放型经济”之美

（1）情境设置。描绘下一个40年世界舞台上的中国。

（2）教师预设。40年的改革开放，我们是受益者，下一个40年，将会是你们的主场。40年后，最权威杂志之一以我国的对外开放成果为主题设计封面。请你结合今天所学内容，发挥自己的聪明才智，完成封面设计。

（3）学生活动。自行或者完成学习任务。

（4）教师小结。今天，我们一起回顾了历史，感受了对外开放40年的沧桑巨变；立足当下，探究了如何发展更高层次的开放型经济之路；畅想未来，描绘了下一个40年的美好画卷。

改革不停顿，开放不止步。习近平主席所说：经历了无数次狂风骤雨，大海依旧在那儿；经历了五千多年的艰难困苦，中国依旧在这儿；面向未来，中国将永远在这儿！你在哪里，中国就在哪里。希望同学们努力，为中国！奋斗，为中国！

教学反思

尊重学生发展规律，以学生为主体。首先，采用议题式教学。以“如何发展更高层次开放型经济”为核心，通过学习任务驱动的方式，引导学生探究了“更高层次开放型经济”从何而来，因何而立，如何而为，到何处去。学生在探究中了解了改革开放40年的成果及成果取得的原因，提升了参与实际生活的能力。其次，采用任务驱动学习方

式。通过“学习任务 1：历史巨变：我国对外开放的成果”“学习任务 2：2018 高层次开放型经济扬帆起航”“学习任务 3：畅想未来：描绘下 40 年的世界舞台上的中国”三个学习任务，引导学生由归纳、探究到展望。在三个学习任务的驱动下，学生运用学科知识归纳对外开放的成果、探究如何进行更高层次对外开放，培养了学生在具体教学情境中提出问题、分析问题和解决问题的能力。最后，重视培养学生的思维品质。整节课的教学环节设计：回顾历史，感受变化；立足当下，探讨解决之策；展望未来，明确责任担当。整合经济生活，引入政治生活，运用哲学观点，培养了学生思维的系统性。问题情境从是什么到为什么、怎么样、怎么做，引领学生由浅入深、由现象到本质，培养学生思维的深刻性。

培养学生的学科素养，弘扬社会主义核心价值观。学科核心素养是学科育人价值的集中体现。通过了解我国对外开放 40 年取得的成果，理解我国是经济全球化的受益者，更是贡献者，培养学生的政治认同和科学精神，树立道路自信、制度自信和文化自信。理解新时代、新起点，要求更高层次的对外开放；进行更高层次的开放要坚持主动开放、公平开放、全方位开放、共享共建开放，培养学生的自信感和自豪感，责任意识和担当意识。在畅想未来、描绘未来中祝福祖国，明确自己的责任，唤醒学生的担当意识。培养了学生爱国、敬业、诚信、友善的社会主义核心价值观。

教学素材

一、文本素材

- 《庆祝改革开放 40 周年大会》习主席讲话，2018 年 12 月 18 日。（来源：中国网）
- 《对外开放：发展中国造福世界》2018 年 11 月 23 日。（来源：人民网-人民日报）
- 《习近平主席在首届中国国际进口博览会开幕式演讲》2018 年 11 月 6 日。（来源：央视网）

二、视频素材

《我们一起走过——致敬改革开放 40 年》主题曲 2018 年 11 月 2 日。（来源：央视网）

1.2 社会层面（自由、平等、公正、法治）

1.2.1 遵守规则 践行法治精神

——《遵守规则》教学案例

清华大学附属中学 陈华

引导广大青少年树立和践行规则意识是弘扬社会主义法治精神的题中应有之义。《遵守规则》是2017年7月人教版《道德与法治》教材八年级上册第二单元第三课第二框题的内容。本节课是依据2011版《思想品德》课程标准，指向社会主义核心价值观法治要求，落实《青少年法治教育大纲》和《中小学德育工作指南》两个文件精神，基于核心素养的课堂教学改进问题而设计的研究课。

本节课是依据清华大学附属中学上地学校初16级学情设计的。学生们对“社会生活离不开规则”是非常认同的，面对社会上因规则缺失引发的负面新闻，对于是非原则问题有比较明确和正确的认识，但“知其理却惰其行”，对于“规则的遵守”还主要处于他律阶段，需要从他律向自律转变，使规则意识内化于心、外化于行。

结合学校欢乐谷社会实践活动的契机，在初二年级推出政治学科“规则之旅”小组探究活动作为课前准备，引导学生主动探究规则话题，培养学生的思辨能力。通过对“大巴车等不等迟到的同学”“火车等不等迟到的乘客”由浅入深的对比递进式问题的分析和“中国式过马路”的三种观点辨析，培养学生的批判性思维能力，引导学生树立规则意识、树立正确的自由观，在正确思想认识的基础上，形成对规则的敬畏之心，让规则成为“放飞自我”的行动准绳。

适用教材

初中《道德与法治》教材八年级上册。

指导思想

十九大报告指出：全面依法治国是中国特色社会主义的本质要求和重要保障。全面依法治国是国家治理的一场深刻革命，必须坚持厉行法治，推进科学立法、严格执法、公正司法、全民守法。

建构主义学习理论：强调通过适当的探究情境的创设，激发学生的兴趣点和注意力，引导学生多方面和多角度思考，引导学生主动构建知识体系。

中国学生发展核心素养总体框架：学生发展核心素养，主要是指学生应具备的，能够适应终身发展和社会发展需要的必备品格与关键能力。中国学生发展核心素养以培养“全面发展的人”为核心，分为三个方面，综合表现六大素养，具体细化为十八个基本要点。本课设计指向“社会参与”层面之“责任担当”要点。

《思想品德课程标准（2011 版）》：“我与国家和社会”，理解遵守社会规则和维护社会公正对于社会稳定的重要性，正确认知和理解社会矛盾，理解发展与稳定的辩证关系。

《思想政治学科课程标准（2017 版）》：思想政治学科核心素养，主要包括政治认同、科学精神、法治意识和公共参与。本节课的教学设计指向“科学精神”和“法治意识”要点。

学情分析

本节课是依据清华大学附属中学上地学校初 16 级学情设计的。学生们对“社会生活离不开规则”是非常认同的，面对社会上因规则缺失引发的负面新闻，对于是非原则问题已经有了比较明确的认识，但这种认识还停留在比较粗浅的感性层面，对于“规则的遵守”还主要处于他律阶段，需要从感性认识向理性认识深化，由他律向自律提升，使规则意识内化于心、外化于行。

教学目标

通过探究，树立规则的意识，提升自觉遵守规则、坚定维护规则、积极改进规则的社会责任感；树立正确的自由观，认同社会规则与自由的辩证统一；在正确思想认知的基础上，将规则内化于心、外化于行，自觉践行规则，自觉践行社会主义法治精神。

通过对“大巴车等不等迟到的同学”和“火车等不等迟到的乘客”问题分析、“中国式过马路”的三种观点辨析，初步掌握透过现象看本质的思维方法，初步学会运用批判性思维分析问题的能力。

通过探究，理解自由与规则不可分，了解自律、他律的内涵，理解自律和他律在遵守规则问题上的作用，理解规则不是一成不变的。

教学方式

启发式探究教学法。

教学过程

一、导入

师：上课伊始，让我们一起欣赏一组图片。

PPT 出示图片：欢乐谷“规则之旅”班级活动照片。

师：这是什么活动的图片？

生：欢乐谷“规则之旅”活动。

师：是的，这节课我们就从欢乐谷“规则之旅”活动说起。

二、授新课

（一）环节一，规则之功用

（1）PPT 出示图片：一大早欢乐谷活动出发前校门口等待师生上车的旅游大巴。

师：大巴车等不等迟到的同学？应不应该等？

生甲：会等，但不应该等。因为迟到的同学不守时违反了规则；不该等却等的原因在于我们是一个集体，集体活动不能轻易抛下任何一个同学，哪怕是一个迟到犯错的同学，否则太绝情，迟到的同学无法体会到集体的温暖。

生乙：不应该等，部分自觉性不高的同学极有可能下次还迟到；不等是对迟到同学的一次警示，有利于他养成守时观念。

生丙：集合时间的规定属于校规校纪，属于纪律，这里看出纪律是有弹性的，说好“过期不候”，却依然会等迟到的同学。

师：初中生活静待花开，需要更多的等待和温暖，因此“校规班规”在执行时具有一定的弹性；“过时也候”背后是对迟到同学的一种宽容，体现出了校园生活中的一种温情，但这种宽容和温情不能滥用，不辜负这种温情恰好要求我们面对规则能自觉、自律。人人守规则方能成就更加温暖的集体，正所谓“打造温暖集体，人人有责，人人可为”。

（2）PPT 出示图片：停在站台等待乘客上车的高铁列车。

师：大巴车要等迟到的同学，那么火车等不等迟到的乘客，应不应该等？

生：不等也不应该等。

师：为什么大巴车面对迟到的同学可“过时也候”，火车面对迟到的乘客却“过时不候”？为什么面对相似问题我们给出了截然不同的答案？

生甲：因为，火车上的乘客大都是萍水相逢，不像同班同学有同学情谊，可以适当等待。大家坐火车往往都是有要紧事，凭什么等一个迟到的乘客耽误要紧事？

生乙：火车的运营时间是有规定的，一辆火车晚点极有可能影响整个铁路系统的运营，要以大局为重。

（3）PPT 出示图文：两位乘客拦住高铁列车等待迟到同伴的相关新闻。

师：火车“过时不候”的道理似乎大家都懂，但就是有人希望火车“过时也候”，你如何评价这两位乘客拦住高铁列车等待迟到同伴的行为？

生甲：这两位乘客的做法非常自私，为了迟到的同伴损害了一火车乘客的利益，这种行为是非常不道德的。

生乙：这种行为不仅违反了道德的要求，也违反了法律的规定，所以要受到法律的惩罚。法不容情。

生丙：这件事告诉我们，自由和权利不是绝对的，当我们行使权利时不能侵犯他人的合法权利，不能损害国家、社会和集体的利益。

师：说得好，自由不是绝对的，规则划定了自由的边界，规则也是人们享有自由的保障，法律和道德都属于规则的范畴。

（二）环节二，规则之遵守

（1）PPT 出示图片：十字路口等待绿灯的大巴车。

师：如果路上没有其他车辆，也没有行人，急着赶时间的大巴车还有必要等绿灯吗？

生甲：有必要，因为法律对机动车闯红灯行为有明确的处罚规定。

生乙：有必要，闯红灯会助长无视规则的不良风气。

生丙：有必要，路上没有行人和其他车辆，闯红灯依然会有安全风险和隐患。

（2）PPT 展示图文：针对“中国式过马路”的三种观点。

小西：闯红灯不对，但大家都在闯，我也就跟着走。

小南：只要没有人看到，没有人管，就可以闯红灯。

小东：我觉得车辆多的时候不能闯红灯，车辆少或者没有车的时候可以闯红灯。

师：你怎么看待以上观点？

生甲：三种观点都不可取。小西属于随大流；小南属于面对规则自觉性不够；小东看似比小西和小南有道理，其实也是法制观念淡薄的表现。

生乙："中国式过马路"现象，也是国人在遵守规则问题上有待提升的典型现象，我觉得需要提高执法力度来解决。

生丙：我认为，这个问题更需要我们每个人对自己有要求。我每天上学的十字路口，由于红绿灯设置不够合理，红灯时间过长，行人往往没有耐心等待，总是凑够一拨就闯红灯，我之前也随大流。有一天，我决心等着红灯变绿再前进，没想到，很多行人看我等绿灯也都停下来，从那天开始我没再闯红灯，而且发现很多行人和我一样也能遵守交通规则了。没想到我这个未成年人自觉遵守规则，还可以影响带动成年人，我很有成就感。

师：是的，"遵守规则，从我做起"，我们青少年要肯为人先、敢于担当。

（3）PPT 出示图文：许衡"梨虽无主，我心有主"的故事。

师：在遵守规则问题上，你认为他律和自律哪个更重要？

生甲：在遵守规则问题上，我认为自律更重要，自律是面对规则一种更高尚和更自觉的选择。为什么会出现"家长陪孩子写作业陪出高血压和心脏病"的现象，还不是因为孩子不自律、靠家长的他律治标不治本。

生乙：我认为他律更重要，很难想象，没有纪律和法律的约束，一个人、一个社会、一个国家会变成什么样子，依法治国，正强调了他律的重要性。

生丙：我认为他律和自律都很重要，对于一个缺乏自觉性的人更需要他律；同样，在社会发展不够健全的阶段，加强他律会更有时效性。

师：遵守社会规则既需要他律，又需要自律，践行法治精神，要求我们自觉地遵守规则，发自内心地敬畏规则，将规则作为自己行动的准绳，将规则内化于心、外化于行。

（三）环节三，规则之改进

师：阅读以下三则资料，说说你的启示。

- PPT 出示图文：《欢乐谷"规则之旅"》探究小结。
- 民法总则"新规亮点"。
- 马云"规则语录"。

懂规则，讲规则的人必成大器。要和懂规则的人在一起。

减掉以前制定的"破"游戏规则，世界才能好起来。

DT[①] 时代要创新，更要创造新的规则。

生甲：我的启示是规则不是一成不变的，随着社会生活的发展，我们要积极改进规则。

生乙：原来没有的，要制定；失去存在合理性的，要废除；不能完全适应的，要调整和完善。

生丙：要创造规则，先遵守规则。

（四）环节四，规则之维护

PPT 展示课后探究题："穷则独善其身，达则兼济天下"，从"坚定的维护规则"的角度思考如何做到"兼济天下"？

三、小结：PPT 展示文字

"请告诉我 / 这民族的伟大 / 轻轻地告诉我 / 不要喧哗。"（闻一多）

"你所站立的地方 / 正是你的中国 / 你怎么样 / 中国便怎么样 / 你是什么 / 中国便是什么 / 你有光明 / 中国便不黑暗。"（崔卫平）

师："青青子衿，上善若水"，做彬彬有礼、遵守规则的人！

四、板书设计

教学反思与创新

本节课基于学生的实际生活，精心构建探究情境；"欢乐谷规则之旅"是贯穿本课的一条活动明线，"规则之功用、规则之遵守、规则之改进"则是贯穿本节课的一条知识暗线，明暗两线，环环相扣。

本节课基于学生实际生活场景和身边事例，引向社会生活，依此设计了富有思辨性的问题，学生在思考和回答问题的过程中，思维出现了矛盾，在解决这个问题的过程中学生的思维层层深入，进行了新的构建，从而实现了对规则问题更深层次的理解。教师借助学

① DT, digital technology 的缩写，数据处理技术。

生解决自身思维矛盾的思考过程实现教学目标，完成教学任务。《遵守规则》一课授课结束了，但对于学生来说，更多关于规则的人生思考将在课下继续延伸。

充分尊重学生的现场思维意味着课堂中要给学生更多的时间，这难以避免地与课堂进度的按时完成发生矛盾。回看这节课，有课堂节奏过快、匆匆收尾之嫌，有临场发挥的遗憾，细节上有疏漏。这些疏漏和遗憾会成为我在创新教学之路上继续探究的动力。

且行千里，不忘初心。政治课的教与学应该成为生动生活的一部分，而不是游离于生活之外的额外负担；政治课要培养有社会责任、有思考能力、有科学精神的人；我希望学生的视野、情怀和思维能在政治课堂得以提升。让政治课充满智慧，用问题点燃思辨；让政治课充满温暖，用心倾听，真诚表达！做一个智慧而温暖的政治教师，我会继续努力！

1.2.2 法律就在身边

——《法不可违》教学案例

清华大学附属中学 魏园园

青少年是祖国的未来、民族的希望。加强青少年法治教育，使广大青少年学生从小树立法治观念，养成自觉守法、遇事找法、解决问题靠法的思维习惯和行为方式，是全面依法治国的基础工程，也是在青少年群体中深入开展社会主义核心价值观教育的重要途径。

《道德与法治》教材以法治意识为指向，突出法治教育，作为一线教师，我们要充分认识到自己肩上的责任。在教学实践中，开展法治教育，要以社会主义核心价值观为主线，注重以法治精神和法律规范弘扬社会主义核心价值观。开展法治教育还要遵循青少年身心发展规律，贴近青少年生活实际，选取鲜活的法律素材，课堂注重学生的参与、互动，切实提高法治教育的质量和实效。

《法不可违》是人教版《道德与法治》新教材八年级上册第二单元第五课第一框题的内容。第二单元从整体上探讨在社会生活中我们需要遵守的社会规则，包括道德、法律等。本课题之前，学生已经体悟了道德在维系有序的社会生活方面的重要作用，在此基础上，本课进一步引导学生关注法律对社会生活的重要意义，帮助学生初步了解个人成长和参与社会生活必备的基本法律常识，进一步强化他们的守法意识、公民意识，帮助他们初步具备运用法律知识辨别是非的能力，初步具备依法维护自身合法权益、参与社会生活的能力等。

适用教材

初中《道德与法治》八年级上册。

指导思想

十九大报告指出：全面依法治国是中国特色社会主义的本质要求和重要保障。全面依法治国是国家治理的一场深刻革命，必须坚持厉行法治，推进科学立法、严格执法、公正司法、全民守法。加大全民普法力度，建设社会主义法治文化，树立宪法法律至上、法律面前人人平等的法治理念。

“最近发展区”理论：教学应着眼于学生的最近发展区，为学生提供难易适度的内容，调动学生的积极性，发挥其潜能，进而促进学生往更高的水平发展。

思想政治学科素养：学科核心素养是学科育人价值的集中体现，是学生通过学科学习而逐步形成的正确价值观念、必备品格和关键能力。思想政治学科素养体现在政治认同、科学精神、法治意识、公共参与四个方面。

《思想品德课程标准（2011 年版）》：知道不履行法律规定的义务或做出法律所禁止的行为都是违法行为，理解任何违法行为都要承担相应的法律责任，受到一定的法律制裁。

《青少年法治教育大纲》：加深对社会生活中常见违法行为的认知，强化法律责任意识，巩固守法观念。

学情分析

通过之前的学习和自身经验，学生能够理解法律对社会生活的意义，但他们的法治观念还不够牢固、全面。学生对具体的法律知识了解较少，而他们行事又易冲动，易受社会上、校园里一些不良现象影响，这就容易出现一些违法犯罪行为。此外，由于辨别是非能力还不够强，没有意识到自己一些行为的不良后果，就容易忽视身边的违法行为。因此，需要选择跟他们认知能力相匹配且与实际生活密切相关的案例，让他们切实体会到法律就在身边，违法无小事，进而促使他们形成遵法守法的意识。

教学目标

情感、态度与价值观目标：通过分析表情包案例、探究校园霸凌事件，反思自身行为，进而感悟法律的威严及作用，体会遵法守法才能维护个人权益，创造文明校园、和谐社会。

能力目标：能够结合法律判断、分析身边常见的违法行为，提高辨别是非能力；增强依法规范自身行为、运用法律方法维护自身权益的能力。

知识目标：了解民事违法行为、行政违法行为、刑事违法行为的含义并能进行简要区分；了解《民法总则》《治安管理处罚法》的立法目的。

教学方式

讲授法、案例分析法、合作探究法。

教学过程

一、环节一，视频导入、引出主题

（1）教师活动。播放视频，视频大致内容是：一个行人闯红灯被交警拦下，面对交警的询问，行人给出了一系列匪夷所思的理由。在视频之后设问，视频中闯红灯的行人有这样一个理由，“我违法了，就让汽车撞死我好了，交警你不用管我”，那么，交警要不要管？请说出你的观点及理由。

（2）学生活动。根据视频内容、已有法律基础及生活经验进行思考、发言。如闯红灯除了对自身生命有危险外，它还会侵害机动车驾驶人的权利，还会造成交通堵塞等，所以交警必须得管。

（3）设计意图。视频导入，吸引学生注意力，同时通过强调闯红灯的社会危害性，引出“违法无小事”。

二、环节二，情境创设，以“事”知“法”

情境内容：《放学回家的路上》。

放学了，小明收拾好书包去等公交车。很幸运，要等的公交车一会儿就来了，小明赶紧上了车。当车快要到颐和园附近时又像往常一样开始堵了。透过车窗，小明看到外面有很多游客，还有一些大叔拦着游客说些什么。小明想，又是那些开黑车的想拉客。过了颐和园，又上了很多人，车上开始拥挤了。他费力地转了一下身体，想活动一下，却看到了令人震惊的一幕：一位戴着鸭舌帽的中年男子正把手伸向他旁边一位女士的手提包里，而那位女士却没留意，马上那男子就拿走了女士的钱包和一部看起来很高档的手机。小明想报警又不敢报警，心里又怕又愧。早上同桌小勇戴了一块新手表，说是前一天在公园里捡到的，没有找到失主，刚好自己的手表也坏了，所以他就拿走自己戴了。小明当时还觉得小勇没素质、没道德。这会儿，他觉得自己也没素质、没道德了……

（1）教师活动 1。展示情境及相应的法律条文，请学生分组探讨：案例中有哪些违法行为？违反了什么法律？需要承担什么责任？

（2）学生活动 1。小组合作，结合具体法律条文判断、分析情境中的相关行为。如“偷钱包和手机”触犯了《刑法》，属于犯罪行为，应该承担刑事责任；“开黑车”违反了《治安管理处罚法》，属于行政违法行为，应接受行政处罚，等等。

（3）设计意图 1。将三类违法行为设置于常见的生活场景中，便于学生感性认知三类违法行为，以及它们大致的区分。

（4）教师活动 2。将情境中的三类违法行为通过表格的方式直观展示出来，并请学生思考，上述三类违法行为有哪些共同点和不同点。

（5）学生活动 2。思考、归纳总结、发言。如“偷钱包和手机”和“捡到手机据为己有”的相同点是，当事人都侵占了他人财产，不同点是，“偷”的主观性更强，性质更恶劣，所以危害更严重，等等。

（6）设计意图 2。通过对共同点和不同点的归纳总结，巩固加强对三类违法行为的认知和理解。

三、环节三，以“案”释“法”

（1）教师活动 1。展示各种利用他人肖像做的表情图片，并提供“葛优躺”肖像侵权案例，设问：滥用他人肖像会有什么风险？

（2）学生活动 1。反思自身行为，根据生活经验思考，发言。

（3）设计意图 1。实践中，经常有学生将自己同学的照片配上文字作为表情包在网络上传播，这有可能给当事人带来极大的负面影响。因此，在该环节中，就从表情包入手，从学生的日常生活体验出发，结合实际案例探讨民事侵权行为，让他们了解民事侵权行为的表现、危害性及应承担的责任，由此启发他们反思自身行为，并且思考民法对生活的规范作用。

（4）教师活动 2。承接上文，继续提供表情包案例，此时提供电影《二十二》表情包违法案例，设问：同样是表情包侵权，为什么该案例受到了行政处罚？

（5）学生活动2。与前述“葛优躺”侵犯肖像权案例进行对比分析、思考。

（6）设计意图2。对比分析两个表情包的社会危害性，引出治安管理违法行为，了解《治安管理处罚法》的目的、治安管理违法行为的表现以及相应的行政处罚，进一步体会法律对规范社会秩序的重要作用，体会遵法守法的重要意义。

四、环节四，以“法”规“行”

（1）教师活动。提供校园霸凌案例——2017年延庆二中学生受辱事件，并进一步说明校园霸凌不光是打人，还有实施侮辱行为、起外号、散播谣言等，让学生有意反思自己的行为。在此基础上请学生分组探讨“如何向校园霸凌说不”。

（2）小组活动。结合身边实际和所学知识，合作探究“如何向校园霸凌说不”。

（3）设计意图。通过学生熟知的校园霸凌，再次强调违法行为的危害性，并以此提醒学生反思自身行为，自觉遵法守法。

五、环节五，总结提升

和学生一起总结本课所学。违法行为分为一般违法行为和严重违法行为。其中，一般违法行为又分为民事违法行为（如侵犯肖像权和合同违约等）和行政违法行为（主要表现为治安管理违法行为），严重违法行为即刑事违法行为，又叫犯罪。不同的违法行为需承担相应的法律责任。违法无小事，要警惕身边常见的违法行为。在此基础上，引导学生进一步体会，法律不仅仅是对行为的约束，更是对权利的保障。法治，让生活更美好。

教学反思

本节课在选取教学素材时，依据“最近发展区”理论，选取贴近学生生活实际的素材，如“表情包”案例，有效地提高了学生的课堂参与度，激发了学生的求知欲和思维能力。

在课程设计上，整节课以“法”为主线，从教师创设的情境先“知”法，然后结合生活中常见的案例去“悟”法，在此基础上认识到法的权威性与重要性，进而自觉去“守”法和“用”法，这样的设计符合学生的思维发展路径，同时也促成了由知到行的转化。

在本节课的实际教学中，三类违法行为的区分依旧是难点，因为一般违法行为与严重违法行为之间并没有不可逾越的鸿沟。所以在实际教学中，教师还要认真思索关于三类违法行为的区分，学生可以或者应该掌握到什么程度。另外一个问题是，法理比如法律原则或法律精神对学习法律知识非常重要，那么针对中学生，如何在法治教育中渗透相应的法理，也值得我们认真探讨。

1.2.3　网络自由面面观

——《网上交友新时空》教学案例

清华大学附属中学　刘贝贝

当代中学生在网络时代出生、生活，政治课教学也要指导学生面对网络时代的种种挑战，比如，网上学习、网上交友等。网络不是法外之地，网络自由也是有限度的自由，需要在道德和法律的范围内来实现。

本节课是人教版《道德与法治》七年级上册第二单元《友谊的天空》中第五课《交友的智慧》的第二框题《网上交友新时空》内容。本节课重在引导学生在网上交友中理性辨别，慎重选择，学会自我保护，树立网络创新的意识。

本节课采用主题探究活动的形式，在 iPad 教室利用互联网查阅资料，鼓励和指导学生进行小组主题探究，引导学生自主学习，同时参与课程资源的开发，重视学生生成性资源。

适用教材

初中《道德与法治》七年级。

指导思想

十九大报告提出，要加强互联网内容建设，建立网络综合治理体系，营造清朗的网络空间。在中学开展网络教育十分必要。

在课程标准中，“情感、态度与价值观”目标中提道，“树立规则意识、法制观念，有公共精神，增强公民意识”；能力目标中提道，“学习收集、处理、运用信息的方法，提高媒介素养，能够积极适应信息化社会”；知识目标中提道，“认识处理我与他人和集体关系的基本社会规范和道德规范”。

新课程提出了“构建以培育核心素养为主导的活动型学科课程”的新理念，体现了中国学生发展核心素养的“社会参与”维度，在初中《道德与法治》课程中开展主题探究符合这个理念。

学情分析

青少年是上网的主要群体，引导学生辩证看待网上交友，学会健康地网上交友具有现实意义。同时，中学生是“网络原住民”，对互联网有天然的好奇和参与。本校学生的网络素养较好，他们对网络十分熟悉，本班学生在学习中使用互联网收集处理信息比较常见，具有较好的网络信息的收集和归纳的能力，在网络信息提炼反思方面可以进一步加强。

教学目标

通过关注新闻、课堂讨论引导学生在网络交往中树立自我保护的意识，使学生了解一些网络交往中保护隐私、财产安全和人身安全的方法，提高网络交往能力和人际交往能力，通过关注网络创新引导学生树立网络创新的意识，践行公共参与。

通过辨析网络信息引导学生提高辨别觉察能力，提高遵守网络规则的意识，提高在网络交往中遵守道德、践行法律的能力，增强法治意识。

教学方式

合作探究式教学、案例教学、线上线下混合式教学。

教学过程

一、环节一，情境导入：网络在你我身边

教师：向同学们介绍上课的教室是 iPad 互联网教室，通过提问“同学们平常上网都做些什么”交流同学们上网的情况。

学生：看微信、查资料、看新闻、学习、听歌、打游戏、购物、其他等。

教师：互联网已经融入生活，让生活更美好。2017 年 12 月，第四届互联网大会在中国乌镇举行，大会都讨论了哪些话题？

学生：人工智能、物联网、5G 技术、智慧城市等。

教师：大会展示了互联网最新发展成果，嘉宾们分 20 个论坛讨论了互联网科技、网络安全、合作交流等主题。

环节设计意图：教师通过和学生交流引导学生关注互联网发展和存在的问题，引入课程。时间约 2 分钟。

二、环节二，互联网观察

教师：播放视频《互联网大会观察：2017 互联网发展成果》。内容包括微软小冰、阿里巴巴 ET 大脑、5G 技术、北斗卫星导航系统、神州太湖之光超级计算机。

教师：展示新闻链接 1——十九大提出了我国建设网络强国、数字中国、智慧社会的重大部署。

教师：小结中国互联网技术发展迅速，中国的 8 亿网民中青少年网民占到 1.7 亿，而且“00 后”的同学们被称为“网络原住民”，出生在互联网时代，成长在互联网时代。

教师：展示新闻链接 2——未成年人网络保护分论坛。

教师：小结互联网让生活更美好，中国互联网发展迅速，青少年网络交友需要我们共同关注。

环节设计意图：教师通过引发学生思考引导学生关注互联网最新科技发展，了解互联网发展的政策，引导学生关注青少年网络交友的问题，为下面的讨论做好准备。时间约 5 分钟。

三、环节三，网上交友微论坛

教师：组织开展课堂模拟活动——网上交友微论坛。

活动流程：同学们分成六个小论坛，分小组进行主题探讨，用 iPad 上网查阅资料，进行讨论总结，完成任务单，6 分钟后全班交流，每组约 2 分钟。

（一）主题一，网上交友辩证看

第 1 组：论坛一——网上交友的优势。

（1）网上交友（利）优势是什么？怎样利用？网上交友的新形式和特点是什么？

（2）搜索关键词：网络课程、网络写作、网络公益……

第 2 组：论坛二——如何防范网络风险。

（1）大会上的雕塑群“网络茧儿”引人深思。查阅资料，阅读课本，结合上网体验，探讨如何避免“网络茧儿”面临的网络沉迷、网络欺凌、网上信息泄露等网络风险。

（2）搜索关键词：网络沉迷、网络欺凌、网上信息泄露。

（二）主题二，理性辨别，慎重选择

第 3 组：论坛三——查找案例，情境分析。

（1）情境 1，陌生人加好友。

① 我希望有更多朋友，最近常收到 QQ 漂流瓶、微信“附近的人”等陌生人的加好友邀请，我……

② 搜索关键词：陌生人加好友。

（2）情境 2，网友提出见面。

① 我和一位同龄网友有很多共同话题，刚收到留言，想交换照片要电话，周末想约我见面，我……

② 搜索关键词：网友见面。

（三）主题三，“加强未成年人健康上网保护体系建设”建议书

从个人、家庭、学校、企业、国家社会等角度各提出至少一条建议。

第 4 组：论坛四——从个人、家庭、学校角度提出建议。

第 5 组：论坛五——从企业、国家社会角度提出建议。

第 6 组：论坛六——查一查各国在青少年网络安全方面的措施。

学生分为六组，查阅资料，讨论交流，完成任务单，时间约 6 分钟。教师参加各组讨论。

学生交流。

教师小结：个人要增强自我保护意识，注重现实中的同伴交往；家庭和学校加强对未成年人教育；企业要有社会责任感；国家和社会要加强教育。

环节设计意图：这个环节是本节课的主要活动，通过微论坛的方式分小组探究学习，利用 iPad 上网查阅资料，主题一是引导学生辩证看待网上交友；主题二是引导学生学会理性辨别，慎重选择；主题三是引导学生理性思考，如何构建未成年人网络安全体系。讨论约 6 分钟，每组发言约 2 分钟，教师总结，约 25 分钟。

教师小结：在现实生活中，常常有这样的场景——家人聚会、朋友聚餐时，大家却在各自刷手机，所以说，世界上最遥远的距离，是我们坐在一起，却各自玩手机。请大家关注我们身边的亲情和友情。

四、环节四，拓展网络新时空

（一）网络学习新时空

教师：同学们，网上交友只是我们使用网络的一部分，我们还要积极拓展网络新的空间，如网络学习新空间。学堂在线、网易公开课等，都是非常好的学习资源。

（二）网络创新新时空

（1）“最小白帽子”清华附中学生的故事。

教师：我们身边还有一些同龄人就是我们的校友，已经参与到网络创新了。先来了解我们的一位校友汪正阳，2014 年时他就读于清华附中初一，当时被称为“中国最小白帽子”。“白帽子”是指识别、公布网络系统中的安全漏洞，使系统修补的正面“黑客”。当年 13 岁的他向补天平台（漏洞响应平台）提交了第一个漏洞——可影响上百家教育网站的某数字平台的权限绕过高危漏洞。随后，又多次提交。他利用自己的互联网知识积极维护互联网安全，是很好的网络创新事例。

（2）清华附中学生开发形独 APP 的故事。

教师：大家以后在学习几何的时候会遇到空间学习作图的问题，我们学校有几位初二学生在学习我校教师提出的“形独”问题后，共同开发了形独 APP，现在已经上线了，我们来看一段视频，了解他们的故事吧。

播放视频：《形独记录》。

五、环节五，课外拓展

教师：看完视频，大家是不是也跃跃欲试了，不但是想试玩一下“形独”，而且想在学习过程中也可以有自己的创新想法和做法。课下可以多了解一些学习的 APP。希望大家把握好网上交友新空间，认识网上交友的利弊，能够理性分析，慎重选择，而且充分利用网络资源学习和发展自我，积极参与网络创新。

环节设计意图：这个环节是根据本校学生情况设计的拓展环节，引导学生利用好网络学习资源，同时通过介绍本校几位学生网络创新的事例，引导学生树立网络创新的意识，利用网络促进自己的学习和发展。时间约 8 分钟。

教学反思

本节课教学内容包括引导学生关注互联网发展和存在的问题、主题探究“网上交友微论坛”、拓展网络新时空。环节设置层层递进，体现了生活逻辑和理论逻辑的结合。考虑到本校学生对网络的体验和认知不只是探讨网上交友，还包括网上学习和参与网络创新，因此本节课进行了相关拓展。

在材料选取上关注学生生活实际，选取近期时事素材、本校学生参与网络创新的素材，调动学生的学习积极性。

本节课对于课堂引导有较高的要求，主题探究活动的内容设计和课堂引导十分重要，对学生课堂生成性资源的把握也很重要。

教学素材

- 视频《互联网大会观察：2017 互联网发展成果》
  http://video.eastday.com/a/171206095752159359455.html?qid=01359
- 新闻链接：十九大提出了我国建设网络强国、数字中国、智慧社会的重大部署
  http://media.people.com.cn/n1/2017/1025/c40606-29606978.html
- 新闻链接：未成年人网络保护分论坛
  http://media.people.com.cn/n1/2017/1205/c40606-29685658.html
- 案例：清华附中“最小白帽子”
  https://baike.baidu.com/item/%E6%B1%AA%E6%AD%A3%E6%89%AC/15843889?fr=aladdin
- 案例、视频：清华附中学生开发形独 APP
  http://www.qhfz.edu.cn/xueshengtiandi/20151019/4709.html

1.2.4　宪法在我心中
——《加强宪法监督》教学案例

清华大学附属中学　黎颖

党的十九大报告提出，要加强宪法实施和监督，推进合宪性审查工作，维护宪法权威。在中国特色社会主义法律体系中，宪法居于核心地位，所有的法律都是依据宪法制定的，都是对宪法精神、原则和制度的具体化。通过立法和法律实施，把宪法确立的国家重大制度、重大事项转化为具体法律制度，形成一系列行之有效、相互衔接、相互配合的法律规定，使宪法的精神、原则和规定得以实现和具体化，在国家事业和社会生活各方面得到全面实施。

本节课的教学内容来自部编教材《道德与法治》八年级下册，该册教材又被称作法治教育专册，从内容结构上看，第一单元《坚持宪法至上》是法治教育专册的逻辑起点，通

过阐释宪法的核心价值及其在国家生活中的崇高地位，帮助学生树立宪法至上的信念，增强学习宪法的积极性。本节课内容《加强宪法监督》是第一单元第二课第二框题的内容，将尊崇宪法的观念落实到行为中，强调维护宪法权威、实现宪法价值，必须保障宪法实施。全国人大及其常委会要行使监督宪法实施、监督权力行使的职责与权力，广大公民包括青少年学生，要学习宪法、认同宪法、践行宪法。

本节课通过角色扮演、案例分析、小组讨论等方式完成教学内容，尤其是以学生生活为基础进行情境探讨，帮助学生理解宪法精神，增强法治意识，在日常生活中自觉学习宪法、践行宪法。

适用教材

初中《道德与法治》八年级下册。

指导思想

《义务教育思想品德课程标准（2011年版）》：了解建立、健全监督和制约机制是法律有效实施与司法公正的保障，增强公民意识，学会行使自己享有的知情权、参与权、表达权、监督权。

《青少年法治教育大纲》初中阶段的教学内容与要求：进一步深化宪法教育，了解国家基本制度，强化国家认同。

“最近发展区”理论：教学应着眼于学生的“最近发展区”，为学生提供难易适度的内容，调动学生的积极性，发挥其潜能，进而促进学生往更高的水平发展。在本节课的教学过程中，结合宪法监督的相关案例，设计了角色扮演、情境模拟等教学方式，尽量将抽象的理论内容用形象的方式呈现出来，便于学生理解。

学情分析

从学生的知识储备来看，通过第一课《维护宪法权威》的学习，学生已经初步掌握一些宪法知识，对宪法的结构、内容、地位有了初步了解，但对宪法监督的内容相对比较陌生，理解起来有一定难度，很难从已有经验出发，需要教师提供大量学习素材进行引导和启发。

在学生的认知与行为上，初二的学生已经有了一定的规则意识和法治意识，但宪法意识和法治精神有待提升，不经提示与引导，在日常生活中很难体会到宪法至上的重要地位与意义，对于加强宪法监督、增强宪法意识也缺少一定的主动性，需要引导学生对日常生活进行观察与分析，自觉学习宪法，增强宪法意识。

从学生的发展需要来看，初二的学生在日常生活和学习中已经开始了参与公共生活，但缺少对宪法精神的实践经验，引导学生在日常生活中践行宪法、崇尚宪法精神，增强法治意识，是本节课的教学难点。

教学目标

通过角色扮演和案例分析，体会宪法与生活密切相关，自觉增强宪法意识。

通过情境讨论和活动方案设计，学会运用宪法精神来分析和解决学习生活中的实际问题，积极组织和参加宪法宣传活动。

知道权力行使必须接受监督，了解我国的宪法监督制度，懂得宪法与我们息息相关，掌握增强宪法意识的途径和方法。

教学方式

角色扮演、案例分析、小组讨论。

教学过程

一、环节一，情境导入：校园景观方案调查活动

（1）情境内容。展示学校目前正在逐步改善的校园景观方案的设计过程，让学生了解校园景观的设计方案在正式施行前设有向全校师生广泛征集意见和建议的环节，并呈现相关新闻和照片。

（2）教师预设。从学生的生活经验入手，了解一项公共决策的制定过程，并提出问题：校园景观设计方案需要经过哪些步骤？一个城市的规划方案最终施行又要经过哪些环节呢？

（3）学生活动。从校园生活的角度了解学校校园景观建设方案形成的过程，体会公共决策制定的过程与方法，很多决策都需要进行民主协商与探讨。

（4）过渡。一个城市的规划方案最终实施需要经过哪些环节？我们一起来探讨。

二、环节二，情境模拟，感性体验

（1）环节设置。通过角色扮演的方式，呈现课前小组作业《关于某市城市规划方案的讨论——人民体育场是否应该拆迁》的讨论结果。课前，根据学案材料，学生将自愿分成若干小组，每个小组中都有市民、政府和人大代表的角色，根据学案提供的相关细节，对人民体育场的拆迁计划进行讨论。作业要求在小组讨论的过程中，每个角色都要代表自己的立场进行发言，并且每个小组需要记录讨论过程，并给出一个最终方案。

（2）教师预设。在学生讨论的过程中，引导学生思考：如何才能制定一个满足民众需求的合理方案？政府、市民、人大代表在规划制定的过程中分别起到什么作用？学生会发现，虽然不同角色的立场不同、不同小组的讨论过程和结论也不同，但大家在为得到一个科学、合理的方案的过程中，都不约而同地维护了市民的权益，规范了政府的行为，这是监督权力运行的初步而感性的体验。通过角色扮演、小组讨论，引导学生梳理思考过程，初步体会公民、人大代表在监督政府依法行政过程中起到的重要作用，引导学生体会参与公共决策、行使监督权力、增强法治意识的重要性。

（3）学生活动。在课上，学生的发言将分为两个阶段，第一个阶段是不同角色阐述自己的观点和立场；第二个阶段再由每个小组的代表简要介绍自己所在的小组通过讨论最终形成的观点。

（4）过渡。大家都有了自己的结论，其实这件事是真实发生过的，我们一起来看一看当时各方的决策是如何制定的吧。

三、环节三，案例分析，理性认知

（一）环节设置：活动 1

向学生介绍案例的原型，即来自教材 24 页“运用你的经验”栏目中所体现的案例，只不过在当年该市关于人民体育场的规划要比同学们讨论的更具戏剧性，在这里简要讲述当年该市人大常委会会议过程，并展示市民的联名信，告诉学生通过市民和人大代表、市人大常委会的共同努力，该市的人民体育场变成了现在图片中的样子——一个更大、更美、功能更丰富的综合体育公园。

（1）教师预设。在整个事件中，从政府行为的角度，引导学生理解权力的行使必须接受监督，而且国家机关的工作人员必须增强宪法意识，才能保证在依法行政的过程中时刻遵守宪法和法律的要求，维护公民利益。从市民行为的角度，引导学生理解，在国家法治建设的过程中，政治文明、法治文明固然需要自上而下的推动，但自下而上的权利赋予和意识觉醒才是国家与民族长久发展取之不竭的源源动力。本环节帮助学生理解监督是权利正确行使的根本保障，需要建立完备的监督公权力形式的制度体系。通过案例分析，理解对公权力进行监督的必要性，强化学生的公民意识和法治意识，为理解宪法监督制度做铺垫。

（2）学生活动。阅读教材信息，了解案例原型，体会公民法治精神和宪法监督的重要作用，理解监督是权利正确行使的根本保障，增强法治意识。

（二）环节设置：活动 2

播放节选自《法治中国》第二集《大智立法》中关于公民潘洪斌推动备案审查制度的新闻片段，调动学生的积极性。设置两个问题：潘洪斌遇到了什么事？他是怎么处理的？并追问：对于潘洪斌的遭遇，你有没有疑问或困惑？学生在课堂上提出：为什么要扣押电动车？交警执法依据什么？在理解了宪法监督制度的内容后，继续对新闻素材进行挖掘，追问学生：潘洪斌坚持维权的力量来自哪里？宪法监督制度在潘洪斌的案例中是如何体现的呢？最后，展示潘洪斌所查的《道路交通安全法》和《行政强制法》相关条文，引导学生通过梳理法律条文，理解合宪性审查的内容，加深学生对宪法监督制度内容的理解与认知。

（1）教师预设。通过设问与追问，引导学生回忆已有知识，并在此基础上学习新知，对宪法监督有深入的理解。基于之前的学习，部分学生能够想起“全国人大及其常委会有权监督宪法和法律的实施”，但对监督宪法实施的具体内容还不了解。在此呈现新闻的后续背景，分析潘洪斌写信的原因及事件进程，学生通过了解全国人大常委会和浙江省人大常委会、杭州市人大常委会所履行的职权加深对宪法监督的理解。通过对新闻素材的深度挖掘，引导学生意识到，潘洪斌的力量的确来自宪法和法律，宪法和法律赋予公民神圣的监督权力，加强宪法监督，不仅需要完善的制度，还需要公民有较强的宪法意识。

（2）学生活动。跟着课程进度一环接一环地思考，不断回答教师的追问，体会宪法监督的作用，尝试进行法律条文的阅读和分析，通过了解潘洪斌个人的事例，体会公民增强法律意识的重要作用，增强学习宪法的动力与信心。

（3）过渡。刚才我们着重强调了公民个人增强宪法意识的重要性，接下来我们就重点了解作为中学生应当如何增强宪法意识。

四、环节四，回归生活，应用实践

（1）环节设置。通过回顾学生课前完成的小组作业，引导学生理解宪法与我们每个人的生活息息相关，在学生作业的基础上，设置三个比较典型的情境进行拓展分析。

情境 1：遇到警察搜身怎么办？

情境 2：不能正常上学怎么办？

情境 3：找工作被歧视怎么办？

给出三个情境，并设置问题：①以上情境中涉及《宪法》的哪些内容？②遇到这样的情况应该如何处理？在学生讨论分享后进行总结，并提供学习宪法的网络资源。

（2）教师预设。引导学生在情境 1 中不仅知道公民的人身自由不受侵犯，还要引导学生了解在日常生活中遇到类似的情境应该怎么解决，有学生认为“报警”就可以了，需要引导学生增强法治意识，知道对于未成年人而言只有警察是不够的，还需要监护人在场，才能保障未成年人的权益不被侵犯。在情境 2 和情境 3 中，除了引导学生认识到公民的受教育权和平等权受宪法保障外，还希望学生能够关心社会和他人，在解决方案的讨论中能够从自身出发设身处地为他人着想。通过对不同情境的讨论与分享，引导学生关注社会生活，运用宪法精神来分析和解决生活中的实际问题，增强学生的公民意识和法治精神。

（3）学生活动。以小组为单位就三个情境进行讨论，并分组进行分享交流。

（4）过渡。通过案例分析，大家加深了对宪法的认知，感受到了宪法与生活的关系，希望大家自觉树立宪法意识，学会运用宪法精神来分析和解决学习与生活中的实际问题。

五、环节五，践行宪法，落实行动

（1）环节设置。展示学生初步完成的《清华附中纪念国家宪法日特别活动》方案，并布置课后拓展作业，继续讨论并完善方案，并将方案实施。

（2）教师预设。鼓励学生结合所学，自己设计和组织宪法日纪念活动，促使学生自觉参与到学习宪法、宣传宪法的活动中，在主动组织、参与活动的过程中激发学生学习宪法、宣传宪法的热情，为增强全校师生的宪法意识贡献力量。

（3）学生活动。在交流分享的基础上继续完善国家宪法日特别纪念活动的方案。

（4）课堂小结。宪法与我们每个人的生活息息相关，我们一生都离不开宪法的保护。宪法的生命在于实施，宪法的权威也在于实施。建设社会主义法治国家，需要我们坚持宪法至上，自觉践行宪法精神，积极推动宪法实施。

教学反思

“加强宪法监督”相关内容理论性较强，党的十八大以来，以习近平同志为核心的党中央高度重视宪法在治国理政中的重要地位和作用，采取一系列有力措施加强宪法实施和监督。党的十九大进一步提出，要加强宪法实施和监督，推进合宪性审查工作，维护宪法权威。对于宪法监督内容，教师需要在理论上进行学习，通过查阅大量文献及宪法教材，首先进行自我学习，继而提供给学生适合的学习材料并组织相关的学习活动，帮助学生理解难度相对较大的内容，在完善教学设计上，教师还需要继续学习和研究。

对于难度较大、学生不易理解的内容，在教学环节的设计上更应该重视发挥学生的主体性作用，在教学设计上给学生更多的活动空间。在学习新教材的过程中，很多专家都强调要加强对教材的重视和使用，因此本节课最大的亮点就在于对教材资源的使用，不是简单的分析引用，而是深入资源内部，进行多方位的挖掘与展示，为学生学习和理解提供了大量的支撑与帮助，进而达成教学目标。通过对教材素材的深度挖掘，选择了将“运用你的经验”一栏中的材料进行场景重现和再设计，鼓励学生通过角色扮演的方式体验政府决策的制定过程，锻炼学生参与社会生活的能力。在学生角色模拟与讨论的过程中，需要课前给予学生足够的活动时间，进行分组讨论和角色扮演；在课堂呈现中，教师需要设计问题引发学生思考，重视课堂生成并及时引导和归纳学生讨论中闪现的知识点与价值观念，通过记录的方式引导学生理解课程内容，在课堂控制与引导方面，还需要继续学习与努力。

初二的学生虽然具备了一定的抽象思维能力，但宪法精神的学习和理解对他们来说还有一定难度，在不断的教学摸索中发现案例教学是初中学生比较喜欢和易于接受的。在我国目前的法律案例中，跟宪法监督有关并适合在初中《道德与法治》课堂上呈现的案例相对比较少，因此在应用环节不同情境的设计首先参考了学生课前作业的反馈，选择了大部分学生比较感兴趣并且跟学生实际生活密切相关的情境进行分析与讨论，并试图在解决方法的讨论中提升学生对宪法精神的理解，能够真正将宪法精神落实到实际生活中来，自觉学习宪法、践行宪法。对于案例的选择保留了可能会有争议的“找工作被歧视”情境，旨在引导学生进行多角度的思考，更加深入地理解法律在日常生活中的应用和宪法精神的体现。在引导学生思考和讨论的过程中，还需要教师更加深入地了解相关法律条文和案例背景，能更加深入地解释案例背后的宪法精神。

教学素材

- 《宪法学导论：原理与应用》，张千帆，法律出版社，2008 年 8 月
- 党的十九大报告《决胜全面建成小康社会，夺取新时代中国特色社会主义伟大胜利》
- 《中华人民共和国宪法》
- 《中华人民共和国道路交通安全法》
- 《中华人民共和国行政强制法》
- 《法治中国》第二集《大智立法》
- 《坚决贯彻宪法精神加强宪法实施监督》

1.2.5　凝聚社会共识　共建法治中国

清华大学附属中学　赵爱军

十九大报告中强调：全面依法治国是国家治理的一场深刻革命，必须坚持厉行法治，推进科学立法、严格执法、公正司法、全民守法。“全面依法治国是国家治理的一场深刻革命”，这一论断是我们党在新时代，就党领导人民治理国家的基本方略所做出的重大判断，深刻揭示了中国特色社会主义法治的本质特征、发展方向和内生动力。法治，作为社会主义核心价值观的内容之一，就是用法律的准绳去衡量、规范、引导社会生活。提高公民的法律意识，可以将遵守法律和社会主义核心价值观内化为行动自觉。作为旨在促进初中学生道德品质、健康心理、法律意识和公民意识的进一步发展的公民教育课程——思想品德课，应该顺应历史发展潮流，培养学生的法律意识和法制观念。

本节课是初中政治九年级教材上册第二单元的内容，以如何建设法治中国为核心，从企业、政府、公民三个方面探究如何凝聚社会共识，共建法治中国。本节课教学方式以学生为主体，以初中学生逐步扩展的生活为基础，尊重学生的认知规律，符合情境体验式教学、合作探究式教学的要求。

“情境教学”教师有目的地引入或创设贴近学生生活实际的情境，号召学生体验，激发学生的情感共鸣，激发学生探究的热情，提升学生的综合学习能力。在探究过程中教师进行引领，帮助学生树立正确的世界观、人生观、价值观。本课程通过设置具体的情境引领学生认识法治的重要性，树立法治意识，为践行社会主义核心价值观奠定法治基础。

适用教材

初中《道德与法治》九年级。

指导思想

十九大报告提出，要坚定不移走中国特色社会主义法治道路，完善以宪法为核心的中国特色社会主义法律体系，建设中国特色社会主义法治体系，建设社会主义法治国家，发展中国特色社会主义法治理论，坚持依法治国、依法执政、依法行政共同推进，坚持法治国家、法治政府、法治社会一体建设，坚持依法治国和以德治国相结合，依法治国和依规治党有机统一，深化司法体制改革，提高全民族法治素养和道德素质。

建构主义学习理论：当代建构主义者主张，学生是学习的主体。学习不是由教师把知识简单地传递给学生，而是由学生自己建构知识的过程。学生不是简单被动地接收信息，而是主动地建构知识的意义，这种建构是无法由他人来代替的。

《普通初中思想政治课程标准（2011 年版）》：“以初中生生活为基础、以引导和促进初中生思想品德发展为根本目的。”以社会主义核心价值体系为导向，旨在促进初中学生道德品质、健康心理、法律意识和公民意识的进一步发展，使他们形成乐观向上的生活态度，逐步树立正确的世界观、人生观、价值观。

学情分析

学生在十四岁左右，他们的思维方式感性、形象，抽象思维能力才开始萌芽。他们对于法治建设的认知以表面现象为主，对如何建设的措施认知不够。

该班的学生，比较关注国家和社会的发展，对课堂上讨论的时政问题有热情，适应情境探究式教学方式。他们的环保观念、生态保护意识很强；重视权利意识和责任意识，对建设法治中国有共识，强调民主、公平、平等。

受认知规律的制约，学生对如何凝聚法治共识，建设法治中国的综合分析有一定的困难。需要教师通过具体的问题，层层深入地进行引导，使学生理解建设法治中国的现实意义，明确建设法治中国是个系统工程，需要凝聚社会共识，知道在建设法治中国过程中的公民的责任和担当，为践行社会主义核心价值观奠定法治基础。

教学目标

通过相似概念辨析，厘清法制和法治、人治和法治的关系；培养学生的辩证思维能力；通过对“河南陶瓷产业园污染事件调查”的探究分析，引导学生正确认知法治中国建设的迫切性和必要性，理解法治中国建设需要从立法、执法、守法，从个人、国家、企业等不同角度，凝聚共识，坚持法治国家、法治政府、法治社会一体建设，坚持依法治国和以德治国相结合，提高全民族法治素养和道德素质。在分析探究中，提升学生透过现象看本质的抽象思维能力和综合分析能力，提升学生思维的深刻性。

通过观看习近平主席宪法宣誓、探究环境污染问题等具体情境，引领学生关注社会，树立规则意识、法制观念，有公共精神，增强公民意识。培养学生的公共参与、政治认同等学科素养。

情境体验式教学、合作探究式教学。

教学过程

一、环节一，体验感受

（1）情境内容。2018 年十三届人大一次会议，国家主席习近平进行宪法宣誓。

（2）教师预设。观看宪法宣誓的庄重仪式，感受到国家对宪法的尊重，宪法是国家和人民根本利益的集中表现，对宪法尊重就是对人民利益的尊重；宣誓人是国家主席，即国家元首，手握国家权力的人对宪法负责，我们感受到国家对法律的重视和推崇，人民利益至上；在我国权力要在法律范围内行使，法律为权力划界，有权不能任性；宪法宣誓仪式全国直播，全民观看，本身就是一堂生动的普法教育课程，激发起全国人民对法律的信仰和维护，凝聚起整个国家法治建设的共识和氛围。

（3）学生活动。交流观看仪式后的感受；分析宪法宣誓制度的意义。

二、环节二，厘清区分

（1）教师预设。从区别和联系两个角度厘清法制与法制、法治与人治的关系。

（2）学生活动。围绕两个概念辨析、思考、厘清。

过渡：近年来，我国制定和完善了很多法律法规，如 2017 年通过《民法总则》；2018 年 3 月通过了《宪法修正案》等。但在现实生活中依然存在行人闯红灯、企业偷偷排污等问题。这说明，建设法治国家，不难于立法，而难于法之必行。那么，法之必行到底难在哪里，我们又该如何解决这些问题呢？这是我们这节课探究的核心内容。

三、环节三，探究感悟

（一）情境内容一

央视《焦点访谈》节目：河南陶瓷产业园污染事件。陶瓷企业拒绝“煤改气”，偷偷排污。

（1）教师预设。企业是以营利为目的的经济组织。案例中的企业为了自己的一己私利，拒绝“煤改气”而选择任意排污，污染大气、污染水源，肆意践踏长远的公共利益，是企业不承担社会责任、没有担当、没有社会公德的表现；另外，国家有新环保法、空气排污法等相关法律规定，企业晚上偷偷排污是明知有法而不守法的违法行为。解决企业不守法行为和没有社会责任的行为，我们应该从企业自身和企业外部两个角度入手。从企业外部角度，首先执法机关要严格执法，提高违法成本，使企业不敢违法；公民要加强监督，使企业不能违法；树立企业的法治意识和责任意识，使企业不想违法。企业是国民经济的细胞，只有细胞健康、有活力，生命体才是健康的。只有企业健康、有序发展，我国的国民经济才能真正强起来。建设法治中国，企业要能够成为守法有德的典范。

（2）学生活动。分析企业拒绝“煤改气”和“晚上开工偷偷排污”的行为背后的原因，探究交流治理企业“为利忘义”“为利违法”行为的措施。

（3）过渡。对企业偷偷排放的行为，相关部门为什么没有执法呢？

（二）情境内容二

央视网节目：河南陶瓷产业园污染事件——当地执法部门的“苦衷”。

（1）教师预设。当地执法部门对污染企业的排污行为不制止的主要原因是为了当地政府的财政收入，也是所谓“为当地百姓谋福利”。但这样的福利却是眼前利益，是表面的金山银山，是以破坏子孙后代的生存环境为代价的，没有了绿水青山，没有了可持续发展，当地百姓也就没有了健康，生命健康权是最基本的权利和最基本的诉求，没有了健康，再多的金山银山也是没有用的。这说明当地执法部门没有依法行政，破坏了百姓根本的、长远的利益，没有真正做到对人民负责。这说明建设法治国家，需要打造责任政府。当地执法部门对企业排污行为假装不知情本身是将地方利益置于国家法律之上，这是当地政府任性用权的表现。建设法治国家，任何机构、个人都需要在法律范围内行使权力和履行义务。因此，建设法治中国，还要求政府必须依法用权，即依法行政，打造法治政府。

（2）学生活动。围绕如何看待当地环保部门对企业排污行为“毫无知情”的做法；如何避免政府如此作为；如何评价政府相关部门的工作人员“局里让查才去查”的思维方式和工作方式三个问题讨论交流。

（3）过渡。在这次事件中，面对自己的合法权利被侵害，生存环境被恶化，当地百姓的态度是什么？他们采取了哪些措施维护自己的权利？

（三）情境内容三

河南陶瓷产业园污染事件：当地百姓的“回避与无奈”。

（1）教师预设1。当地家园被污染的村民本来应该对破坏自己生存环境的企业和不作为的政府说不，拿起法律武器捍卫自己的权利，但是，他们却选择回避和忍受，根源在于生存，为了眼前的苟且，牺牲了自己和子孙后代的“诗和远方”；为了眼前的小利而忽视了长远的利益和大义。因此，建设法治中国，需要提升公民的权利意识、法治意识，遵法学法守法，敢于用法律维权，善于用法律维权；培养公民的责任意识，有国家观、大局观，敢于担当。

（2）学生活动。探究分析交流三个问题：当地村民对企业污染行为和政府相关部门的不作为，他们本来应该如何做？他们为什么选择了“回避”“忍受”？如何唤醒被老乡们“回避”的维权意识和行为？

（3）过渡1。一边是污染企业，一边是当地经济发展和百姓生活的利益来源，究竟哪一个更重要，这的确是摆在当地政府和百姓眼前的一道选择题。对帮助当地政府和百姓做好这道选择题，你的建议是什么？

（4）教师预设2。生态环境没有替代品，用之不觉，失之难存。因此，治污就是治国，治国就要坚持法治和德治。首先，厉行法治：立法部门要科学立法，使国家各项事业有法可依；执法部门要公正司法、严格执法，执法必严、违法必究；政府要依法行政，规范行政权；营造法治文化环境；公民树立法治意识，做法律的忠实崇拜者、自觉遵守者、坚定捍卫者。其次，法律是底线，治国还要坚持道德建设，用道德来引领。因此，建设法治中国，要发挥法律的规范作用，弘扬道德的教化作用，做到法治与德治相得益彰。

（5）过渡2。作为祖国未来的接班人，建设法治中国需要我们从现在做起，从身边做起。

四、环节四，建法治中国，我参与

（1）情境内容。我校德育处和团委本学期着力打造“法治校园”，营造校园法治文化，培养青少年的法治意识。学校把法治文化与校园文化建设有机结合，在校园文化建设中有机融入法育理念，培育青少年法治信仰。

（2）教师预设。法治兴则国家兴，法治强则国家强。法治的真谛，在于每个人的真诚信仰和忠实践行，牢固树立法治信仰和法治观念，从我做起，从身边做起，建设法治中国，需要我们共同努力！

（3）学生活动。请为上述活动拟主题和策划活动方案。

教学反思

基于学生，以学生为主体。首先，基于学生的真实生活体验。本节课的情境以“河南陶瓷产业园污染事件调查”为主线，通过学生的直接感受，唤起学生的生活体验，产生情感共鸣；其次，基于学生的认知规律。探究问题的设计，由浅入深，层层深入，探究事情的本质；同时设问有一定的开放性，给学生的思维留出空间；最后，基于学生的成长。提升学生的思维品质。通过问题的深入探究，提升学生思维的深刻性、逻辑性和广阔性等品质。

弘扬社会主义核心价值观，培养学生的学科素养。设计基于学生生活实际的情境和问题，激发学生参与课堂的兴趣和探究的热情，在探究交流中感悟家国情怀，将抽象的理论和具体的生活实际有效对接，使社会主义核心价值观教育具体化、实践化、真实发生；课堂教学直面现实生活中的具体问题，让学生感受到政治课堂的真实；教师春风化雨般的引领和引导，让学生体会到政治课的育人教育是能够进入学生内心，直抵灵魂的；在问题的探究交流过程中，教师注重价值观的引领，引导学生树立法治意识和道德观念，培养学生的政治认同、科学精神等核心素养，从而更有效地发挥政治学科的独特价值。

教学素材

- 【新闻直播间】河南安阳陶瓷产业园污染调查：污染致农作物险绝收　地下水遭殃
  http://tv.cctv.com/2018/04/20/VIDECLOm24rP1pt03iclzCzc180420.shtml
- 【第一时间】瓷都污染何时休——河南：成本增加企业回避“煤改气”　污水处理工艺不达标
  http://tv.cctv.com/2018/04/20/VIDEP64TUoDMM1ZCeyYQyaRy180420.shtml
- 【第一时间】瓷都污染何时休——河南：职能部门互相推诿　环境污染无人监管
  http://tv.cctv.com/2018/04/20/VIDEiKiQRWXIfOxPNzj4owDf180420.shtml
- 新当选的国家主席、中共中央军委主席习近平进行宪法宣誓
  http://news.cctv.com/2018/03/17/VIDEV9Jse3HiAJGDxXYt2pR7180317.shtml

1.2.6 弘扬平等，扶好社会稳定的“天平”

——《公平是社会稳定的“天平”》教学案例

清华大学附属中学 岑逸飞

公与平者，即国之基址也。

中国文化里对于平等的呼唤，有社会宏观层面的制度平等，有个人实际层面的人格平等，更有生命自然层面的众生平等。“持心如衡，以理为平”，在这样的文化承袭中，正理平治，承平盛世。《公平是社会稳定的“天平”》正是作为初中政治学科中中学生社会主义核心价值观社会层面“平等观”培养践行最为直接的章节，旨在科学引导学生理解维护社会平等、公正对于社会稳定的重要性，帮助其树立起社会主义事业主人翁所必须具备的平等、公正之理性科学精神。

本课授课形式新颖，教学过程以学生为主体，采用“一贯式情境探究式”的活动型课程。教学全程基于“建构主义学习理论”，学生作为主动建构者生成课堂，教师起引导作用，强调在教师引导下学生在不同情境中对知识的主动探索、主动发现、主动建构，同时利用自创四“动”模式，利用热门案例让学生先“动心”，引发起认识此类问题的兴趣，再让学生“动脑”“动身”深入探究思考，最后“动情”引导情感价值观升华。

全课案例连贯，目标明确，紧密围绕“大风厂大火事件”这一条主线，层层递进，情感升华，落脚于鼓励中学生积极培育践行社会主义核心价值观中的“平等”观念，落实养成“国家政策的认同”“不平等现象的科学理性认知”“法治社会建设意识的培养”“对不平等现象的公共参与解决”四大核心素养。

初中《道德与法治》。

指导思想

党的十九大报告指出，满足人民日益增长的美好生活需要，需要不断促进社会公平正义，形成平等公正的社会秩序，使人民的获得感、幸福感、安全感更加充实、更有保障、更可持续。

本节课教学立足“政治学科核心素养”培养，努力让学生通过探究最终达成“政治认同”“科学精神”“法治意识”“公共参与”的核心素养养成目的，尤其重视“社会主义核心价值观——公民‘平等’观念”在教学中扎根落实。

基于“建构主义学习理论”，学生作为主动建构者生成课堂，教师起引导作用，强调在教师引导下学生在不同情境中对知识的主动探索、主动发现、主动建构；自创四“动”模式，利用热门案例让学生先“动心”，引发起认识此类问题的兴趣，再让学生“动脑”“动身”深入探究思考，最后“动情”引导情感价值观升华。

学情分析

本节课授课对象为初二年级学生。作为初二政治课中社会层面核心价值观——“平等观”培养最为直接的章节，本节课旨在让学生理解维护社会公平对于社会稳定的重要性，帮助其树立起公平合作的意识，这对于学生培养社会主义事业主人翁必备的自由、平等、公正的理性科学精神必不可少，意义重大。

通过初二学年各单元的学习，该学段学生已系统了解自身拥有的权利和义务，但对其源起的“平等”土壤，缺乏充分认知。学生尚未步入社会，对“公平”“平等”的观念感到迷茫与困惑，在青春期积极引导，利于学生未来对社会形成客观的认知，助其行使好个人权利，履行社会责任，落实“平等观”。

教学目标

通过关注热门材料、深化讨论活动，积极培育社会主义核心价值观中的社会“平等”观念，落实养成“国家政策的认同”“不平等现象的科学理性认知”“法治社会建设意识的培养”“对不平等现象的公共参与解决”四大核心素养。

通过辨析材料情境，正确认知平等公平的相对性，理解平等对社会稳定的重要性，培养起对平等与不平等现象的判断能力，对平等的相对性和社会性特征的理解能力。

教学方式

以学生为主体，采用角色分类与合作讨论相结合的“一贯式情境探究式”的活动型课程。

教学过程

一、环节一，动心——话平等

1. 时间安排。课前阅读、引入 5 分钟。

2. 知识要点。公平的体现。

3. 学生活动。结合学案，引发热议话题：初步了解电视剧《人民的名义》“116”事件“‘大风’吹起的大火”，启发学生讨论大火出现的表层原因和背后本质原因。

4. 教师问题。为何点起这把火？——归纳总结：什么是平等、公平？

5. 设计意图。通过热门影视剧激发兴趣、引发思考。

二、环节二，动脑——识平等

1. 时间安排。讨论 5 分钟、互动 10 分钟。

2. 知识要点。认识平等公平对社会稳定的重要性（从人与社会两个角度）。

3. 学生活动。按组分角色思考。从不同角色出发，思考是否该点这把火；着重分析“不该”观点——哪些角色认为“不该”？为何“不该”？

4. 角色分类。A. 政府组；B. 开发集团组；C. 原公司高层组；D. 其他企业组；E. 温和工人组；F. 激进工人组。

5. 教师问题。是否该点这把火？——归纳总结：不平等公平导致的危害。

6. 设计意图。切合案例、了解危害、加深认知。

三、环节三，动身——立平等

1. 时间安排。讨论 5 分钟、展示 10 分钟。

2. 知识要点。平等公平在比较中产生；罗尔斯正义原则。

3. 学生活动。按组分角色活动：演绎新版《人民的名义》，重新开发光明峰。保障项目开发的前提下，各方如何避免“116”事件再次发生。

4. 教师问题。如何不点这把火？——归纳总结：为何出现不平等？如何实现平等公平？

5. 情境预设。新搬迁方案中我方准备怎么做？有什么要求？

（1）政府组：下一步工作透明公开 / 完善拆迁补助机制 / 设立临时救助点……

（2）开发集团组：保证平等公平参与竞争招标 / 保障股权赔偿 / 积极配合后续就业 / 讨论居民何时撤出问题……

（3）原公司高层组：自身股权赔偿 / 保障工人拆迁补助 / 原欠债务如何处理……

（4）其他企业组：期盼政府项目透明公开 / 积极协助开展慈善事业。

（5）温和工人组：股权赔偿问题解决 / 拆迁补助款项到位 / 拆迁安置问题 / 新工作问题 / 创业帮助问题。

（6）激进工人组：家中老小补贴如何解决 / 新工作安置问题。

6. 设计意图。自主互动、自研方案、自探原因。

四、环节四，动情——普平等

1. 时间安排。总结 3 分钟、延伸 2 分钟。

2. 知识要点。平等观在不同时代不同人的不同理解、知晓世界发展需公平。

3. 学生活动。拓展提升，为点燃世界之火的美国总统特朗普建言。思考美国所认定的《巴黎协定》不平等是否合理，美国是否该退出协定。

4. 教师问题。如何扑灭世界之火？——归纳总结：如何理解世界的公平发展？将眼光拓展至历史发展、世界发展的潮流中，用辩证的眼光来看待西方工业数百年的发展。

5. 设计意图。开阔视野、能力提升、培养情操。

附 1：自编学案。

弘扬平等，扶好社会稳定的“天平”

——《公平是社会稳定的“天平”》学案

（1）故事梗概。

“大风”吹起的大火

——京州市“　　”事件梗概（有改编）

京州“光明峰项目”作为市重点工程，打算将风景秀丽的光明峰开发为重点旅游区。然而，早在十几年前便设立在光明峰区域内的大风厂，因和旅游区功能不符，面临搬迁的境遇……

其实，大风厂近年经营不善，面临倒闭，老板蔡成功和所有工人也急切期盼通过此次拆迁，得到自己的股权红利，从而过上全新生活（大风厂股权：老板蔡成功持股 40%，全体工人持股 60%）。

但政府未经公开竞标，便安排背景实力雄厚的山水集团作为唯一开发商，实施大风厂拆迁计划。

不巧的是，大风厂老板蔡成功因经营不善，曾向山水集团借下高利贷且无力偿还。于是，山水集团利用大风厂欠债机会伪造了一份合同和全体工人签名，串通汉东法院贪腐官员，妄图违法侵吞所有工人股权，并不支付任何安家费用。

工人们临近搬迁才知道自己的股权已被不法侵夺，于是以王文革为首的激进工人们决定点火阻拦强拆！

（2）拓展材料。

点燃世界的大火

——特朗普宣布美国退出《巴黎协定》

《巴黎协定》是2015年12月12日在巴黎气候变化大会上通过的控制气候变化协定。协定指出，各国将加强对气候变化威胁的全球应对，为把升温控制在1.5℃之内而努力。协定敦促缔约国中的发达国家继续为欠发达国家提供资金支持，到2020年，这些国家每年要提供总额为1000亿美元的援助款，协助后者减排或适应气候变化。

就在国际社会普遍认可与欢迎这一协定时，美国总统特朗普公然宣布退出《巴黎协定》，认为这一协定通过绿色气候基金将美国财富转移到了其他国家，每年让美国出资支援发展中国家的要求对美国不公平。此外，特朗普为了将美国的经济增速提升，认为美国需要继续大规模使用包括石油在内的一切形式的能源，否则将有损美国自身经济发展。

问题：这把世界之火，美国该点吗（该点，请说明理由；不该点，请为美国总统建言）？

附2：自编资料卡。

事件人物资料卡

姓　名：李达康
职　务：市政府一把手
代　表：政府
口头禅：当官不为民做主，不如回家卖红薯！
简　介：统管市所有事务，为官廉洁。大火事件前，由另一名贪腐官员负责项目，大火事件后，决心亲自挂帅，改变风貌。

姓　名：高小琴、祁同伟
职　务：山水集团决策者
代　表：山水集团
口头禅：与天博弈，不管什么手段，我也要胜天半子！
简　介：祁同伟作为省公安厅厅长偷偷入股山水集团成为幕后老板。两人利用政治资源，巧取豪夺弱势群体利益。

姓　名：蔡成功
职　务：大风厂老板
代　表：大风厂高层
口头禅：没办法，我也是被逼的。
简　介：拥有大风厂40%股权，但近年经营不善，虽长期在外奔波筹钱，却欠债累累。

姓　名：王大路
职　务：大路集团总裁
代　表：民营企业
口头禅：能帮还是多帮帮别人吧。
简　介：与山水集团同行业的民营企业，白手起家，诚信经营，即使认识李达康，也绝不沾边。

姓　名：郑西坡
职　务：大风厂工会主席
代　表：多数工人
口头禅：坚持对话，相信政府！
简　介：温和派工人代表，生活自给没有问题，坚信和政府对话可以解决问题。

姓　名：王文革
职　务：大风厂激进分子
代　表：少数工人
口头禅：我要生存，还我股权！
简　介：激进派工人代表，上有老下有小，不给股权绝不后退。

你们小组扮演的角色是（　　），作为此角色请思考以下三个问题。

（1）为何点起这把火？

（2）是否该点这把火？

（3）如何不点这把火？

（新搬迁方案中我方准备怎么做？我方有什么要求？）

教学反思

全课以学生为主体，采用“一贯式情境探究式”的活动型课程，具有以下特点。

（1）目标明确。本节课重点培育践行社会主义“平等观”，立足“政治学科核心素养培养”，教学设计过程始终围绕“国家政策的认同”“不平等现象的科学理性认知”“法治社会建设意识的培养”“对不平等现象的公共参与解决”的核心素养养成目的开展。

（2）学生生成。全课以问题为主要导向、以互动为主要模式，设置专门问题一一对应知识要点，鼓励学生自主探究，由学生探究生成，教师归纳总结出各个知识点。

（3）案例连贯。全课一例到底，紧密围绕“大风厂大火事件”这一条主线，层层递进，情感升华，同时让学生在主线的不同情境中体验感悟，易于理解，避免注意力分散。

（4）落脚实践。教学过程从“思考”到“提升”到最终“落实”，且“落实”的最终主体为学生本身，鼓励学生培养平等观念，自觉树立正确观念以便未来更好地参与社会。

1.3 个人层面（爱国、敬业、诚信、友善）

1.3.1 管理情绪 友善待人

——《做情绪的主人》教学案例

清华大学附属中学 谭晨

友善，作为社会主义核心价值观个人层面之一，是处理人际关系的基本准则，是公民的基本道德规范，强调公民之间应互相尊重、互相关心、互相帮助、和睦友好，努力形成社会主义的新型人际关系。友善，被列入社会主义核心价值观，是社会主义价值体系生活化、大众化的重要体现。友善，不仅仅是社会主义核心价值观的重要内容，也是我们做人、做事、成家、立业，以及走向成功的重要法宝。

人的社会属性，注定了每个人都处在与他人、集体和社会的关系中。个人不仅要处理自己复杂的情绪，还要处理各种关系，要与他人交往。以何种心境、何种形式与人交往也许不能影响一个人的人生长度，但可以拓展他的人生宽度。而在实际生活中，要做到友善待人其实并不容易。现代社会多元价值观的冲击和现代化生活节奏的不断加快，导致人们的生活压力加剧，如果情绪管理的功能“不在线”，就会出现各种人际冲突，影响人际和谐。做一个友善的人，就需懂得微笑。学会管理自己的情绪，用温暖的笑容迎接他人，微笑是最好的交流语言，友善的人懂得微笑，对他人微笑，也对自己微笑。做一个友善的人，就要学会管理自己的情绪，在遇到情绪波动时，给自己留几秒钟稳定情绪，理性地分析，该坚持的坚持，该宽容的宽容，该道歉的道歉，该担责的主动担责。简单来说，要做到友善待人，不仅要善待他人，也要善待自己。从这个意义上说，友善待人的核心其实就是学会管理自己的情绪。

本案例针对的主要教学关键问题：帮助学生理解情绪的多样性，学会调节和控制自己的情绪，保持乐观的心态；帮助学生学会换位思考，能够与人为善。

适用教材

小学《品德与社会》高年级专题。

指导思想

本案例基于《情绪 ABC 理论》设计——情绪 ABC 理论是由美国心理学家埃利斯创建的。该理论认为激发事件 A（activatingevent 的第一个英文字母）只是引发情绪和行为后果 C（consequence 的第一个英文字母）的间接原因，而引起 C 的直接原因则是个体对激发事件 A 的认知和评价而产生的信念 B（belief 的第一个英文字母），即人的消极情绪和行为障碍结果（C），不是由于某一激发事件（A）直接引发的，而是由于经受这一事件的个体对它不正确的认知和评价所产生的错误信念（B）所直接引起。错误信念也称为非理性信念。因此，要改变事件的后果，最佳途径是从非理性信念入手，帮助学生从不同角度看待问题，从而改变最终的行为结果。

学情分析

青少年的情绪具有丰富而又强烈、不稳定、难自控的特点，很容易产生各种不良情绪，有可能产生危害身心健康的后果。

本班初一学生经过半个学期的集体生活，在军训、运动会、秋游等集体活动中已经产生了一定的同学情谊，但是在日常学习和生活中依然存在因情绪处理不当而引发的小冲突，部分冲突还需要教师的“调停”来解决。

从上半学期思想品德课堂的观察，本班的学生整体素质较好，在日常的学习和生活中能够比较好地处理自己的情绪，同学之间的矛盾冲突很少。但经过“日常生活中会引发不良情绪的事件”的小调查，发现“食堂占座”“因成绩问题被家长批评”“同学失约”等事件对本班学生的情绪影响较大，希望可以通过学习本节课知识，帮助他们更好地处理自己在日常生活琐事中可能遭遇的不良情绪。

教学目标

通过对已有故事的改编，让学生认识到同一事件在用不同情绪处理时会产生不同的结果，帮助学生认识到调控情绪的重要性。通过让学生了解、掌握理智调控情绪的方法，从而帮助学生学会理智地调控自己的情绪。

通过对学生亲身经历的活动的分析与讨论，发展学生感受、体验他人情绪的能力，提高学生换位思考能力，增强自我调适、自我控制的能力。进而在之后的学习和生活中提升其处理情绪与人际冲突的能力，做到友善待人。

教学方式

体验式教学、合作探究式教学。

教学过程

一、环节一，导入新课

教师导入：

同学们，上节课我们探讨了多种多样的情绪，我们还识别了积极情绪和消极情绪对人们造成的影响，今天我们要来做一下小练兵，等会老师会给大家念一个小故事，看看大家能不能通过我们的聪明才智来帮助主人公解决他遇到的问题。

故事：狐狸和葡萄。

一天，一群刚走出沙漠的狐狸觉得口渴得厉害，它们不停地走啊走，在一座废弃的木屋里发现了半缸水，狐狸们看着这半缸水，顿时发出三种不同的声音。

第一种："真是太高兴啦，在口渴的时候，能有半缸水，正好解点儿渴。"

第二种："真生气！本来就够渴的了，好不容易看到点儿水，还只剩一半了。"

第三种："真扫兴，喝完了以后我没准儿会更渴，干脆别喝了。"

教师提问：为什么遇到的是同一件事，不同的狐狸却产生了不同的情绪呢？

（学生活动：自由发言。）

教师总结：

人其实和狐狸一样，在面临相同情境的时候，不同的人会因为（个人的需要不同、对待事件的态度不同）而产生不同的情绪，对待问题的态度则是决定我们情绪的关键，所以只要换个角度看问题，情绪是完全可以被改变的。

那么，当遇到改变态度也无法消除的不良情绪时，应该怎么办呢？让我们来继续看看狐狸们遇到了什么。

二、环节二，排解不良情绪＋喜怒哀乐不忘关心他人

狐狸们把水缸里的水平分之后，依然觉得很渴，这个时候，突然有狐狸发现，前方不远处有一个农夫的果园，果园里紫红色的葡萄挂满了枝头，令人垂涎欲滴。狐狸们迅速来到果园，结果发现，葡萄架太高了，根本够不到。又饿又渴的狐狸们已没有力气“叠罗汉”去够葡萄了，狐狸们开始愤愤不平。

理智狐狸坐在葡萄架下想，虽然吃不到葡萄，但刚才遇到了半缸水，至少缓解了一下，怎么都比刚从沙漠里出来要好得多，这么一想，它反而觉得挺开心的。

爱玩狐狸想，反正葡萄也吃不到，看起来大家似乎还要在这里耗一阵子，索性一个人坐到葡萄架下，开始摆弄自己从沙漠里带出来的小石头，不一会儿就玩得不亦乐乎了。

小委屈狐狸觉得自己运气太差了，先是遇到了半缸水，接着又遇到吃不到的葡萄，它委屈极了，跑到没人的地方大喊大叫了几声，然后又哭了一场，之后它感觉好些了。

没头脑狐狸情绪也很不好，它看着周围的狐狸都吃不到葡萄，开始扬扬自得起来，它笑嘻嘻地冲大家说：“哈哈，你们没吃过葡萄吗？我以前吃过这样的葡萄，确实挺甜的，所以啊，吃不到也无所谓，反正我也知道是什么味道。”看着别的狐狸们又羡又恨的表情，它感觉愉快了很多。

教师提问：

狐狸们采取了这么多方法，那么咱们来投票选一下，如果你是其中的一只狐狸，你会选择哪种处理办法？为什么？大家来说一说。

（学生活动：自由发言。）

教师提问：

很好，看来大家对有些狐狸采取的办法还是蛮认可的，那么，为什么没头脑狐狸的办法大家不怎么认可呢？

（学生活动：自由发言。）

教师提问：

看来大家都认可一点，那就是不能让别人成为我们情绪的受害者，因为如果我们放任自己的情绪伤害别人，有可能最后会变成伤害我们自己。所以，即使要宣泄情绪，也要学会顾及他人的感受，不伤害他人的宣泄方法才是好方法。

三、环节三，情绪事件大练兵

教师提问：

前不久咱们做了一个关于情绪的调查，大家还记得吗？每个人都写出了在日常学习和

生活中常常遇到的让自己情绪不好的事件，今天我们就把这些事件拿出来，看看利用今天的所学，我们能不能在今后的生活中很好地处理这些事件。比如：

- 食堂吃饭占好的座位被别人抢了。
- 排队被插队。
- 因为值日没做好被老师批评。
- 刚买到手的汉堡被同学撞到地上了。
- 期中考试没考好被家长批评。

（学生活动：小组讨论、发言。）

教师总结：

非常好，通过刚才的回答我看出大家都从中收获了很多，我们不但学到了有效的排解不良情绪的方法，而且意识到了不论喜、怒、哀、乐都要顾及他人的感受。但是，在此老师还想强调一点，很多时候，我们不要只顾着处理事件带来的情绪，而是要学着先去解决事件，有误会的要解释清楚，有些事件可能还需要我们在之后的生活中更加努力地完善自己，才能尽量减小同样事件发生的概率。

最后，我想送给大家一段话的小哲理：

大风可以吹起一张大白纸，却无法吹走一只蝴蝶，蝴蝶比白纸要轻得多，但是它却能抵住大风的力量，这是因为——生命的力量在于不屈从，在情绪的风暴席卷时，让我们做一只不屈从的、能掌控自己的蝴蝶，而不是随波逐流、无法控制自我的纸片。

情绪发作是本能，而控制情绪则是本领。

教学反思

本节课的教学是根据初一年级学生的实际需要而专门设计的，通过一个故事做全程的导入、挖掘和导出，帮助学生分析问题，和学生一起讨论问题，最后共同解决问题，并在最后由日常调查出的学生情绪困扰点出发，深入学生实际，引导学生将所学运用到实际生活中，由此能够激发学生学习的兴趣。总体来说，课程的实效性不错，把知识、技能的训练落到了实处。

本节课的不足之处在于：课时比较紧，因此学生在讨论过程中，出现了个别问题讨论不够深入的情况；此外，由于时间把握的问题，最后涉及实际生活的问题探讨时间不足，没能进行更加深入的挖掘，总结时过于仓促。

1.3.2　爱我中华

——《我们的社会主义祖国》教学案例

清华大学附属中学　郎艳

九年级学生的生活范围逐渐从家庭、学校扩展到社会。热爱祖国，能自觉地承担报效祖国、奉献社会的重任，这是每一个中学生义不容辞的责任和使命。但是，学生对国家发展的认知还不够全面深入，需要从多角度了解我国的国情，才能理解现阶段党的基本路线及方针政策。要通过教学，达到实现政治学科核心素养中要求的政治认同和科学精神。帮助学生树立中国特色社会主义理想信念，对国家发展做出科学的价值判断和行为选择。

本节课是人教版《思想品德》九年级第二单元《了解祖国爱我中华》第三课《我们的社会主义祖国》内容，主要体现了《思想品德课程标准（2011 年版）》中“知道中国特色社会主义理论体系；了解当今世界发展趋势，知道我国在世界格局中的地位”。第二单元主要内容是了解国家的基本国情，培养学生承担民族振兴的使命，这也是做一个负责任的公民的内在要求。

带领学生从发现并提出问题出发，通过引入国家发展中面临的困难和问题如何解决，引导学生明确肩负起报效国家这一光荣的责任和使命，就要既看到新中国翻天覆地的变化，又要清醒地认识到国家发展的不平衡和不充分，看到我们国家还面临发达国家在经济科技上占优势的压力，想问题、办事情，时时处处从我国的基本国情出发；在将来更好地参加祖国的经济、政治、文化和社会建设，更好地肩负起振兴中华的重任。学生因为了解和理解会对国家产生更深刻的热爱，主动践行社会主义核心价值观中个人层面的爱国。

适用教材

九年级《思想品德》。

指导思想

中国特色社会主义理论体系不只是学习国情内容的理论基础，也是学生最难理解的内容。正确了解我国在世界格局中的位置，对于增强学生的爱国精神有着十分重要的作用。帮助学生正确认识我国基本国情，深刻体会中华民族要屹立于世界民族之林，就要不断增强综合国力，不断提高国际地位，发展科技和教育，每一个中华儿女都要为实现社会主义现代化和中华民族伟大复兴贡献自己的力量。

现在的九年级学生就生活在改革开放进行时，培养学生对自己身在其中，正在经历的国家政策的认同感尤为重要。虽然看到国家这些年越来越强大，但是随着国力增强、经济发展，学生也会看到社会发展中出现的一些问题，甚至造成学生的思维误区。我们的任务就是引导学生用辩证的观点看问题，既能看到我国取得的巨大发展成就，也知道国家长期处于社会主义初级阶段任务的艰巨性，构建自己的认知结构。从对现阶段我国发展的定位上理解国家处于社会主义初级阶段，从而达到政治认同。

学情分析

信息时代，初中学生通过报刊、电视、网络等媒介可以多角度了解国家和社会的发展现状，但由于思维水平和思维深度的限制，对一些问题了解得不够全面。——这是学生的已有基础。

清华附中学生有较强的社会责任感，关注国家的发展变化，善于独立思考问题，对国家发展的理论问题、道路问题有比较大的兴趣，愿意在讨论中发表自己的见解和主张。——这是学生的发展需求。

初中学生在学习本课中，思维发展路径是：从认识国情开始——到了解国情、接受国情——能思考国家发展中的问题——为实现中国梦贡献自己的力量。

教学目标

通过材料分析和小组讨论解决实际问题，学生逐步了解我国的经济、政治、文化地位不断提高和改革开放以来我国社会主义现代化建设所取得的巨大成就，更好地理解中国特色社会主义理论体系，激发学生热爱祖国、热爱中国共产党的真情实感，践行社会主义核心价值观中的“爱国”；正视在社会主义初级阶段我们面临的艰巨任务和每个人应该承担的责任，培养学生的政治认同。

通过组织学生进行文本分析与讨论活动，培养学生收集材料、分析材料并从中归纳总结的能力。锻炼学生运用科学精神思考国家问题。

知道我国在国际舞台上的地位，知道中国特色社会主义理论体系的内容。

教学方式

讲授式和讨论式相结合。

教学过程

一、导入新课

（1）教师活动。播放视频《国情备忘录》，视频主要内容是我国在现阶段发展中面临的问题，发展的不平衡、不充分等现实。

（2）学生活动。通过观看视频，记录视频中的观点，确实感受到国家在社会主义初级阶段即不发达阶段还有很多发展的空间。

（3）设计意图。学生喜欢从视频中提取观点，更直观的感受会加深学生对问题的理解，促进学生增加对社会问题的思考，提升学生关注力。

二、讲授新课

（一）环节一，中国是世界上最大的发展中国家

1. 教师活动 1。针对视频内容提出问题。

（1）你从视频中得出哪些观点?

（2）你为什么会有这样的结论?

（3）我们面对这样的情况需要怎么做?

2. 学生活动 1。观看视频，记录观点，归纳观点的分类并回答问题。

3. 设计意图 1。引导和鼓励学生将自己的真实想法表达出来，教师根据学生的回答做好副板书记录。这一教学活动有助于教师和学生一起梳理思路，提炼核心问题。

4. 教师活动 2。学生在课前自学课本之后，提出了很多通过自学不能解决的问题，教师进行归纳和整理后，整合成六个问题，在第一课时，已经解决了前三个困惑，本节课着重解决剩下的三个问题。这里解决学生的困惑：为什么我们发展得这么好还是发展中国家?

学生活动 2：根据已有的认知，分组交流并回答这个问题。

设计意图 2：因为本课理论性较强，在设问时从社会生活入手，符合学生的认知水平。通过对问题的归纳和讨论，可以培养学生学科能力，符合中考说明的要求——对知识水平中的观点理解力水平 I，即能够识别具有学科特征的信息或学科观点。

（二）环节二，中国正处于并将长期处于社会主义初级阶段

1. 教师活动 1。指导学生阅读学案的材料，投影循环播放相应图片。

2. 学生活动 1。阅读学案材料（见教学素材）1。

3. 教师活动 2。学生阅读完上述材料之后，教师继续提出问题。

（1）归纳材料中所反映的问题。

（2）学生根据自己的思考完成表格。

（3）学生从对表格内容的理解，能得出什么样的结论？

4. 学生活动 2。完成学案中的表格内容。

视频中发现的问题	材料中对应的内容	你的结论

5. 学生活动 3。通过阅读材料，根据对视频的记录和对材料的分析，填写表格，小组讨论后回答问题。

6. 设计意图 1。这样学生能更好地了解当今世界发展趋势及我国所处位置，了解我国处于并将长期处于社会主义初级阶段的现状，具有忧患意识。

7. 教师活动 3。通过结合学案材料分析，阐述社会主义初级阶段的时间、主要内容和主要矛盾，帮助学生理解我国处于社会主义初级阶段的原因和表现。此处用于解决学生的困惑：为什么是人民日益增长的美好生活需要和不平衡、不充分的发展之间的矛盾？

8. 设计意图 2。学生小组讨论中，通过对文本内容的理解和表达，培养学生的观点理解力水平，能够结合生活情境正确描述学科观点，从而完成教学重点内容的理解。

三、环节三，中国特色社会主义

1. 教师活动 1。教师介绍中国特色社会主义体系的基本内容，强调改革开放以来，国家取得进步的根本原因。这里解决学生的困惑：什么是中国特色社会主义？

此处教师安排了知识拓展：关于中国特色社会主义理论体系内容的补充。

2. 设计意图 1。对理论知识的扩充，有助于学生了解中国特色社会主义理论体系发展，认识到每一代领导集体丰富完善这一体系都是基于我国社会主义初级阶段的基本国情和基本矛盾，是实事求是的。

3. 教师活动 2。提问：运用视频和学案中的材料，说明实现中华民族伟大复兴，就要坚持社会主义道路。

4. 学生活动。通过阅读材料，了解中国特色社会主义理论的内容，并能举例说明。

教师通过引导学生阅读文本、思考讨论，并恰当举例来突破教学难点。

5. 设计意图 2。培养学生列举恰当的事例论证学科观点的能力，培养学生积极的政治认同。

6. 课堂小结。

（1）学生活动。观看视频剪辑《辉煌中国》，主要内容是最近五年中国在科技上的飞速发展，高科技在农业等方面的运用，如飞机播种等，让学生感受到国家的强大为人民带来的幸福生活，人民实实在在的幸福感和获得感。特别是和本节课开始时播放的视频进行对比之后，能看到国家的进步和发展，增强理论说服力。

（2）教师活动。通过本节课的学习，我们明确了必须在认清基本国情的基础上加快发展自己，进一步提高国际地位，实现社会主义现代化和中华民族的伟大复兴。

教学反思

本课是一节理论课，对学生而言有理解上的困难，所以在课前要求学生自学课本内容之后，将自己不理解的问题写下来，通过对学生问题的分析汇总形成教师的教学思路，即以学生的困惑为主线，通过学生主要问题的解决，贯彻中国特色社会主义理论体系的学习。在第一课时，对生产力与生产关系、社会发展的五个阶段，什么是社会主义等基本概念和观点进行解读，为第二课时的深入探讨做好理论铺垫，这是本节课在教学设计和实施上的优势。

本节课是这部分内容的第二课时，着重解决理论深入理解问题。教学设计从解决学生的困惑入手，符合学生认知实际，设计合理。教学目标与行为目标一致。能充分调动学生思考和参与，理论结合实际，易于学生认知、理解，最终培养核心素养中的政治认同和科学精神。

从特色学习资源分析角度看，本节课编辑引用了两段视频资料，分别是《国情备忘录》和《辉煌中国》。《国情备忘录》着重提出国家发展面临的问题，《辉煌中国》展示国家发展中的高科技成就，两个材料对比观看，在课堂上首尾呼应，对学生了解国情起到了很好的促进、激励作用。

教学素材

一、阅读材料一

实现良好开局　奋进全面小康

——以习近平同志为核心的党中央引领经济社会发展一年间

《人民日报》2016 年 12 月 13 日

在中华民族伟大复兴的历史坐标上，2016 年无疑是极为关键的一年——开启全面建成小康社会决胜阶段。

环视全球，美国经济复苏力度低于预期，欧洲经济尚未摆脱低增长状态，日本经济结构性改革滞后……主要经济体增长态势疲弱，不确定性增强，中国置身于一个充满挑战的世界。

回顾国内，外需对增长拉动力减弱、民间投资和制造业投资乏力、金融等领域风险隐患比较突出，一些产能严重过剩行业和经济结构单一地区矛盾较多，经济下行压力不断加大，困难不可低估。

中国经济却逆势而上，呈现出更有质量、更有活力、更加健康的“新气质”。

“稳”字当先，中国经济在内外挑战中平稳运行。连续三个季度增长 6.7%，居全球主要经济体前列；提前完成全年就业指标；城乡居民收入与 GDP 增长基本同步；物价涨势总体温和。

“创”字引领，为中国经济厚积薄发积蓄动力。战略性新兴产业、高技术产业均保持 10% 以上增速，中国成为全球创业投资热土。

“简”字凸显，为中国经济释放无限活力。简政放权，为创业者提供了颇多便利。全国日均新登记企业近 1.5 万户，创业成本显著降低。

"优"字发力，带动经济企稳向好。产能和库存下降引导市场预期改善，降成本增强企业信心，补短板拉动有效投资，去杠杆路径明确，供给侧结构性改革效应初显，经济运行产生一系列积极变化。

二、阅读材料二

2016年，我国经济对世界经济的贡献居首位；我国农业丰收，成为历史第二高产年。

全国居民人均可支配收入实际增长6.3%，城乡居民收入差距继续缩小。

前三季度城镇新增就业人口提前一个季度完成全年目标；国家再次提高企业退休人员基本养老金水平；扶贫政策靶向精准，力度增大；全年社会消费品零售总额比上年增长10.4%。

2017年，中国两大主场外交："一带一路"国际合作高峰论坛；金砖国家领导人第九次会晤。

2016年1月，埃及著名历史文化遗迹卢克索神庙的"2016中埃文化年"开幕式文艺演出呈现了中埃两大古老文明的交相辉映；9月，G20峰会文艺演出向多国领导人展示了中国的传统文化……而今年的电影《战狼2》取得了口碑与票房的双丰收，也在国际上打造了一张新的中国文化名片。另外，随着"一带一路"计划的实施，中国文化与沿线国家的交流进一步增强。

三、阅读材料三

2016年全球GDP排名前十的国家（括号内为该国GDP总量）

①美国（18.03万亿美元）；②中国（11万亿美元）；③日本（4.38万亿美元）；④德国（3.36万亿美元）；⑤英国（2.86万亿美元）；⑥法国（2.42万亿美元）；⑦印度（2.09万亿美元）；⑧意大利（1.82万亿美元）；⑨巴西（1.77万亿美元）；⑩加拿大（1.55万亿美元）。

2016年，世界人均GDP排名第一位的是卢森堡，其人均GDP高达106 728.888美元，合计人民币为667 055.55元。第二位瑞士，第三位挪威，第四位卡塔尔，而世界巨头美国排名第五位，人均GDP为57 765.512美元，合计人民币为361 034.45元。第六位新加坡，第七位冰岛，第八位丹麦，第九位爱尔兰，第十位澳大利亚。

而中国人均GDP则排名世界第69位，为8 865.999美元，显然我国和经济发达国家还有很大的差距。

1.3.3　诚信的力量

——《做诚信的人》教学案例

清华大学附属中学　刘露

诚信是社会主义核心价值观的基本内容，是人类社会交往的普遍精神，也是人类共同生活的通则。没有诚信，人无以立身，国无以立本，社会无以存续。因此，诚信之于我们的生活，有如呼吸之于我们的生命。诚信具有多维度结构，不仅是外在的行为规范，还是内在的精神需求；不仅是做人的根本，还是为政的原则；不仅是静态的目标，还是动态的实践。本节课一共设置了三个主要环节，通过观点辨析的方式，引导学生思考诚信的守则、诚信的智慧和诚信的责任，最大限度地激发每一个学生的诚信意识，营造人人讲诚信的良好社会风尚。

适用教材

初中《道德与法治》八年级下册。

指导思想

一、建构主义学习理论

建构主义学习理论提倡以学生为中心，教师在整个教学环境中是促进者、组织者、发起者，学生能动地利用各种条件对所学的知识进行建构。本节课强调学生作为认知的主体，鼓励学生主动去收集并分析有关的信息与资料，在合作解决问题的过程中主动建构知识。

二、翻转课堂教学模式

翻转课堂让教育进入一个学生可以进行自我知识延伸的时代，在翻转课堂上，学生需要根据学习内容反复地与同学、教师，甚至是家长进行交互，以扩展和创造深度的知识。

学生真正成了课堂的主角，对知识的探究和学习主要由他们自主进行，课堂不再是预设的过程，而是生成的过程。

学情分析

一、学生对本课内容有一定的了解，但仍存有疑惑

学生通过阅读教材文本和观看教师录制的慕课视频，完成了教材知识的学习。但由于对一些社会问题错误的解读，有的学生认为现代社会没有什么诚信可言，做老实人“吃亏”，讲信用的人“无用”，有的学生更把“利字中间摆，诚信撇两边”作为人生哲学，不能清晰分辨诚信与利益的关系，不能针对具体复杂的情况践行诚信。

二、中学生的诚信教育有待加强

诚实守信是中华民族的传统美德，也是当代人必备的基本素质。在本校初二年级近400名学生中进行的调查结果显示，承认自己抄袭作业的学生占总数的59.5%，承认自己说过谎的学生占总数的91.8%，远远超过了半数，在承认说谎的学生中又有62.8%的学生表示经常说谎。可见，一些中学生身上存有不讲诚信的现象和行为，诚信教育有待加强。

教学目标

情感、态度与价值观目标：通过辨析校园和社会案例，学生能够重承诺，把诚信作为立身之本。通过解决诚信过程中遇到的实际难题，学生学会培养善良之心，展现诚信问题上的智慧。

能力目标：通过讨论诚信和利益哪个更重要，提高学生诚信守则的实践能力。通过探讨善意谎言是否有悖诚信，增强学生在诚信的两难问题上分辨是非的能力。

知识目标：通过分析主人翁案例和中国留学生找工作被拒绝的故事，学生知道诚信守则的具体要求。通过讨论解决诚信遇到的困惑，学生理解诚信与善意谎言的关系，把握诚信的核心。

教学方式

体验式教学、合作探究式教学。

教学过程

本课一共设置了三个主要环节。以学生问题研究为主的形式展开，整堂课将采取观点对对碰的讨论方式，在每一环节的讨论中，首先会由观点嘉宾发表自己的意见，然后A、B两个评论组的同学交替发言，剩余的同学将组成大众点评团，大家可以在A、B组讨论的过程中随时举手发言，表达自己的观点。

一、第一环节，诚信的守则，学做诚信的人

1. 情境内容。

（1）展示习近平总书记“五四”考察北大的图片，提出青年要践行社会主义核心价值观，学做诚信的人。

（2）展示校园案例。小君是计算机高手，他出于热心主动帮助班主任在新手机里安装应用程序。他无意中知道了老师“数字校园”账号的密码，而且没有把知道密码的事情告诉老师。自从有了密码，他经常偷用学校的无线网，影响到了老师的正常使用。在平时的学习中，他为了省事，经常使用密码用学校的复印机复印资料。

（3）展示社会案例。一个中国学生在德国留学时每天都要乘坐地铁，慢慢地他发现德国地铁没有检票口，他在一次乘车时没有买票，结果没有任何人找他的麻烦，他暗自庆幸。于是在后来的日子里又有几次没有买票。毕业后他以各科全A的成绩去德国各大公司求职均被拒绝，他只好降低自己的求职条件，可是仍不被聘用。在一次求职失败后他愤怒地质问拒聘自己的人事主管自己成绩优异为什么不被录用。在他一再的质问下，对方只好说出：非常遗憾，由于在您的社会信用记录上有过三次乘坐地铁不买票的记录，因此我们不能聘用您。

2. 教师活动1。提问：诚信和利益哪个更重要？

3. 学生活动。

（1）学生分为两支团队，每支团队各派出4个人组成评论组，再各派出1名嘉宾。

（2）两支团队的嘉宾分别表述各自对诚信与利益关系的看法。

（3）评论组交替发言阐述观点，是诚信比利益重要，还是利益比诚信更重要。

（4）观众举牌表示赞成和反对，并发表自己的观点。

4. 教师活动2。诚信的基本守则，要求我们站在大多数人利益一边，站在长远利益一边。

通过校园和社会的案例，学生感受诚信与利益的冲突，反思如何看待诚信与利益的关系。

二、第二环节，诚信的智慧——巧做诚信的人

1. 情境内容。

（1）展示校园案例。

老师在课堂上表扬了小君热心帮助自己安装手机程序，计算机技术特别好。同学们知道后，纷纷私下找小君帮助自己安装手机游戏程序。小君担心手机安装完游戏后会造成同学们在学校也玩游戏，影响学习，所以就说自己不知道怎么弄。

（2）展示社会案例。

女孩撞人后主动辞职，谎称自己在休假，主动照顾老人，最后老人放弃赔偿，帮她找工作。

2. 教师活动 1。提问：善意的谎言是否有悖诚信？

3. 学生活动。同上一环节。

4. 教师活动 2。总结诚信应与具体的情境结合起来，在现实生活中做出诚信的正确选择。

学生在案例分析中思考面对具体情况，应该如何做一个智慧的诚信人，如何处理善意谎言和诚信的关系。

三、第三环节，诚信的责任——勇做诚信的人

1. 情境内容。

（1）展示校园案例。

小君经不住同学们的再三请求，把老师的账号告诉了大家。越来越多的人在使用老师的账号，小君觉得十分惊慌，不知道如何是好，最终他给班主任写了一封信，坦白了自己的错误，也受到了学校的处罚。

（2）展示社会案例。

2014 年 4 月底，苹果官网发表声明，苹果开始推行 iPhone 5 睡眠 / 唤醒键更换计划，原因是他们发现 2013 年 3 月生产的批次有“小部分”产品的电源键失常。

2. 教师活动 1。提问：如何看待诚信与责任的关系？

3. 学生活动。同上一环节。

4. 教师活动 2。布置作业编写学校诚信细则，具体到每一件细小的事情。

学生通过了解主人翁和企业如何面对诚信危机，思考诚信与责任的关系，勇于做一个诚信的人。

教学反思与创新

（1）关注隐性德育，通过案例分析等形式将德育信息传递给学生，把枯燥乏味的知识变成了同学们易于接收的信息，拓展了德育阵地、丰富了德育的形式，实现了润物细无声的效果。

（2）强调从学生的感受入手，尊重学生的主体地位，从实际生活中选取合适的素材供学生分析讨论，使“自主、探究、合作、交流”成为课堂的主要方式，让学生共同寻求解决问题的方法。

1.3.4　和谐人际，弘扬友善精神

——《和朋友在一起》教学案例

清华大学附属中学　叶海波

从自然人到社会人的发展规律，揭示了人类在社会文明中的存在特征：在社会关系中存在。随着现代社会经济高度发展，在社会关系、个人责任等层面出现了诸多不匹配的状况，正如社会舆论所关注的信任危机、人际荒岛、精致利己主义等现象。如何破解这些认知怪圈，从知识和行为上引导学生正确树立人际观、交往观，是政治课德育目标中的重要内容。中学生处在特殊的心智阶段，政治课堂需要传播价值观、引领价值观，本节课以理解和构建人际关系为契机，引导学生正确自我评价、友善处理人际关系，将社会主义核心价值观通过课堂案例、讨论辨析的方式渗透在课堂德育中。

本案例属于课标中“二、我与他人和集体”中“（一）交往与沟通”部分；课标要求学生“积极与同学、朋友和成人交往，体会交往与友谊对生命成长的意义”。该案例中的朋友课题基于学生不断扩展的生活，引导学生树立正确的朋友观念，建立积极健康的朋友生活，契合课标中体现的育人理念。

在教材整体定位及本课内在逻辑层面，本案例承接第一单元的个体成长话题，将个体成长放在同伴交往的社会人特质和朋友相伴的情感观中，既将不同个体间的成长交互联系起来，也深入分析成长中的情感要素，对于学生从学习和生活现象中理解“友善”、践行“友善”、坚守“友善”是有力的载体。

适用教材

初中《道德与法治》七年级上册。

指导思想

一、核心素养

交往能力和良好的交往品质是学生发展的核心素养。《中国学生发展核心素养》中提出“积极交往，有效互动，建立和维持良好的人际关系是中国学生发展应具备的核心素养”。交往认知和交往能力，是学生在公共关系和人际交往中的核心内容，对于学生的全面发展以及对社会生活的适应都有重要意义。

二、理论指导——深度学习理论与主体间性理论

深度学习是指在教师引领下，学生围绕着具有挑战性的学习主题，全身心积极参与。在这个过程中，学生掌握学科的核心知识，理解学习的过程，把握学科的本质及思想方法。学生是教学的主体，教学的核心是学生的学习，而深度学习则是学习活动的关键环节，学生形成了积极的内在学习动机。

主体间性理论涉及自我与他人、个体与社会的关系，主要来自胡塞尔和哈贝马斯的理论。主体间性不是把自我看作原子式的个体，而是看作与其他主体的共在状态。主体间性既否定原子式的孤立个体观念，也反对社会性对个体性的吞没。确认自我主体与对象主体间的共生性、平等性和交流关系。

学情分析

学生步入青春期后，对父母和教师的依赖逐渐减少，对同伴友谊的渴望更加强烈。在与朋友和同学的交往中，获得认可和积极评价，对于他们建立自信和交流欲望非常重要。但学生在对友谊的期待中，也有一些盲目性，包括观念上的盲目性和技能上的盲目性。这需要引导学生树立正常的交友观，关注学生成长的困惑。

我所授课的班级，学生普遍比较活跃，对于朋友话题充满兴趣，能够积极表达自身观点。在学校组织的各种集体活动中，本班学生也能积极参加，有效组织成团队、有机配合，但在集体生活的参与中，暴露出很多学生在人际交往、友谊观上的一些错误认知。

教学目标

一、情感、态度与价值观目标

通过孤岛理论和朋友圈绘图，感受人们对友谊的普遍渴望，感受友谊的力量和美好。

二、能力目标

通过择友标准的讨论，反思自己的人际状况和自己对友谊的期待，培养自我觉察、反思的能力。

三、知识目标

通过讨论活动和文本阅读了解自己的交友状况，了解朋友交往中的友谊特质；掌握把握友谊的基本方法。

教学方式

案例探究、主题讨论。

教学过程

一、尚友之道

（1）教师活动 1。展示材料（孔子论友、魏晋七贤、王子猷访友等文化案例），引导学生鉴赏古人的交友观。在传统文化中，古人对于知己、挚友都有过经典的表述，其义理深刻，其传播久远。在传统文化和现代社会的结合中，引导学生从文化的脉络中找到朋友观的缘起，加深本课的文化分析，渗透传统文化。

（2）学生活动 1。通过讨论，从传统文化中寻找朋友的踪迹，感受本框题的文化氛围。学生通过讨论，思考为什么在不同的时代，中国人对于朋友、友谊等问题都有准确的界定，而且在不同的界定中我们都能寻找到最本质和最相通的地方。朋友观是一种文化观，也是对中国文化的一种折射。

（3）教师活动 2。提问学生微信朋友圈使用情况，引导学生思考现代技术下的交友方式（利与弊），体会以下观点：人们追求真朋友和真生活；朋友圈之外，才是真正的生活。以哲学家培根的“无友则斯世为荒野”引出交友的现实必要。现在的各种 APP 软件的主导功能都是人际交流，这样的网络手段突破了时空的间隔，也给传统的交流手段带来了冲击。学生是互联网中的“原住民”，在普遍使用网络交流中，个体的观点能及时传递，这对于理解学生的观点和价值观是好的窗口。引导学生理解人际关系的必要性，以及什么样的朋友是值得交往的。

（4）学生活动2。反思自身的交友方式，感受朋友的重要性；古今对照，感受传统文化中的尚友之道，并以现实需求揭示交友之必要。回应为什么“和朋友在一起”，深度理解本命题的自洽性。

二、择友有方

（1）教师活动。

组织活动1。提问与孔子做朋友的标准问题，以“芝兰之室与鲍鱼之肆”为理论升华。从为什么需要朋友过渡到需要什么朋友，将命题逻辑性展开，择友从一种情感需求过渡到一种理性选择，选择的方式成为发展和维护友谊的重要前提。这种选择是一种能力上的延展，朋友间的价值观影响和行为辐射，都会成为个体行为的重要影响因素。

组织活动2。利用课本教学资源，引导学生回归生活经验，思考自身择友标准。在多元信息和不同的生活背景、经验下，每个人的择友方式都不相同。在健康交友、理性交友、相互促进的基础上，思考自己的交友方式是否合适。

（2）学生活动。感受古人的交友艺术；反思自身的交友现状，深入思考和“什么朋友”在一起的问题，认识到在择友中的理性和标准问题。以时间为轴线，古今之人在交友上出现了高度的一致性，这种一致性成为一种规律性的表现。深入思考这种古今一致性。

三、情如磐石

（1）教师活动。引导学生完成朋友影响力图：感受朋友背后的情感本质；展示一列火车的故事和不断变化的朋友圈。人生的轨迹不断变化，我们的交际范围不断发展变化。在不断的变化中，我们始终追求着情感这个本质，历久弥新。抓住情感这个本质，使我们更好地理解生活中的人际关系。

（2）学生活动。根据材料，思考在变化的朋友圈中的变与不变，从择友过渡到友谊本质，感受友谊的真谛，并珍视友谊。同学们思考自己求学中那些志同道合的朋友，哪些还保持着联系，哪些虽然没有联系，但依旧念兹在兹。从生活的变迁中，感受到朋友的变和不变，体会情感这个核心。

四、解决冲突

（1）教师活动。出示漫画《友谊的小船》，提出问题“翻倒的友谊之船能翻回来吗”，通过情境设计引导学生思考友谊中如何解决冲突的问题。理性反思还是冲动抱怨？哪个有助于解决问题。珍惜友情，就要对友情有包容度。理性解决朋友相处中的矛盾，是成长过程中的重要法则。友情的发展并不会一帆风顺，需要我们不断提高解决问题的能力。

（2）学生活动。积极思考，讨论如何运用智慧解决生活中的朋友冲突问题。从自身生活中思考如何维护友谊、解决冲突，升华认知、落实到友谊的珍视和维护层面。从家庭生活到学校生活、社会公共空间中，同学们思考针对不同的朋友，包括家长作为朋友，怎么去具体地解决冲突，维持友谊常青。

五、课堂小结

（1）教师活动。带领学生回顾课堂内容，展示尚友之道→择友有方→情如磐石→解决冲突的思维线索和知识脉络。

（2）学生活动。回顾反思，将课堂所学融入现实思考。体悟交友的文化基因，感受朋友的情感本质，理性选择朋友，积极解决冲突。

教学反思

回顾：本课围绕“让学生们获得什么；通过什么案例、设计什么问题可以引起他们的深度学习和思考”展开。

首先，破题—立意。从题目的剖析入手，解决“和朋友在一起”中的“是什么、为什么、怎么做”的问题，确立授课的基本方向。

其次，线索导向。从传统文化中的朋友内涵到当今“去技术化”的交友理念，从理性择友到诊视友情与解决冲突，课程设计形成了连贯紧密的思维线索，帮助学生对本课有一个整体把握。

再次，发掘本质。从朋友引申到内在情感，抓住本课的情感核心，回归到人本主义和人的价值。

最后，回归现实。关注朋友间矛盾的理性解决，以问题情境检验学生的解决问题能力，为本课的学习提供有力抓手。

反思：掌握学生的基点、增长点和成长点，问题的设置才更加符合学生的认知能力和规律；课程内容要更加契合教案中设定的教学目标，要能够将知识逻辑和学生的生活逻辑结合起来。从课堂的实况来看，首先，需要对课堂上的生成有更良好的掌握，课程的预设有的时候总是和生成不吻合，所以需要教师不断吸收学生生成的问题和观点，及时丰富课程并调整授课细节。其次，讨论上需要更加深入，才能使学生做出更深入的思考，将深度学习嵌入学生的思考中，使学生成为有内在学习动机的主体。从课堂逻辑的设计来看，教师需要更加了解学生的认知起点和成长点，预设的教学环节需要更加符合学生的实际情况和认知发展区；从教材的整合和把握来看，要加深教材研读，深入把握，将课程改革所要求的核心思想和方法体现在授课中。

教学素材

- 人民日报，《今天，如何好好做同学》，2016 年 5 月。
  http://opinion.people.com.cn/n1/2016/0512/c1003-28343413.html
- 人民日报人民时评，《应对校园欺凌，不宜只靠刑罚》，2016 年 6 月。
  http://opinion.people.com.cn/n1/2016/0614/c1003-28441629.html
- 刘长乐，《中国诚信危机严峻需社会紧迫面对》，2013 年 8 月。
  http://phtv.ifeng.com/lcl/detail_2013_08/30/29169384_0.shtml
- 于海英，《儒家经典智慧故事全集》，北京，中国时代经济出版社，2008。
- 邵汉明，刘辉，王永平，《儒家哲学智慧》，长春，吉林人民出版社，2005。
- 钱宁，《社会正义、公民权利和集体主义》，北京，社会科学文献出版社，2007。

1.3.5 改革新征程　建功新时代

——《贯彻新发展理念　建设现代化经济体系》教学案例

清华大学附属中学　刘露

教育的核心问题是培养什么样的人，怎样培养；高中思想政治课以立德树人为根本任务；本节课的内容有助于落实十九大精神进课堂、进学生，培养学生的政治认同、科学精神、法治意识和公共参与的核心素养，引导学生形成正确的世界观、人生观、价值观。

本节课是《经济生活》第十课的内容，是根据党的十九大报告修订的全新内容。在课程设计时，我坚持新课标的理念，通过议题探究和讨论，实现“课程内容活动化”“活动内容课程化”。契合改革开放四十年的主题，本节课设计了明暗两条线索，一共三个环节：改革开放初印象，提出新发展理念；改革开放全覆盖，坚持新发展理念；改革开放新期待，贯彻新发展理念。明线逐一探讨学生对改革开放现状的分析、四十载的发展变化和未来发展展望，暗线逐步落实知识内容，回答新发展理念是什么、为什么提出、怎么做。

适用教材

高中必修一《经济生活》。

指导思想

建构主义学习理论提倡以学生为中心，教师在整个教学环境中是促进者、组织者、发起者，学生能动地利用各种条件对所学的知识进行建构。本节课强调学生作为认知的主体，鼓励学生通过走访调研，主动去收集并分析有关的信息和资料，在合作解决问题的过程中主动建构知识。

新修订的高中思想政治课程标准指出，要构建以培育核心素养为主导的活动型学科课程。思想政治是一门以活动为特征，在课内外围绕一定的议题，开展自主、合作、探究学习，增强体验，认同主流价值观并导向相应行为的活动型学科课程。

学情分析

本班大部分学生从小在北京长大，非常关心家乡的发展变化，对本节课的议题有浓厚的兴趣，同时具备一定的社会经济生活阅历，通过前三个单元的学习，掌握了经济生活基础知识，为本节课的学习奠定了基础。本节课内容是党的十九大的重要精神的体现，其理论性较强，和学生的生活距离较远，所以，学生在理解上会存在一定的困难。

教学目标

（1）知识目标。学生通过了解当前社会发展的状况，明确树立和贯彻新发展理念的重要性；通过分析衣、食、住、行各方面的变化，理解新发展理念的内涵与要求；通过分析未来经济发展面临的问题，了解现代化经济体系的基本要求。

（2）能力目标。学生通过开展主题调研，提升根据实际情况运用新发展理念对经济社会发展提出合理化建议的能力；通过联系实际生活观察和思考改革开放的变化，增强运用新发展理念解决实际问题的能力，培养信息收集和处理的能力，学会对个人成长和国家发展做出正确的价值判断与行为选择。

（3）情感、态度与价值观目标。学生通过走访调研，真切感受不同时代衣、食、住、行的变化，拥护中国共产党的领导，坚持中国道路；学生通过了解改革开放四十年的发展，体会祖国的繁荣昌盛，增强民族自豪感，牢固树立中国特色社会主义理想信念。学生通过为发展难题建言献策，积极承担社会责任，增强公德意识和公共参与的能力。

教学过程

一、第一环节，改革开放初印象，提出新发展理念

（1）情境内容。《我眼中的改革开放》调查问卷。

（2）教师活动 1。发放问卷。

（3）学生活动 1。填写问卷。

（4）教师活动 2。呈现 GDP 过万亿的城市变化图和 2018 年上半年 GDP 排名前 100 的城市分布图，提问：GDP 的百强图分布有什么特点？为什么呈现出这些特点？总结新发展理念提出的原因。

（5）学生活动 2。思考并回答问题。

（6）设计意图。调查问卷直观反映学生感受，通过对问卷数据和现实情况的分析，激发兴趣，导入新课，引导学生辩证看待改革开放的变化，理解新发展理念提出的原因。

二、第二环节，改革开放全覆盖，坚持新发展理念

（1）教师活动 1。组织学生开展议题调研。

（2）学生活动。课前学生分为 6 个小组，分组探讨 20 世纪七八十年代，以及 21 世纪的衣、食、住、行，议题分别是：穿衣风格、购买衣服方式和旧衣服处理方式等变化；食物的品种、就餐方式、饮食理念等变化；居住条件、街道环境、生活便利程度等变化；交通工具、出行范围、出行感受等变化。课上学生进行小组分享。衣：从黑、灰、蓝色到五颜六色；食：从填饱肚子到吃得好、吃得健康；住：从“蜗居”到宽敞明亮；行：从难得出次远门到说走就走。

（3）教师活动 2。阐述新发展理念内涵及相互关系。从绿皮火车到高铁，从平面交通到上天入海，从唯一的现金线下交易到移动支付的流行和外卖平台的建立，依靠的是什么力量？科技是国之利器，人民生活赖之以好，企业赖之以赢，国家赖之以强。创新是引领发展的第一动力，是发展基本点。

从脏乱差、随意拆迁到胡同的整治疏散和胡同文化保护，北京的经济社会文化发展相协调，从京津冀各自发展到协同发展，全国一盘棋统筹协调，携手共进，行稳致远，协调发展不断深入。

从吃饱到健康饮食，从汽油车到新能源汽车开发、共享自行车绿色出行普及，万物各得，其和以生，各得其养，其和以成，尊重自然，保护自然，顺应自然，我们世代繁衍生息的家国正在成为一个天蓝、地绿、水净的大美中国。

从服饰单一到穿衣多样，从食物缺乏到琳琅满目，我们打开国门，开阔视野，不断学习，兼容并包，这是一个开放的中国，2013 年中国发出“一带一路”倡议，这是迄今人口规模最大的互利共赢命运共同体，东牵亚太经济圈，西接欧洲经济圈，穿越非洲，环链欧亚。

每个人都共享国家发展的红利，每个人同享梦想成真的机会，这也是社会主义发展的特色，真正地做到共享发展。

（4）设计意图。组织学生开展实地调查、围绕议题研讨，培养信息收集和处理的能力，学生增强运用新发展理念解决实际问题的能力，在分享中感受改革开放四十年的变化，体会祖国的繁荣昌盛，增强民族自豪感，牢固树立中国特色社会主义理想信念。

三、第三环节，改革开放新期待，贯彻新发展理念

（1）教师活动。阐述建设现代化经济体系主要任务。提问：为什么去海外购买马桶、化妆品等物品？总结供给侧改革的含义。

（2）学生活动。回答并思考问题。

（3）设计意图。通过为发展难题建言献策，学生学会能对个人成长和国家发展做出正确的价值判断与行为选择，积极承担社会责任，增强公共参与的能力。

1.3.6　爱国与敬业文化传统的传承与发展
——《文化的继承与发展》教学案例

清华大学附属中学　宫宝龙

党的十九大报告《决胜全面建成小康社会　夺取新时代中国特色社会主义伟大胜利》强调要“坚持社会主义核心价值体系”“培育和践行社会主义核心价值观”。第十三届全国人民代表大会第一次会议通过的《中华人民共和国宪法修正案》，使得“八二宪法”羽添新动能。我国现行《宪法》明确指出，“国家倡导社会主义核心价值观”。依据法定程序把

党的主张上升为国家意志，体现出党的领导、人民当家作主、依法治国的有机统一。习近平总书记强调，“一分部署，九分落实。改革蓝图有了，现在的关键是把蓝图一步步变为现实”。在中学阶段，贯彻改革开放新时代党的意识形态领域主导权和话语权的任务，集中落在思想政治课教师肩上。那么，学生如何才能由衷地认同和践行社会主义核心价值观呢？

《传习录》记载了明代思想家、军事家王阳明的哲学语信，习近平总书记曾引“身之主宰便是心”告诫全党，这具体到中学生身上同样适用：政治教师必须牢牢把握心学要义。所谓“心学”，即探索心灵的天空与大地，认识到心灵世界的广袤与无垠、深邃与深刻。政治教师几乎要在一切课堂上借助“心学”之路径，全力保障学生由内而外地生长出忠诚、信义、传承经典文明的心灵习惯。具体到本节课内容“文化的传承与发展”，只需在学生个体身上重新模拟爱国、敬业等文化传承的个体演进路径即可，达到烂熟于心。在具体实现形式上，本节课尝试采取论文答辩的方式，互联网的功能已经蕴藏在学生的思维剖析与建构过程中了。

适用教材

高中必修三《文化生活》。

指导思想

党的十九大明确提出，“文化自信是一个国家、一个民族发展中更基本、更深沉、更持久的力量。必须坚持马克思主义，牢固树立共产主义远大理想和中国特色社会主义共同理想，培育和践行社会主义核心价值观，不断增强意识形态领域主导权和话语权，推动中华优秀传统文化创造性转化、创新性发展，继承革命文化，发展社会主义先进文化，不忘本来、吸收外来、面向未来，更好地构筑中国精神、中国价值、中国力量，为人民提供精神指引”。

《普通高中思想政治课程标准（2017年版）》：关注思想政治学科核心素养的培育，着眼于学生的真实生活和长远发展，使理论观点与生活经验有机结合，让学生在社会实践活动的历练中、在自主辨析的思考中感悟真理的力量，自觉践行社会主义核心价值观。

学情分析

本校学生书面和口头表达能力普遍较强，多擅长政治学科表达能力，具备公共参与基本素养。

该班学生长期培养出的科学精神，对于政治学科学习中追求法的思维的逻辑性与规则性有帮助。同时，该班学生有成熟的政治大局观，善于积累社会主义政治学科的时代智慧。

教学目标

（1）科学精神。通过上课前书写的身心综合活动、课堂上的思维意志活动，以虚拟的论文答辩的形式，实际地体验和反思青年理想信念创生过程，使学生理解文化在继承中发展，会做思想试验。通过借鉴子学、哲学、文学等多学科优秀综合性资源为青年理想信念创生过程服务，学生避免在观念上了无章法，会收集思想素材。通过参与对话，学生继续了解文科思维方式与概念的独特内涵，逐步掌握文科推理。

（2）公共参与与法治意识。通过阅读材料与发表见解，学生提高文献阅读能力与独立分析能力，尤其对文化素材的独立感知能力。通过合作讨论，学生提高语言表达与逻辑分析能力，学会倾听与尊重。通过写作小论文，学生提高文字表达能力，把理想信念创新先落实到笔头上，学会正确传播自己的想法，适应群体生活。

（3）政治认同。通过体验并超越古风文本、赏析同侪作品，学生更深刻地认同新时代中国特色社会主义文化，批判吸收优秀的中国传统文化与外族文化，树立更高的理想信念目标，为实现立德树人的根本任务添砖加瓦。

教学方式

在理想信念创生活动中，依托互联网，通过虚拟论文答辩会的形式，积极开展师生对话，实现学科育人。

教学过程

一、环节一，课前前置任务单

（1）学生任务。答辩小组阅读素材，完成论文，班级分享；观察员客观评价、积极建言。

面向答辩组的虚拟中学毕业论文题目：关于心灵，关于选择，前人有以下种种记载（包括《孟子》《清贫思想》《箭术与禅心》《瓦尔登湖》若干选段）。请你（们）结合对它们的独到分析，以“青年在选择职业时的考虑”为题，写一篇中学毕业论文。要求：观点明确，有理有据，分析深入，书写工整，不少于700字。

面向观察员的阅读报告题目：阅读答辩小组同学的毕业论文，请你作为观察员：①用一句你认为最贴切的话，谈谈对它的总体印象，并简要分析理由；②请准确提出最少一个疑问；③请最少提出一个写作建议，并简要分析理由。

（2）教师任务。选择、布置阅读材料、人物清单，鼓励写作并提醒讨论，自己尽量不参与发表有内容倾向性的具体意见，收集、整理所有学生答案，提炼有代表性的问题，衍生出课堂教学的设计思路，整理学生的观点、疑惑，对接学生的真实思维需求。

二、环节二，课堂澄清、落实、巩固、提升

（1）学生任务1。答辩小组独立思考与合作发言相结合，积极参与师生、生生对话，尤其要为自己的答案给出推理过程。

（2）教师任务1。播放歌曲《大学问》。展示论文及其要点和提问截图，引导对话轨迹，梳理学生思维，提炼对话逻辑，为学生的观念进展作总结，自然落到教材观点，侧重爱国、敬业层面，同时点出其古今中外的思想渊源，尤其提醒其固有观念的类似物或对立物，鼓励学生思想不止步。

（3）学生任务2。伴随材料，积极思考，适时提问。

（4）教师任务2。不拘泥于课前素材及其讨论，围绕习总书记“人生的扣子从一开始就要扣好”的比喻，以及马克思中学毕业论文《青年在选择职业时的考虑》，正确引导学生认同当前党中央的殷切关怀与共产党人的博大胸怀，投身新时代中国特色社会主义建设，追求更高的理想信念目标。

三、环节三，课后夯基提能

（1）学生任务。悉心阅读，反思重构。

（2）教师任务。鼓励每个同学细读马克思的同名论文。

教学创新

在虚拟时代，使用特定格式信纸手写虚拟的论文和报告，在效率上掣肘急于求成的浮躁心态，在质感上触发久违的亲切感，在价值预设上推荐人生远景，积极探索置身人工智

能时代的人的智能的心学态度，师生共同实现心灵成长。

教学素材

- 孟子,《孟子译注》，杨伯峻译注，北京，中华书局，2018。
- 梭罗,《瓦尔登湖》，王家新、李昕译，长沙，湖南人民出版社，2017。
- 赫利格尔,《箭术与禅心》，鲁宓译，桂林，广西师范大学出版社，2007。
- 中野孝次,《清贫思想》，邵宇达译，上海，生活·读书·新知三联书店上海分店，1997。
- 马克思、恩格斯,《马克思恩格斯全集》（第 40 卷），中共中央马恩列斯著作编译局译，北京，人民出版社，1982。

第二篇
班会活动策略

在各种学生集体活动中，主题班会是最常见、最有效的德育活动方式。主题班会是一种在班主任的组织和指导下、以班集体为单位、以某一主题为中心、以学生为参与主体的教育活动。从形式上，主题班会可以分为娱乐表演式、总结归纳式、咨询答疑式、经验交流式、专题报告式等；从内容上，主题班会可以分为理想信念类、价值观澄清类、习惯养成类、时事评析类、节日庆祝类等；从时间上，主题班会的主题可以是重要的节假日，也可以是突发的重要事件，还可以来源于学生的兴趣点、困惑点，或者当下的热点问题等。

主题班会因为主题突出，话题性强，贴近学生的生活实际，组织者和实施者都是学生，能够充分发挥学生的主体作用，帮助青少年更好地从分析问题和现象入手，围绕核心话题展开全面深入讨论，能够透过现象看本质；能够帮助青少年正确地看待生活，全面地认知社会，树立正确的生活观、价值观和人生观。

认真研究主题班会在中小学德育中的地位和作用，不断改进主题班会的组织形式，制定科学的班会主题选择和组织实施计划，创新主题班会的活动模式，让学生能够积极参与其中，使之成为学校德育的重要平台。

2.1 国家层面（富强、民主、文明、和谐）

2.1.1 化解“唉！”增进爱
——换位体验促和谐

清华大学附属中学永丰学校　聂敏　隋颖　吕宝强

为进一步贯彻落实社会主义核心价值观，让学生把国家层面的“和谐”和每一个家庭、每一个中国人的生活自然而然地联系起来，把“你所在的地方就是你的祖国”内化成“我所在的地方就是我的祖国”，把“社会和谐人人有责”转换为“社会和谐家家有责，社会和谐从我做起”，本节主题班会课选取社会主义核心价值观中的“和谐”主题作为主要学习体验内容。根据新学期校领导致辞中所突出的字——“新”：新学期、新起点、新挑战、新目标，校德育处将第一个月七年级的德育工作主题词确定为“新发现新方式”，其寓意之一是期望全员德育的教师们主动发现问题，并尽早用符合学生身心发展特点的方式方法解决问题。故此，本节主题班会课旨在通过创新性的课堂活动设计，把抽象的知识和概念变得生动形象，力求把价值观养成教育，尤其是家国情怀培育自然延伸到学生日常生活的一言一行中。经与新成立的班委会核心成员商议，七（1）班的班会主题确定为《化解“唉！”增进爱——换位体验促和谐》。

适用年级

七年级。

学情分析

从七年级新生军训期间的调查数据分析中发现，无论是平行班还是特色班，让家长感觉不同程度被孩子疏远、被顶嘴、被忽略的现象在各个班都存在。从相对听话乖巧的小学低年级学生渐变为自我意识相对较强烈的小学高年级学生身份后，尤其是从以“玩”为特征的小学生角色转变为语文、数学、英语、历史、地理、政治、国学、生物等科目都需要完成作业的初中生后，在陌生的环境与前所未有的学业和规范要求压力下，学生与家长之间的沟通容易受阻，使得家长和学生双方都产生不良情绪感受。上工治未病，学校作为密切与亲子双方联系、密切关注学生成长的第三方教育主体，非常有必要化解（可能发生的）亲子误解乃至亲子冲突，促进亲子关系的和谐健康发展。而作为学校德育的基本单位，各个班级根据学校的工作要求结合本班学生的实际情况召开主题班会，是借助班集体的力量对学生进行教育和开展工作的常见形式，也是学生自我教育的有效方式。

活动目的

拟通过本次主题班会活动帮助学生达成以下主要目标。

一、学科核心素养

政治认同、理性精神、法治意识、公共参与。

二、知识目标

（1）了解社会主义核心价值观中“和谐”在亲子交往关系中的重要性。

（2）了解父母长辈的多种社会角色并知道孝亲敬长的重要意义。

（3）了解青春期和逆反心理的相关知识。

三、能力目标

（1）学会调控自己的情绪，能够自我调适、自我控制。

（2）能够通过写信、写日记等书面倾诉的方式缓解不良情绪，能够主动求助。

（3）能够主动发现父母长辈的优点并大方地表达对他们的赞美。

（4）能够通过换位思考、主动沟通等方法避免和及时化解亲子交往中的烦恼。

四、情感、态度与价值观目标

引导和帮助学生：

（1）认识到社会主义核心价值观中国家层面的“和谐”与每个家庭、每个个体密切相关，一言一行都是践行“和谐”主题的具体化。

（2）养成孝敬父母长辈、尊重他人的人际交往品质。

（3）尊敬、理解、体谅父母长辈，主动增进与父母长辈的感情，愿意积极与父母长辈进行有效的沟通。

（4）珍惜与父母长辈在一起的时光，培养新型亲子关系，自觉养成理性分析问题、摒弃不良思想和言行的习惯。

活动重难点

一、活动重点

（1）如何避免和化解亲子交往过程中的冲突、烦恼等。

（2）如何引导家长和孩子以积极阳光的心态看待对方。

二、活动难点

弘扬社会主义核心价值观并结合学生的实际情况开展德育教育是初中学校各个教学部门的重点工作，但是经验告诉我们：目标空泛、内容枯燥、教师满堂灌的说教、形式呆板的德育活动必然流于形式、收效甚微。而且，开学第一课后，对教师的评价显示，学生普遍对授课教师的上课方式期待值很高，如果枯燥地、说教式地授课，大部分学生很可能就小动作不断或者直接趴桌子上了。所以，必须设计新颖的活动来吸引学生们的注意力和参与热情。

活动设计和活动准备

一、活动主线

本次班会课定位于促进亲子间的和谐，活动设计的主线为呈现问题→角色互换→共同寻求解决方案（情景剧：爱？唉！其中，“唉！”代表亲子双方无奈地叹气或者沟通中的不耐烦语气；“爱？”是指双方都明知有亲情之爱，却因为相互角色认知少、缺少能让对方接受的方式等原因导致沟通不畅通、甚至怀疑亲情）。尝试通过现场体验、角色互换等活动，促进亲子相互之间的角色认知。最后通过相互书面寄语的方式为对方提出可能避免误解、沟通更顺畅的解决方案。班会课内容各个环节的安排旨在设计由知到行的学习体验环节过程，突出新课程所倡导的“探究学习”理念，突出道德教育重在实践的理念。

二、活动方法

视频欣赏、小组讨论、团队展示、游戏等。

三、活动辅助用具

多媒体、背景音乐（《念亲恩》《爸爸去哪儿》）、大张白纸、吸力贴、彩色笔等。

四、活动准备

（1）发布家长匿名调查表（问卷星），回收数据并加以分析。

（2）提前 3 天发布“呵护蛋宝宝”活动建议，并协助征集志愿者的照片（加配文）。

（3）准备 5 个 10 斤左右的书包，邀请有时间参与活动的家长志愿者到现场共同参与（其中，3 名妈妈志愿者负责简述准备怀宝宝期间的禁忌事项）。

（4）确定 5 名学生扮演一家人，事先进行情景剧编剧与彩排。

（5）从志愿者中挑选 2 名主持人（备注：本案例中的“教师活动”是指教师和 2 名主持人分工协作共同完成的活动。“活动过程”中的“学生”在五、六、七环节中也包括参与活动的家长）。

活动过程

一、导入课题（1 分钟）

1. 设计意图。用学生自己的活动照片和生动有趣的配文吸引学生的注意力，通过承前启后的简介导入新课。

2. 教师活动。

（1）课前循环播放学生志愿者的蛋宝宝作业图片以及配文的视频（呈现图片和视频时同步播放背景音乐《念亲恩》）。

（2）师生互致问候之后，结合蛋宝宝内容导入主题。

3. 学生活动。

（1）观看视频。

（2）准备上课。

二、体验准妈妈（8 分钟）

1. 设计意图。使学生通过亲身体验感知准妈妈的伟大，通过聆听爸爸的心声体会家长的不容易，结合教师的引导理解孝亲敬长的意义。（公共参与、政治认同）

2. 教师活动。

（1）宣布任务和规则。

（2）和家长志愿者一起实施活动中的安全防护。

（3）请 2 名妈妈志愿者讲解学生动作中的可能伤害宝宝的地方。

（4）请 2 名爸爸志愿者简述生活和工作中的压力。

（5）概括升华学生的感受、简介孝亲敬长的意义

3. 学生活动。

（1）排队反背书包系鞋带（每人 3 次）。

（2）分享体验准妈妈的感受。

（3）聆听家长的发言。

三、一吐为快（8 分钟）

1. 设计意图。吐槽环节是为学生的情绪设计的发泄口。这一环节旨在帮助家长理解孩子在亲子交往过程中的某些变化是值得理解和体谅的。

2. 教师活动。

（1）宣布活动任务。

（2）引导学生倾诉自己的郁闷和压力。

（3）概括学生的倾诉内容。

3. 学生活动。自愿参与倾诉

四、情景剧：爱？唉！（6 分钟）

1. 设计意图。通过情景剧呈现亲子之间的变化与沟通遇阻现象，让学生分析不和谐因素、初步思考解决方案。（公共参与、理性精神）

2. 教师活动。

（1）引导学生带着问题观看情景剧。（①为什么会发生剧中的情景？②怎样才能避免类似情景？）

（2）提炼学生的发言，引出青春期和逆反心理的概念。

3. 学生活动。

（1）5 名学生志愿者通过情景剧演出孩子由小时候黏着父母长辈到近年来顶嘴、有所疏远等亲子交往中的新现象。

（2）观看情景剧。

（3）观剧后，分小组讨论问题，并各派代表发言。

五、换位体验（12 分钟）

1. 设计意图。

（1）引导学生遇到问题可以通过倾诉（包括书面表达）方式来缓解情绪，通过求助来

获得解决方案。

（2）通过讨论问题、确定解决方案和倾听对问题产生缘由的分析来学习如何理解、化解师生冲突，创建更和谐的师生关系。（公共参与、理性精神）

（3）通过情景剧联想接龙，引发学生思考个体间的和谐与社会和国家和谐之间的关系，进而思考自己如何为实现社会和国家的和谐从一言一行做起。（公共参与、理性精神）

2. 教师活动。

（1）邀请家长集体扮演孩子（学生发指令，用大多数学生反感的语气和句式模拟家长）。

（2）邀请学生志愿者扮演家长（家长发指令，使用大多数家长难受的字、词、句）。

（3）引导学生和家长志愿者谈感受。

（4）引导学生进行联想接龙：小刚和爸妈吵了几句后很生气……

（5）引导学生观众提出解决方案。

3. 学生活动。

（1）观看家长和学生的即兴表演。

（2）学生志愿者（和家长志愿者）谈感受。

（3）观众提出不会引发冲突的语气、句式和沟通方式。

六、互致寄语（8 分钟）

1. 设计意图。在亲子双方都有换位体验的基础上，进一步集体思考解决方案，把想对对方说的话用文字表达出来（包括但不局限于心里真实的想法、自己的歉意、今后的打算等）。（公共参与、理性精神）

2. 教师活动。

（1）发放大白纸和彩色笔。

（2）简述任务。家长根据自己的体会分组完成《寄语亲爱的孩子》；学生结合课堂体验分组完成《寄语亲爱的家长》。

（3）引导亲子双方展示成果。

3. 学生活动。

（1）全体学生、家长分组参与完成任务单。

（2）代表展示成果（一部分贴在黑板上：一组家长和一组学生代表当众朗诵寄语）。

（3）志愿者补充。

七、课堂小结与作业（2 分钟）

1. 设计意图。

（1）通过总结主题班会内容、提炼关键信息来升华主题。

（2）通过可选做的、易于实施的作业升华情感教育，把教育的课堂延伸到校园之外。

2. 教师活动。

（1）进行课堂总结和主题升华。

（2）布置作业（可选做）：①总结自己近期与家长沟通中的优点以及有待改进之处。②查阅与孝亲敬长相关的法律条文。（法治意识）

3. 学生活动。

（1）参与总结并回顾学习内容。

（2）记录作业。

学 生 体 会

在整节课中，学生都处于主体地位，而家长扮演的是听众和学生的角色。班会开始时氛围是非常轻松的，家长和孩子们一起一边观看视频一边议论并且发出会心的微笑，尤其是看到蛋宝宝被冒失的主人遗忘在洗手台上甚至不小心坐得满裤子都是的场景时，孩子们哄堂大笑。然而，随着活动环节的步步推进，有家长在讲述自己的艰辛时忍不住热泪盈眶，孩子们慢慢也就静下心来；当孩子们嘻嘻哈哈去反背书包体会“当妈妈”却被屡次告知“如果这样你的宝宝早就……”而笑呵呵观看着孩子们体验的家长们慢慢都红了眼圈。当交换角色，家长被孩子们“训斥”得脸上也有点儿挂不住的时候，孩子们却渐渐失去了最初“报复式的大嗓门”——“想着爸爸妈妈抚养我那么不容易，我上台前准备的、当时觉得特别解气的台词怎么也说不出口了。”学生杨荟琳说。

活动反思

本次的主题班会活动能比较成功完成的前提如下。

（1）比较充分的课前准备（问卷星、教研组集体智慧、道具准备、志愿者征集等）。

（2）语文教师（指导编剧）、音乐教师（提供背景音乐建议）和家长的大力支持，教育效果是各方面合力的呈现。

（3）吸取了以往的活动经验和教训。

（4）授课环节考虑到了学生的身心特点，不是干巴巴的空洞说教，而是让学生和家长在活动中体验与感悟。

（5）考虑到了突发事件并事先有所准备。（家长安全防护志愿者）

有待提高之处：

（1）现场秩序有点儿忙乱，下次活动如有可能，最好再增加 1～2 名志愿者。

（2）因时间限制未能深入展开孝亲敬长的意义。

（3）在提供解决方案环节教师还是有说教成分，下次可以尝试请家长和学生加以总结与升华。

（4）只有 12 位家长志愿者到场，今后可以邀请更多家长到场与孩子一起参与活动。

（5）本次活动课前只是征求了部分教师和学生的建议与意见，下次活动可以广泛听取家长的建议和意见——要在掌握更多学生生活实际情况、了解学生和家长真实心理状况的基础上，跳出教育的思维定式来开展德育活动。

《小屁孩日记——照顾蛋宝宝》

2.1.2 辩家庭价值 筑和谐社会
——关于两种家庭模式的辩论主题班会案例

清华大学附属中学永丰学校 李越 潘锐

习近平总书记在 2015 年春节团拜会上强调“家庭是社会的基本细胞，是人生的第一所学校。不论时代发生多大变化，不论生活格局发生多大变化，我们都要重视家庭建设，注重家庭、注重家教、注重家风，紧密结合培育和弘扬社会主义核心价值观，发扬光大中华民族传统家庭美德，促进家庭和睦”。[①]家庭是学生的第一所学校，教育要关注学生的家

① 摘自 2015 年 2 月 18 日《人民日报》。

庭成长环境，并帮助学生形成正确的家庭观，促进其正确人生道路的选择。本次主题班会挖掘了社会中和学生身边的家庭教育资源，在社会主义核心价值观的教育目标指引下，聚焦“全面二孩”政策，设计辩题为“你支持单子女家庭还是多子女家庭？”的主题辩论活动。辩论中，学生从对家庭经济承受能力的考虑到国家社会的责任，从中感悟国家的富强。学生从家庭和睦想到了和谐社会的建设。学生们还考虑了父母在家庭与事业中的平衡问题，渗透了“敬业”精神。有的学生还提出家庭要为国家和社会培养有用之才，强调个人回报社会，将“爱国”精神渗透到了每个家庭。此外，学生还在“二孩”的社会福利及其公平问题上进行了激烈辩论，感悟社会的“平等”与“公正”。此次辩论活动以小见大，使学生从家庭责任的思考延伸至国家的发展问题，增强学生的和谐观念、家国情怀，顺其自然地对学生进行了社会主义核心价值观的渗透。

适用年级

七年级。

学情分析

党的十八届五中全会开始全面实施“二孩”人口政策以来，中国的家庭结构开始发生变化，独生子女家庭在社会中的主体地位发生动摇。初一学生心理发展开始进入青春期，对家庭结构变化敏感，并且开始有自己的独立主张。处于心理断乳期的他们，一方面渴望父母更多的关爱；另一方面也逐渐意识到自己的家庭责任。部分学生家长实施了“二孩”计划，面对突然失去的“独生子（女）”身份，学生心理仍受到较大影响。他们表面上或许会理性面对，但也普遍产生焦虑、敌对、无力感、失去希望等负面情绪，甚至出现“同胞竞争障碍”[①]的心理疾病表现。对此问题的理性思考，有利于促进心理成熟，并渗透社会主义核心价值观的教育。

依据科尔伯格道德发展理论，初一学生处于习俗水平的道德阶段，并即将从人际和谐的道德定向阶段进入维护权威或秩序的道德定向阶段。从家庭延伸到社会问题的思考与辩论，有利于学生从社会规则秩序角度去思考，提高其社会化水平，促进其道德发展。

---

① 同胞竞争障碍（sibling rivalry disorder），在国际疾病分类标准ICD-10中编码为F93.3，是指通常在弟弟妹妹出生之后6个月内，已经出生的孩子发生的某种程度的情感及行为紊乱，表现为对弟弟妹妹的竞争或嫉妒，如果这种紊乱的程度异乎寻常，影响孩子社会功能，并持续四周以上，就需要做出临床诊断及治疗。引自周家秀：“二孩”政策实施对儿童及家庭的心理影响。

活动目的

一、实现社会主义核心价值观教育

在国家层面，学生对相互关爱的和睦家庭关系的普遍认同，可以使其深入体会我国人民对“和谐”的向往；学生对家庭经济能力以及社会支持力度的考虑，可以更加明确国家“富强”的目标。

在社会层面，学生会在“二孩”的社会福利问题上深刻体会“平等”“公正”的重要意义。

在个人层面，使学生透过“小家”看“大家”。通过关心家庭中父母的工作辛苦及国家社会的发展，提升家国情怀。感受并认同“友善”“敬业”“爱国”的社会主义核心价值观。

二、提升学生辩证思维能力

辩论能够激发学生在双方互动中自主发现问题、解决问题，学会全面、辩证看待家庭子女结构，提高其思维深度，培养其审慎思考问题的能力，提升科学精神素养。

三、形成正确的集体观念

培养学生正确的家庭观，使学生形成主动与人合作、互利共赢的意识，并将自己的家庭观延伸到班集体的生活中，增进班级成员的相互包容与理解，营造集体主义、团结合作的班级文化氛围。

活动准备

本课程活动主要采取辩论的方式，班级全体同学按正反方分为两大阵营展开辩论。活动前把全班学生分为4组，正方、反方各两组，并布置以下任务。

一、查阅文献资料

（1）查找关于人口问题的理论依据。

（2）查找实施“二孩”政策后对一胎心理影响的资料、案例。

二、课前访谈

（1）学生访谈初一学生对单子女家庭和多子女家庭的看法。

（2）小组学生代表梳理观点，准备发言稿。

一、环节一，关注现实，展开辩论

（一）教师引入话题

教师展示两种社会模式：

第一种社会模式——这个社会的人们认为食物的增加赶不上人口的增加。所以，提倡控制人口。独生子女家庭居多，在家庭中，爸爸妈妈只有你一个孩子，他们把所有的爱都给了你，你长大以后也要承担一切家庭事务。

第二种社会模式——在这个社会中，人们相信：人能够创造一切，孩子是家族未来的希望。传统的大家庭居多，兄弟姐妹一大群，你并不是爸爸妈妈唯一疼爱的孩子，有时候还会发生不公和争吵，将来家里的财产也不可能由你一个人来继承，但每当你有困难时、受欺负时、面临沉重负担时，家人都会帮你分担、保护你。

提出辩题：你支持单子女家庭还是多子女家庭？

（二）学生发表观点

“多”代表支持多子女方；“单”代表支持单子女方。

多：批判独生子女家庭弊病，独生子女以自我为中心，心理脆弱，“二孩”出生，父母关注少，心理不平衡。“二孩”能够缓解独生子女问题。多子女家庭成员间相互竞争与关爱的机会更多，更有利于孩子成长成才，而且“二孩”政策能够缓解人口老龄化和劳动力不足的问题。

单：考虑家庭负担，“二孩”出生，家长要照顾的孩子多了，负担更重，难以保证多个孩子的健康发展。社会方面，要注重人口素质，而不是数量。

教师引导：每个家庭都应根据家庭实际，为培养子女创造良好条件。那么，从社会角度该如何理解独生子女家庭和多子女家庭呢？

二、环节二，聚焦争论，澄清价值

（一）家庭方面的争论

1. 争论焦点一：经济条件与心理成长。

多：子女之间能相互陪伴与沟通，竞争与合作的机会多，更有助于孩子心理健康成长，物质方面更懂得分享，所以经济条件的限制并不是主要问题。

单：多子女家庭如果受到重男轻女观念影响，容易出现对女孩不公的现象，对女孩心理发展伤害更大。单子女家庭经济条件更加充足，能够让孩子受到更好的教育，成才的希望更大。

多：现在国家在发展，对于生“二孩”有很多优惠政策，国家可以给予更多的物质帮助。

单：抚养子女更多是家庭的责任，不应增加国家的负担。

多：国家既然有这个政策，就应该有相应的鼓励措施。而且“二孩”政策的出台，也是为了解决国家人口红利消失、人口老龄化的问题。

（1）教师引导1。就社会而言，对于物质资源方面家庭与社会要共同努力。习近平总书记说：幸福是奋斗出来的。只有我们每个人都努力奋斗，国家才能更加富强，才能让每个家庭的“二孩”计划得到更多的物质保障，减轻家庭经济负担。可谓是，大河有水，小河满！另外，政策要平等尊重每个公民的权利。

（2）教师引导2。就家庭财产分配而言，假如你父母有千万元资产或者公司总裁的位置要传承给你和弟弟，你觉得应该怎么传承？

学生：平分啊。

教师：如果父母以遗嘱方式都留给了弟弟，你怎么办？

学生：无所谓啊。

教师：为什么？

学生：因为，他是我弟弟，他好了，肯定对我也有利啊。

教师：假如你弟弟霸占了所有财产，不与你分享，你一无所有，怎么办？

学生：那我得拿回我应该有的部分。

教师：怎么拿回？

学生：打官司。

教师：会不会跟他闹得断绝关系呢？

学生：不会。

教师：为什么？

学生：因为家庭和睦比财产更重要。

（3）教师小结。很好，可见同学们深知要运用法律维护自己的合法权益，更懂得家和万事兴的优秀传统美德。班级大家庭、社会大家庭也一样，依法维权的同时要懂得彼此理解与尊重，营造“和谐”“友善”的大家庭。

2. 争论焦点二：父母付出与回报。

单：子女多必然消耗父母精力多，现在养孩子压力那么大，父母的负担非常重，影响父母的职业发展。

多：孩子之间可以互相照顾，父母的负担反而减轻。（只要孩子有一定的自理能力后）而且多子女家庭对解决父母今后的养老问题更有利。

……

单：为了避免这些矛盾的发生，父母一方面应该注重子女的教育引导；另一方面更应该努力工作，为自己今后（养老）奠定基础。

教师引导：作为子女要体谅与孝敬父母的艰辛，理解他们在家庭和工作等方面的多重角色与义务，并且能综合考虑养老问题。可见，我们懂得用发展的眼光看问题，懂得全面看待家庭成长过程。

（二）社会方面的争论

（1）争论焦点一：人口消耗与创造。

多：人有智慧，如果发展成才，就能给社会做出更大的贡献，从而解决由于人口增长所带来的资源匮乏问题。

单：可是，并不能保证多子女家庭中的子女都能成才。

（2）争论焦点二：经济发展与人口贡献。

多：中国经济之所以能够飞速发展，人口的增加起到了重要作用，人多力量大。

单：中国经济能很好地发展，正是由于我们在人口太多的时候实行了计划生育，控制住了人口过快增长。

教师引导：中国经济发展到底是得益于人口多还是人口少？同学们对国家发展的关心值得肯定，我们还需要坚持用适度原则看问题，懂得经济发展需要人口与经济水平相协调。

三、环节三，辩论结束，总结提升

本活动中大家进行了非常深入的思考，并坦诚诉说了自己的成长故事，下面我说几点本次辩论的突出特点。首先，多子女家庭孩子的诉说引起了大家两方面的深思：一方面，与弟弟或妹妹相处的态度转变，都是由消极排斥到主动亲密的过程，这使得作为独生子女的同学很感动，深受启发。另一方面，也有的多子女家庭的孩子支持了单子女家庭的观点。其次，对经济物质条件的担忧十分明显，支持多子女家庭的观点很好地疏导了这种担忧和焦虑。可见，辩论过程也是我们的价值观碰撞的过程，能够让自己的想法更清晰，思考更富有智慧。再次，令我震撼的是同学们通过自我教育懂得了要关心子女发展，批判重男轻女的传统观念，体谅父母，努力成才，说明我们形成了一定的家庭责任感。我们能够主动理解国家计划生育政策要根据国家发展阶段进行调整，关心国家发展，初步形成家国意识。但缺乏对具体细节的思考，需要通过不断提问，使其面对更加复杂的情境思考问题。最后，我感受到了无论是多子女家庭还是独生子女家庭的孩子，同学们都表现出对家庭公平的关注，但也重视家庭关系的和谐。通过本次辩论活动，我发现我们新时代的少年思维更加理性，我相信给你们一片空间，你们会创造无限惊喜，相信在我们的共同努力下，我们每个同学都一定会向善向上，不断进步！

学生体会

本次班会受益最大的是班上的独生子女以及家里刚刚有了“二孩”的学生。

W 同学说：“通过辩论，我学到了很多。听到班上有兄弟姐妹的同学讲他的家庭故事，我也深受感动，觉得有个兄弟姐妹也挺好的，能在未来人生道路上有个照应。在社会生活中，或许他们与人合作的意识会更强。我应该学习他们的这些优点。”

S 同学说：“其实我挺不想让父母生‘二孩’的，觉得‘二孩’的出生一定会损害我的利益。但听到班上不是独生子女同学的家庭生活，我觉得也没那么可怕，反而也想有个弟弟或妹妹。”

L 同学说：“看来，生孩子不仅仅是个家庭问题，更是个社会问题啊，关系到国家未来的发展，所以，我们更应该让自己成为社会的有用之才，报效家庭和祖国对我们的养育之恩。”

一个弟弟刚出生几个月的 F 同学说：“听完大家的发言，我觉得我要跟我弟弟和睦相处，我要尽可能地对他好，因为他是我的亲人，将来，我们还要一起孝敬父母。”

活动反思

通过对“二孩”这一热点话题的辩论和探讨，我发现了学生之间的差异与他们的闪光点。例如，独生子女家庭支持者注重经济条件、利益分配公平等问题；多子女家庭支持者则看重家庭成员陪伴、劳动力需要以及传统家庭观念。不同观念的学生在辩论中积极思考、相互借鉴、彼此促进。同时，探讨中顺其自然地渗透了社会主义核心价值观教育，学生能够体会到家庭是社会和谐的细胞，是社会稳定的基石，家庭成员的相互理解和信任、优良家风的建设与个人的发展以及国家的兴旺息息相关。这也再次说明，社会主义核心价值观不是喊口号、空架子，它渗透在每个德育活动当中，可以成为我们思考和解决生活中每一个问题的价值标杆和行动准则，而且社会主义核心价值观的树立与践行更应该“从娃娃抓起”，世代传承，成为我们中华民族的思维方式和价值观念。

活动素材

- 马尔萨斯主义，MBA 智库百科。
- 曹前发，《建国后毛泽东人口思想述论》，人民网-理论频道，2009。
- 周家秀，《二胎政策实施对儿童及家庭的心理影响》，新浪博客，2015。

2.1.3 民主管理班级 塑造优秀集体

清华大学附属实验学校 刘文斌

学生是班级管理活动的对象，班级管理需要以全体学生为核心和动力，因而班级管理必须面向全体学生，调动全体学生的积极性与参与精神，形成面向全体学生的管理观。树立面向全体学生的管理观，教师要公平对待所有学生，在处理班级敏感问题和事情上，出于公平心，一视同仁。

实现班级民主管理，营造民主和自由的班级氛围尤为重要。从集体教育的角度，学生的自由发展需要民主的管理教育方式予以保障。民主和自由的班级氛围，既能给学生提供展现个性的自由度，又能够提供其思考与创造的自由空间。

适用年级

初中。

学情分析

清华大学附属中学初 1413 班组建于 2014 年 8 月，由 41 名年龄 12 岁和 13 岁的学生组成，经过入学教育和军训等班级组建活动之后，班级已具有一定的凝聚力，同学们积极上进，阳光活泼，表现出团结友善、自信自律、勇于创新、敢于挑战困难的精神面貌。

在“自强不息、厚德载物”的校训的引领下，班级以践行社会主义核心价值观为主导，以“立德树人，立志成才”为班训，从思想品德、行为礼仪、纪律卫生、学习态度习惯、社会意识与志愿者服务等方面开展班级建设。全班同学达成了共同愿景：打造优秀的班集体，为实现成为北京市优秀集体的目标而努力拼搏，班级已初步具备了自主管理的基础。

活动目的

班级运用学生民主化管理模式——自主量化管理模式，培养学生的创新力和执行能力，培养责任意识和领导力。第一，结合班级特点，确定学生培养的总体目标：培养学生的自主管理能力、团队合作能力和自主学习能力，增强学生的合作意识和创新意识。第二，细化班级各学年实施计划和目标：初一年级工作重心是“学会做人，做好人”；初二年级“学会做事，做好事”；初三年级重点则是“学会做学问，做好学问”。第三，逐步提升班级管理的自主管理水平，进入初三学年实现班级管理的高度自主化。第四，做好初中六个阶段的学习生涯规划，引导学生树立正确的人生观与价值观，培养健康的心理，保持积极乐观的心态，树立远大的志向，成为德才兼备的优秀学生。

活动重难点

（1）组织有主题的系列活动。

（2）将民主管理意识贯彻到学生的日常学习与生活之中。

活动准备

（1）教师准备。认真学习并思考“量化管理”，总结之前带班经验，与班级学生充分交流，了解学生特点及态度。

（2）学生准备。通过建班初期各种活动的建言献策参与班级管理，发现问题，大胆表达个人想法。

活动过程

“学生自主”是指班级的日常工作主要由学生安排、管理和落实，从课堂纪律管理到作业上交情况统计，从值周生的安排到值周工作培训和履职，从卫生志愿者的分工到班级卫生的监督检查，从课间操的质量提升到自主安排课外体育锻炼，从班级活动的策划到学校活动的组织等，这些日常活动都由学生们自主开展和落实。“量化管理”是把班级日常工作内容划分为一些考核点，根据权重将这些考核点赋予一定分值，这样将以往管理中的模糊评价转化为明晰评价，由于这种量化考核是对学生的学习活动全过程的跟踪考核，利用的是大数据考评，所以保证了评价的可靠性。

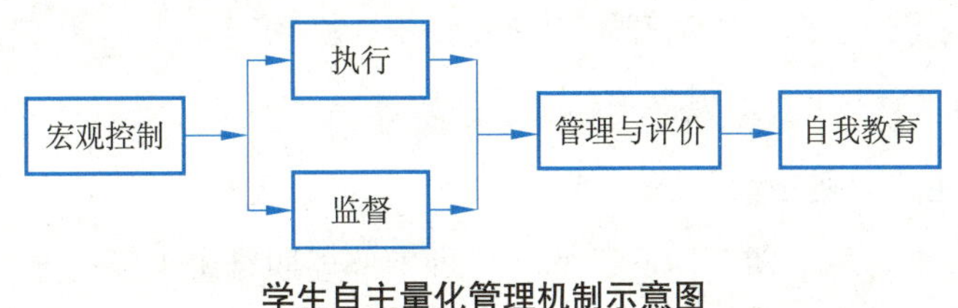

学生自主量化管理机制示意图

一、环节一，熟悉量化管理模式

要实现真正意义上的学生自主管理班级，制定科学的量化考核标准是必要条件，这也是实现量化管理的关键。在启动该活动前，班主任要向学生和家长讲明以民主为导向“学生自主量化管理”的意义与管理运行方式，并组织全班学生和家长共同制定适合本班学生学情的自主管理量化考核方案，在实践中不断改进和完善。组建以班长为核心的班级管理团队，在试行阶段，培训“值周班长”，使每一位班级成员都参与到班级管理中，每名学生都将以值周班长的身份轮值“班长助理”工作。建立监督机制，以班级团支部（中队）为核心组建学生化管理工作监督小组。

班级的管理真正交给了学生，学生成为班级的主人，班主任作为学生的导师成了班级工作的指导者。学生通过参与班级工作的研究、对同学的量化评价以及班级工作的策划安排和落实提高了是非认知能力，实现了自我教育。

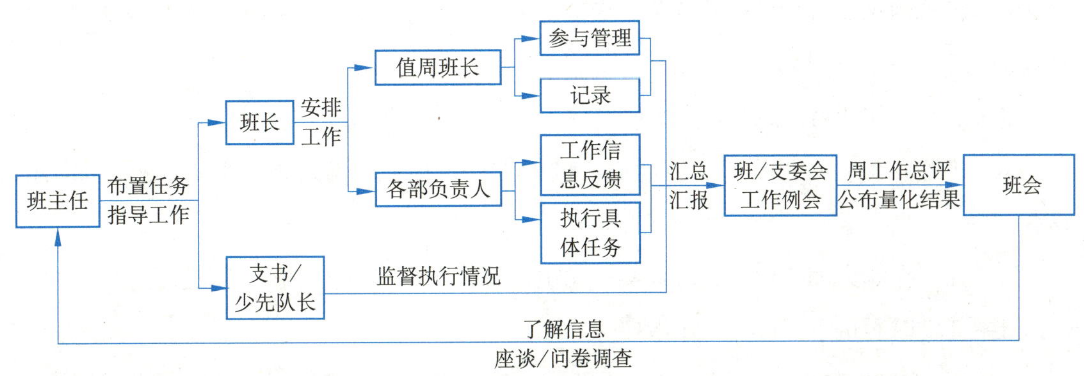

管理流程图

初 1413 在学生自主管理班级的实践中取得了显著的成果，班级无迟到无早退，卫生始终保持整洁，集会和参加活动集合迅速、秩序井然，学生自觉性强，有较强的集体意识感和责任感。学生手机管理是个难题，为解决这一难题，班级自发设立手机管理员，义务为同学们统一保管手机，同学们自愿上交，因此在班级里形成一种风气：没有人在教学楼内随意使用手机。

二、环节二，班干部队伍培养

班级学生自主管理工作的顺利开展并落实到位，必须建立一支具有较强工作能力的班核心力量，所以初 1413 非常重视班干部队伍的培养。

（一）班委产生立足民主

班委由竞选产生。每学期末，班级都举行班干部述职暨班干部竞选主题班会，通过述职总结履职情况，总结经验查找不足，提出改进措施和工作设想，从而提升自我评价和自我认知能力，同时通过这项活动教育每位同学要有集体观念和团队意识，要有责任意识和奉献精神。

与述职同时进行的是新一届班长竞选，首先由班主任组织班长的竞选，班长产生后，新一届班长进行就职演讲，并着手交接工作。其他班委成员的竞选则在下次主题班会中进行，竞选活动由班长主持完成。这样，新一届班委就组建起来，这样做有利于新老班子的工作交接，有利于新班委的培训和工作交接。

（二）班干部培训体现民主

初 1413 每周都要开一个特殊会：班干部例会。每周五中午，班长召集召开班级工作会，与会人员除班委支委成员外，还要安排下周的值周班长参加。

会议内容主要包括以下三方面。

（1）值周工作汇报。由当周值周班长做工作汇报，与会同学对值周情况进行补充，并对量化考核把握尺度进行权衡和认定，形成班委的总体意见，由值周班长落实每个同学本周的量化考核结果。

（2）班级工作研讨。总结不足，研究解决方案，研究下周工作安排与分工。

（3）工作培训。对班干部和值周班长进行工作培训，落实班委、中队、团支部岗位职责。

为增强工作能力和公信力，班级实行民主监督，定期对班委中队和团支部进行民意调查，班主任随时对班干部进行工作指导。

班干部例会制是初 1413 的一项成功经验，使班级管理真正体现了民主与自主，学生得到充分的磨炼，主人翁责任感得到大幅度提升，因此班级有很强的凝聚力和执行力，能够出色完成各项任务。

三、环节三，学习管理体现民意

初 1413 以培养有品德、有志向、有爱心和发展健全的人格为核心，同时把提高学业水平作为学生最根本的任务，经过近三年的目标培养，学业水平从成绩平平到成绩显著提高，再由较好的成绩上升为成绩突出。

每当迎来清晨的阳光，同学们就开始了一天充实的学习生活。先是早 7:30 进行的“每日一题”的接力赛，虽然是自愿参加，但同学们都很重视，积极参与。然后是书声琅琅的晨读，接着是精彩的课程。在课堂上大家认真思考教师设计的每个问题。放学后又参加学习互助小组，同学们聚集在一起讨论问题，交流学法，大家取长补短，共同进步。

突出的成绩源自学生们的内在动力。在各项活动中的优秀表现和经过努力拼搏最终取得优异的成绩，激发了学生们的信心与动力，在学习上勤奋好学刻苦钻研。完成作业认真及时质量高，无旷交作业现象；学习主动，自习纪律成为典范。

优秀的班风、学习品质、学习习惯和学习环境，使得每名同学都信心满满、拼劲十足，学习成绩一路攀升，成为本年级的学习楷模。

同学们非常珍惜经过努力所取得的成绩，齐心协力追求卓越。

学 生 体 会

初 1413 是清华附中大家庭中的一支团队。我们认真解读“成长、责任、追求”的学校德育关键词，根据年级要求营造良好的班级文化，把“立德”作为班级的核心价值观，以“立德树人，立志成才”作为班级精神。我们积极响应学校的号召，从初一开始实行班级自治管理，并采用“班级自主量化管理模式”来实现自主管理。同学们制定并细化考核标准，且认真执行，从而使班级各项工作规范起来。潜移默化中，同学们的自我管理能力得到了提升，责任感和团队意识不断增强，各方面都取得了喜人的进步。

我们知道，自己仍有不足。但我们会不断学习其他兄弟班的长处与经验，发展自身，做最好的自己。

一百多年前，梁启超先生曾告诉我们：少年要发愤图强、为国效力。今天，我们就读于清华附中这所名校，站在鲜红的国旗下，感受到肩负的重任。让我们从每天的每一件小事做起，培养好习惯、规则意识和自治能力，努力学习，团结拼搏，为母校的腾飞、为祖国的伟大复兴积蓄力量吧！

——初 1413 班 陈妍

把事情做好虽然辛苦，但我们从中收获了快乐、净化了思想、传递了正能量，增强了自律意识和社会责任感，自身修养也得到了提升。

这些收获得益于班级自治。所谓自治，是指自己管理自己。早在1919年，著名教育家、思想家陶行知就提倡和鼓励学生的自治，他曾说：学生自治，必须办到一个地位，使凡参与和旁观的人都觉得它宝贵，都不得不欣赏它，爱慕它。但他同时也指出：学生自治，不是自由行动，乃是共同治理；不是打消规则，乃是大家立法守法；不是放任，不是和学校宣布独立，乃是明晓自治的道理。

——初1413　徐一龙

活动反思

班级管理的目的，就是为了促进教育目标的实现，使教育教学活动顺利地进行，促进学生健康成长。在传统管理模式下，教师行使教育管理权，学生是被管理的对象。随着人本管理观念的深入，班级民主管理理念被人们重视起来。在民主化的管理中确立了学生在管理过程中的主体地位，继而围绕调动学生的主动性、积极性和创造性开展自主管理活动。

班级是学生学习和生活的重要场所，只有学生的需要得到满足，他们才会感到生命的意义与价值。如果学生在班级中体会不到归属感和自尊感，他们对班级的学习和生活就会失去信心，从而影响其自身的发展。因此，班主任要从学生的需要出发，改革班级管理方式，为学生营造更大的自我发展空间。

在充分体现民主管理的班级自主量化管理模式下，参与实验的初1413班取得了令人瞩目的成绩。

班主任也深深明白，将民主置于学生心中是一项艰巨而漫长的任务，班级自主量化管理操作流程是一个闭环，在每一个设计评价结果之后班主任要与有关学生进行个别交流，进行教育和心理疏导，进行部分学生座谈或问卷调查，了解管理中存在的问题，征求意见，以改进工作作风和管理方法。

教育原本就是“立德树人”的细活儿，班主任更应该在管理流程运行中成为方向盘和润滑剂，把控方向，协调指导各部门关系，使整个系统在民主平等的环境中顺畅运转。

2.1.4　衣食厚生　礼仪养心

清华大学附属中学　邱磊

文明，是人类积累下来的先进成果；礼仪，礼是人们的态度——“礼者敬人也”；仪是礼的载体，为人如何是要看他如何行为处世的。中国素有“礼仪之邦”之美誉，自古以来就有着客来敬茶、以茶待客、以茶为敬的传统礼俗。茶文化是中华民族优秀文化的思想结晶，充分吸收了传统文化中以“礼之用，和为贵”为核心的礼仪文明与行为规范，而这种礼仪规范又集中体现在茶艺活动中。

通过以“茶”为主题的班会活动，学生们在识茶、泡茶、品茶的过程中体会到礼仪是一个人学识修养、内涵气质、交际能力的外在体现，是我们为人处世、做人做事的基本仪礼规范。在茶事互动中领略程序略显烦琐，却无不展现出中华民族传统礼仪文明的精要内涵，同时也更能体会“事事皆修行”所需要的个人修为与功力。

适用年级

高二。

学情分析

该班是有人文学习偏向的集体，整个集体中个人素养较高、文明意识良好，很多学生性情良善、思想质朴，无论是整体的纪律作风还是完成教师布置的任务都有不错的表现；作为出生于2000年以后的一代人，他们有更好的物质条件，北京这座多元化的城市，使得他们拥有更宽广的视野与胸怀。

宽松的成长环境也使得不少学生不太重视礼仪规范，他们还需要一定的环境和活动设计来培养对文明礼仪的认知与养成；从活动形式来说，因为女生较多，所以班级整体氛围较为沉闷，相对于传统说教，以活动形式为主的班会设计更受到他们欢迎。

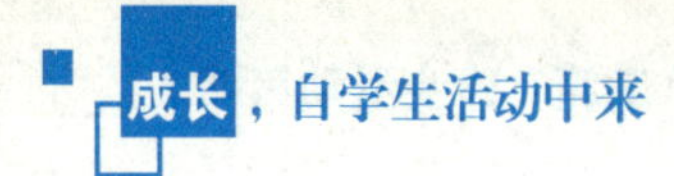

活动目的

（1）通过对茶文化的解读和认知，了解赏茶、泡茶、品茶的简单知识，会操作一些简单流程。

（2）在与教师、同学的互动中，体会对他人的尊重与感谢。

（3）在活动小结中，体味仪式在日常生活中的美，感悟文明的魅力。

活动准备

开学伊始，分小组（6个小组）筹备本次活动，小组类别是茶桌组、茶具组、茶壶茶杯组、桌布组、清洁组、外联组，调动每位同学参与到班会预备工作中来。

和在学校开设相关校本课程的教师联系，派学生进行郑重邀请（写邀请函，并专人负责接洽），选出班里的“茶博士”，做好志愿者相关预案（包括班会中要用到的古乐）。

受邀教师提前泡好供应全班的柠檬红茶，于班会课时携带进班。

活动过程

一、环节一

（1）学生活动。“茶博士”介绍班会主题：茶韵芬芳。

（2）介绍重点。茶与日常生活，中国的茶文化，茶在世界的影响。

二、环节二，“花禅茶”老师到我班

（1）学生活动。由“外联组”同学引领闻名学校的“花禅茶”老师（帮助老师端器物），学生起立鼓掌表示欢迎，恭请老师入座（在茶桌前）。

所有同学表示对老师的欢迎，待老师坐好后方能就座。

（2）教师活动。受邀请教师进行简单的自我介绍。

三、环节三，一片树叶的故事

（1）教师活动。教师将之前泡好的柠檬红茶装入器皿带到班里，指导学生分茶，端茶，递茶。教师开场白（包含班会主题）：源远流长的中国茶文化凝结着千千万万爱茶之人的智慧。“美感尽在品茗中，雅趣亦从盏中出。”在饮茶品茗中，接受茶礼的教化，沐浴茶香的熏陶，走进茶艺的意境，推崇茶德的品位。

（2）学生活动。由志愿者们分杯，托盘而出，每个同学都能一边品一杯茶，一边恭候老师开场。

四、环节四，赏心悦目

（1）教师活动。教师为学生展示不同品种的茶及其特性：绿茶——是不需要经过发酵的茶叶，对人体有很好的养生作用，品种如龙井、碧螺春等；红茶——全发酵茶，红茶泡出来后是红色的，它的名字也是因此而来，而且红茶中含有多种抗癌和抗衰老的物质，能够有效地提高人体的体质，品种如正山小种红袍、祁门红茶；黄茶——中国茶叶中特有的一个品种，这种茶属于微发酵，炮制出来是黄色的，品种如北港毛尖、广东大叶青；乌龙茶——半发酵茶，发酵后茶叶会变成红色，乌龙茶介于红茶和绿茶之间，常见品种有铁观音、武夷岩茶……

（2）学生活动。学生在教师的指导下分别指出不同品种茶的特点，教师予以总结。

五、环节五，运用之妙存乎一心

1. 教师活动。教师展示简单茶道——绿茶程序：①备好佳叶；②洗杯；③使用好水；④暖杯；⑤投茶；⑥冲泡。工夫茶程序：①备好佳叶；②备好茶壶；③暖杯；④投茶；⑤第一泡——清洗茶叶；⑥第二泡（用开水热透茶壶）；⑦倒茶入闻香杯——闻茶；⑧倒入公道杯分茶。

2. 学生活动。通过抽签选派代表到桌前品茶（以增加活动娱乐性）；学生提问，分享心得。

学生分小组就前几个环节聊一聊自己的感受，小组代表在班级内做分享，教师做好话题的引导预案。

（1）邀请和欢迎教师进班需要注意什么问题？

（注意受邀方的时间安排；贵客到访时起立致意，长幼有序。）

（2）赏茶的过程中给你什么样的启示？

（静下心慢慢听别人娓娓道来；不一样的对象有不一样的对待方式。）

（3）你在为别人喝茶做服务时或者你在享受别人对你服务时是什么心情？过程中又需要注意什么？

（为别人服务要细致而用心；接受别人服务要让别人体会到你的感谢。）

（4）为什么泡一次茶那么麻烦？那么多程序有必要吗？暖杯、投茶、水温、分茶都是什么样的目的？

（循序渐进；过犹不及，把握尺度；为人处世都有一定的规矩。）

（5）当别人在发表言论或者进行品茶活动时，你是什么心情？哪些行为你觉得不太恰当或者哪些方面应该做得更好？

（让别人因你的存在而感到幸福。）

六、环节六，活动延伸

（1）教师活动。数千年的中国饮茶史中，积淀着深厚的礼仪文化。这种礼仪文化是人格魅力的重要因素。让我们在今后的生活中多品味这历史造就的茶韵，感悟人生的芬芳。

（2）提问同学。是否还有环节没有完成？——“质本洁来还洁去”，洗杯子也需要学生的参与：班级是大家的家，每个人都需要有自觉为他人服务的意识。

在班级接下来的生活中组成品茶小组，鼓励学生自主参加，在日常生活中继续对文明的探讨。

学生体会

相对于茶，可乐和咖啡应该才是我们的最爱，但今天班会课上的“花禅茶”老师却让我对茶有了不一样的感受：茶好自然值得珍惜，但其品质其实并不是最重要的。人才是决定茶道高低的根本：一人得智，二人得慧，三人就只能得趣了。今天老师组织了一场简单的“茶会”，我想：茶是最普通的，老师的教导是最真诚的，同学的陪伴是最真实的，陪着自己慢慢地品，浅浅地尝，心事说尽，茶也在此起彼伏的心境中，尽显人生百态。

身为“人文实验班”的一员，总是在追求“人道”的真谛，老师今天组织的班会让我再次思考：德行不仅是茶文化的核心，也应该是我们人生的核心。看着好多平时并不喝茶的同学围在指导老师的身边，感到班会虽简陋，却多多少少也唤起了我们对礼仪的呼唤，重新倡导千百年前古人领悟并总结的道理。但愿我们真的可以照亮礼仪文明的光芒，就如在泡茶的全过程里那样，雅致所向，文明的一举一动无不感染着他人，塑造着社会。

活动反思

在学校年级组和“茶道插花”选修课教师的指导下，采用“品茶会”的形式，将看似宏大的说教转换成学生望之“高雅”，实则亲切的体验活动，让学生在活动中体会到仪式之美，感悟班会主题。

这样的设计坚持“以学生为中心，让学生唱主角”，用学生喜欢的方式触动他们的内心，激发起他们美的享受。再利用活动总结与分享等多种途径，不断强化“文明、礼仪”这两个关键词在学生脑海中的记忆，希望达到“知、情、意、行”相统一的教育效果。

中央电视台纪录片《茶，一片树叶的故事》

http://jishi.cntv.cn/special/cha/

2.1.5　富强华夏

——四十分钟走过四十年

清华大学附属中学奥森校区　娄赛赛

2018 年是改革开放第四十年，这四十年无疑是中国的“富强”发展史：四十年的发展，人民的生活实现了由贫穷到温饱，再到整体小康的跨越式转变；中国社会实现了由封闭、贫穷、落后和缺乏生机到开放、富强、文明和充满活力的历史巨变。四十年的征程铸就了一个民族近百年的梦想，使中华民族以崭新的姿态重新屹立于世界民族之林。新时期的高中生非常有必要了解这段历史，并将“富强”的核心价值观贯彻到学习生活中去。

少年强则国强，本选题基于清华附中德育教育体系中三个层次的关键词“成长·责任·追求”，从设计者所执教的高一学段学生的实际出发，希望他们在实现自我成长的过程中，不仅看到“自我”，也看到“集体”，看到“国家”，不仅活在当下，也要通晓历史，期待未来，希望他们真正理解“富强”的含义和过程，未来能够将核心价值观落地——热爱祖国，为祖国感到自豪和骄傲，在日常的学习和生活中学会坚持、创新、奋斗不息。

围绕对社会主义核心价值观“富强”的落实，本节课以“改革开放四十年”为主题，包括课下作业主要有以下几个层级的内容：观看视频，进入情境；生生互动，寓教于乐；聆听原声，温情回顾；阅读分享，触发共鸣。四个层级，由浅入深，由表及里，借助以上四部分的核心内容，串联起整堂班会——少年强则国强，发展才是硬道理，要坚持改革创新的精神，建设富强、民主、文明的新中国。

高中。

学情分析

我所任教的高 18 级学生大多出生于 2002—2004 年，他们沐浴在改革开放的暖阳下，从小便衣食无忧，习惯了新时代高速发展的各项生活条件，然而，他们对于我们国家是如何冲破枷锁、改革开放、走向富强的过程却不甚了解，同时，在当今时代，高中生多数时间与课本为伴，普遍缺少“家国情怀”，难以将自身与祖国的发展密切相连，在日常学习生活中，“奋斗”“创新”的优秀品质有待加强，因此，迫切需要借“改革开放四十年”的契机召开此次班会。

青少年是祖国的希望，是未来建设祖国的强大力量。高中是“三观”形成的重要时期，在这个阶段进行社会主义核心价值观的教育尤为重要，同时，同学们比较活泼好动，对纯粹理论性的教学兴趣不大，因此本届班会课设计了游戏活动、观看视频、交流讨论等多种形式来激发同学们的兴趣。

活动目的

从自身生活记忆入手，引导学生回望国家发展历史，了解过去四十年的沧桑巨变，学会思考其中的原因。

使学生认识到改革开放，由“贫穷落后”到“文明富强”的不易，唤醒学生的民族自信心和自豪感，促进其奋发向上，在未来将祖国建设得更加繁荣富强。

活动准备

一、教师准备

（1）查阅“改革开放四十年”资料，丰富理论储备，寻找切入点。

（2）利用平板电脑推送课前阅读文章。

（3）准备游戏环节，购买奖品。

（4）培训主持人，帮助同学制作相关视频、PPT。

二、学生准备

（1）分组收集家中真实的老照片，每组收集 20 世纪 70、80、90 年代和 21 世纪 00、10 年代等不同年代各两张，由宣传委员制作视频。

（2）班长负责收集新中国成立后不同年代的典型词条，为游戏环节做准备。

活动过程

一、环节一，观看视频进入情境

（1）教师活动。播放由同学们收集的自己家里不同年代的老照片制作成的视频，提问学生观后的感受，引导学生思考。

（2）学生活动。观看、思考、互动。

（3）设计意图。通过观看同学们家里的老照片激发他们的兴趣，以亲切的方式切入话题；从日常生活中发现改革开放后的沧桑巨变，唤醒同学们对改革开放成果的认知。

二、环节二，生生互动　寓教于乐——“你来比画我来猜”游戏环节

（1）教师活动。指导学生进行游戏，两人一组，一名同学通过语言和肢体语言来描述，一名同学来猜测，指定时间内对的最多的组获胜，有奖品。词汇带有明显的年代特色，如“工分”“的确良”“小岗村”“计划生育”“港珠澳大桥”“屠呦呦”等。

（2）学生活动。自由分组认真参加游戏，用形象化的语言描述不同词条。

（3）设计意图。以游戏的形式，使同学们不知不觉间主动去了解几十年来这些“关键词”，渐渐意识到20世纪七八十年代的相对落后，以及当今中国在政治、经济、文化、科技等方面的全面发展壮大。

奖品的激励，同伴之间的协作，使同学们主动学习，同时提高沟通表达能力、默契度，激励同学们今后主动关注身边的国家大事。

三、环节三，聆听原声，温情回顾

（1）教师活动。播放动画视频。三分钟视频，从国家层面对过去四十年进行回顾，每个经典时刻（如改革开放、申奥成功、火箭发射等）都有当时现场的原声回放。

（2）学生活动。认真观看、动情思考。

（3）设计意图。经过之前两个环节的启迪，最终指向本次班会的重点内容，改革开放四十年的沧桑巨变，富有激情的时代原声，使同学们对国家富强的认知层层加深，唤醒民族自豪感。

四、环节四，阅读分享，触发共鸣

（1）教师活动。组织同学们畅谈对该文章的读后感，齐读最后的抒情段落。

本文深度阐述了当下互联网、房地产等很多行业的“大牛”们如何在这四十年的沧桑巨变中发展壮大，可读性强。

（2）学生活动。分享、聆听、思考、讨论。

（3）设计意图。使同学们明确，任何一个人的成功、一个国家的富强都不是不劳而获、凭空产生的，都会经过失落、挫折、矛盾、犹豫，只有百折不挠的毅力和奋斗不息的决心才能带来真正的成功。

五、环节五，教师总结，慷慨激昂

（1）教师活动。借助以上四部分的核心内容，串联起整堂班会——少年强则国强，发展才是硬道理，作为新时代的青年，我们要意气风发，中流击水，无所畏惧，奋斗不息！

（2）学生活动。聆听、思索。

（3）设计意图。总结、深化本次班会的意义，向学生发出号召，给践行社会主义核心价值观提供一种可能。

六、环节六，布置作业，春联传情

（1）教师活动。布置作业，为改革开放四十年撰写一副春联，要求融合春节氛围和学校名称。课下教师进行指导。

（2）学生活动。思考讨论，咬文嚼字，认真书写。

（3）设计意图。由于班主任是语文教师，趁此班会同学们豪情满怀之时布置这个春联作业，一来加深对改革开放的认知；二来加强同学们对传统文化的了解，同时为一个月以后的春节增添喜气，也可以培养同学们的书法特长。

附：优秀春联作业。

改革光芒耀华夏　　开放辉阳暖奥森

横批：喜迎新春　　（作者：姬若冰）

龙腾灵诵之奥　　凤起韵动于森

横批：运起革新　　（作者：王嘉宜）

几改万革万新新华夏　　一春千节千美美奥森

横批：赛美比新　　（作者：双梓鑫）

灯光点点映月照，书声琅琅

春风徐徐除旧尘，其乐融融

横批：志在少年　　（作者：王昕昱　李润茁）

中华改革迎盛世，送百姓和乐

巨龙腾飞伴新春，予奥森繁荣

横批：民族复兴　　　　　（作者：姚佳旭）

春雨浸润四十年，华夏年年昌盛

钟声喜迎新一岁，奥森岁岁平安

横批：万象更新　　　　　（作者：洪睿扬）

注：学生均来自清华大学附属中学奥森校区高1803班。

学生体会

钱楚蘅：周四班会举行了纪念改革开放四十周年大会，讲述了改革开放前后生活的变化。我不由得感慨变化真是太大了。从吃得饱到吃得健康，从计划经济到社会主义市场经济，我们的生活越来越好；同时，国家也富了起来，成为世界第二大经济体，创新性地提出了“一国两制”政策，香港、澳门也回归了祖国。班会上做了“你来比画我来猜”的游戏，我们在开怀大笑的同时也知道了一些父母辈才经历过的“老旧”词汇，感谢这次班会，我为祖国的进步感到骄傲！

王昕昱：这周四，我们进行了改革开放四十周年主题班会。原本我以为改革离我们很遥远。但观看同学们收集的老照片，我们发现人们在饮食方面由追求吃饱，到追求吃好；穿着由只求穿暖，到如何搭配才好看；交通更便利了，接收外界信息的途径更多了。这才发现改革其实无处不在，它正在潜移默化地改善人们的生活质量。通过老师播放的纪录片，我们更深一步了解与认识了改革开放对一个国家军事、经济、政治、民生的重要意义。最有趣的活动就是“你来比画我来猜”了。这个活动使同学们积极调动自己的思维，认识更多改革开放的“代名词”，对改革开放产生了更加浓厚的兴趣，增强了我们的民族自豪感和爱国热情。这次班会大家都收获颇多！

陈曦：这节班会课令我最记忆深刻的是“你来比画我来猜”环节，一个个词语生动起来，在大家的描绘下活灵活现，考验的是双方的默契和对于词语的理解。当然在猜词语的同时，我们也慢慢体会到中国改革开放对我们生活的影响。原来改革开放距离我们并不遥远，虽说已经过去四十年了，但是改革开放已经深入我们身边任何一件微小的事物，支付、交通、奥运、环境，我们完成了一个又一个壮举，中国在进步，在发展中进步，在改革中前行。通过班会课上最后的小影片我们也了解了改革开放的重要性，心中荡漾着一句话“改革春风吹满地，中国人民真争气”！

符润豪：上周，我们开展了关于改革开放的主题班会。开始播放了同学们家里各个年代的照片，从黑白到彩色，从平房到高楼大厦，我看到了国家的发展是多么快速。接着我们玩了“你来比画我来猜”游戏，我们得了第一。哈哈哈。总而言之，改革开放以来，我们真切地感受到了身边的巨大变化，我为生在这样一个国家而自豪。

活动反思

在这四十分钟里，有游戏环节的开怀大笑，也有阅读分享时的激情澎湃，最让我印象深刻的，是在播放国家变化的三分钟视频结束后，同学们自发响起的掌声。这对一个班主任来说，应该是最值得开心的事情了。这代表着本节班会的目的之一达到了：同学们真心为自己祖国的繁荣富强感到骄傲和自豪。我看着同学们青春的面庞，他们的眼神中流露出希望的光芒。

本节班会以“改革开放四十年”为主题，深入落实核心价值观中的“富强”和“爱国”关键词，利用游戏、视频等多种形式层层深入，真正做到了寓教于乐，基本实现了活动目标。同时，这节班会课的设计也有一些不足，由于学生学段和班会课的学时所限，本节课的设计以视频观看与游戏为主要学习形式，缺乏必要的理论、知识层面的支撑与落实；在班会后续的跟进中有待落实。这两点，可以作为后续德育教育的契机，贯穿学生整个高中学段，真正将社会主义核心价值观融入学生的成长中，让同学们珍惜自己大好的青春时光，爱学习，爱奋斗，爱创新，为国家贡献一份自己的力量。

活动素材

一、游戏规则和词条

“你来比画我来猜”游戏规则如下。

（1）每组 2 名选手参加，一人比画一人猜。

（2）每组最多 20 个词条，限时 2 分钟，以 2 分钟内，按规则猜中词条的多少决定最终胜负，前 3 名可获得奖品。

（3）比画的人可以用语言和肢体动作来提示，但是不能提到词条中的任何一个字，也不能通过提示读音或写法的方式，违规者该词条作废。

（4）实在猜不出可以喊“过”，每组最多喊 2 次。

（5）观众不能提醒。（裁判做好控制）

部分游戏词条：

小岗村　宋丹丹　喇叭裤　车间　陆家嘴　大哥大　还珠格格　汶川

粮票　的确良　万元户　一国两制　世贸天阶　第一生产力　杨振宁

计划生育　希望工程　房奴　潘石屹　蜂窝煤　电报　今日说法　寻呼机

华为　女排　缝纫机　一带一路　高铁　青蒿素　莫言　磁带　搓衣板

春运　拖拉机　高速公路　缝纫机　新东方　经济特区　核电站　开心麻花

老三届　浦东新区　撸起袖子加油干　南水北调　杨利伟　酒泉　西气东输

港珠澳大桥　金融危机　生产队　北京折叠　筒子楼　和谐号　南巡　雷军

知青　华西村　发展才是硬道理　祥云　工分　博鳌　无问西东　鸟巢

挂历　桑塔纳　卡拉 OK　小康　福娃　雄安　国企　盒饭　平凡的世界

二、相关阅读文章

弄潮四十年：那些潮水的方向，那些被改变的命运……

http://www.sohu.com/a/257427349_313480

2.2 社会层面（自由、平等、公正、法治）

2.2.1　环保奏鸣曲　垃圾分类我先行

清华大学附属中学朝阳学校　庄春妹

本节班会课选取了社会主义核心价值观中的“文明”主题作为主要学习内容。选题依据世界环境与发展委员会提出的“可持续发展”理念，贯彻践行《北京市中小学生践行社会主义核心价值观文明礼仪行为要求》中第七条规定：“中小学生不随意丢弃垃圾，自觉进行垃圾分类”；以及《北京市中小学生日常行为规范（2016 年修订）》中第十二条规定：“维护环境卫生，自觉进行垃圾分类”，设计了此次活动，带领小学生了解垃圾分类的重要性，并初步掌握垃圾分类的方法，从而树立环境保护意识，养成良好的生活习惯。

班会课围绕“文明”的落实，体现“垃圾分类我先行，争做环保小标兵”这一主题。整节课采用生动形象的多媒体课件贯穿始终，利用游戏、调查、小组合作的教学方式，让学生在娱乐中学习，轻松地掌握垃圾分类的来源、处理等知识。力图使学生将保护环境，理解到位，形成认知，化为行动，作为一名小学生去主动践行。①

适用年级

小学五年级。

学情分析

我国于 1990 年 12 月颁布了《关于进一步加强环境保护工作的决定》，要求“中小学及幼儿园应结合有关教育内容普及环境保护知识”。鉴于此，在小学积极开展环境保护教

① 北京市首届中小学主题班会评优一等奖。

育尤为必要。通过教育，使学生认识到爱护大自然能使我们生活得更健康、更愉快，并用实际行动来关心大自然，保护大自然，为树立正确的环境观和世界观做准备。

《北京市中小学培育和践行社会主义核心价值观实施意见》提出：强化实践体验，引导学生从小做起，开展“爱学习、爱劳动、爱祖国”“节粮、节水、节电、节约钱物”和“美丽中国、绿色北京”“清洁空气蓝天行动”等专题教育活动。尤其是《北京市中小学生践行社会主义核心价值观文明礼仪行为要求》第七条明确指出：“中小学生不随意丢弃垃圾，自觉进行垃圾分类。”《北京市中小学生日常行为规范（2016年修订）》第十二条明确指出：“爱护环境，热爱大自然，保护动植物。”出行尽量选择步行、骑车和公共交通工具。节约资源，水龙头随手关紧，不用灯时随手关灯，用餐不剩饭和菜。爱护公共财物，维护环境卫生，自觉进行垃圾分类。由此可见对学生进行环保节约教育的必要性。

垃圾分类这一活动主题来自班级的平时学习环境。孩子们的日常生活中，会制造出各类垃圾。我在校园里经常发现来源不明的垃圾，有时孩子们会一不注意将垃圾随手乱丢。要让学生们养成良好的环保意识，懂得爱护周围的环境卫生，知道有很多垃圾是可以回收再利用的。如果我们能把这些可回收的垃圾再利用起来，不仅可以保护环境，还可以节约资源。本活动带领孩子们了解垃圾分类的重要性，并初步掌握垃圾分类的方法，从而树立环境保护意识，养成良好的生活习惯。

活动目的

（1）认知层面。知道垃圾分类，认识垃圾分类标志，认识垃圾是宝贵的可再生资源。

（2）情感层面。树立节约资源和保护环境的意识，以实际行动做好垃圾分类。

（3）行为层面。了解垃圾的来源、种类、危害、处理方法，初步学会垃圾分类方法。

活动准备

（1）桌上摆放记号笔、胶棒各28支。

（2）全开彩色纸（6个小组，每组1张）。

（3）多媒体课件（垃圾分类的图片及视频）。

活动过程

一、第一乐章《环保无价》

（1）教师活动。创设情境：教师制作课件，《地球——我们的家园》音乐及图片。

（2）学生活动。班长讲话，明确活动目的。

（3）设计意图。兴趣是学习的动力，上课伊始，通过班长讲话和教师课件播放《地球——我们的家园》音乐及图片，感受我们美丽的地球。这一环节，激发了学生的学习兴趣，营造了和谐的活动氛围。

二、第二乐章《环保忧思》

（1）教师活动。确立课题：带领学生编排原创英语环保剧《国王和烟雾》，通过引发深思，最终确立课题——垃圾分类我先行。设问：欣赏完这个故事你有什么感受？

（2）学生活动。表演英语环保剧《国王和烟雾》。学生自由发言，班长总结。

（3）设计意图。通过班级学生表演原创环保剧，引领学生身临其境。来到比尔王国，了解到了乱扔垃圾、乱排污水的危害，表现出对破坏环境者的憎恶，激发学生对垃圾分类的愿望。

三、第三乐章《环保行动》

（一）垃圾处理方法

（1）教师活动。设问：为了解决垃圾对环境的污染，世界上许多国家采取多种处理措施，那么咱们国家的垃圾是如何处理的？你们想知道吗？

课前同学们分组进行了环保小调查，下面有请小调查员们，给我们讲一讲吧！

（2）学生活动。

调查员一：第一种方法（填埋处理）。

调查员二：第二种方法（焚烧处理）。

调查员三：第三种方法（堆肥处理）。

调查员四：第四种方法（分类回收），观看公益宣传片（CCTV公益广告《垃圾分类》）。

学生总结：根据调查分析，垃圾分类回收是目前最好的处理方式。

（3）设计意图。通过课前小组调查及收集材料，学生总结出我国垃圾处理的四种方法（填埋处理、焚烧处理、堆肥处理、分类回收）的优点和缺点，对比总结出垃圾分类是目前最好的方法，并依据垃圾分类视频进行论证。此环节突出了课程的实践性、自主性、开放性、生成性，让学生从不同的角度去看待问题、提出问题。

（二）垃圾分类方法

（1）教师活动。

引导：其实在垃圾中还有很多有用的东西，比如说制作再生纸、做成工艺品等。

设问：有的同学会问，地球那么大，资源那么多，用得着从垃圾中获取吗？

总结：据统计，目前地球上 2/3 的自然资源已经面临枯竭，如不可再生的稀有金属资源，仅仅能供人类再使用 10 来年了。在这种情况下，很好地处理这些垃圾，使资源能够得到充分的回收、再利用，是每个地球公民义不容辞的责任。

（2）学生活动。学生自由发言：应该怎么进行垃圾分类呢？

观看垃圾分类小视频（生活垃圾分类宣传片之《健康环保从垃圾分类做起》），学生调查员出示及讲解垃圾分类的回收图。

（3）设计意图。通过视频，让学生接受垃圾分类的来源、垃圾如何分类、如何处理等相关知识，促进学生将学习到的知识运用到实际生活中。

（三）实践体验活动

1. 教师活动。重点指导如下。

（1）有请 ×× 小组给我讲一讲废纸主要包括……

（报纸、期刊、图书、包装纸、办公用纸、广告纸、纸盒……如果纸被污染，则不能被回收，只能放入其他垃圾。）

（2）有请 ×× 小组给我讲一讲塑料主要包括……

（塑料包装物、塑料容器、牙刷、塑料杯子、矿泉水瓶……塑料袋属于白色垃圾，不能放入塑料类回收，而属于其他垃圾。）

2. 学生活动。小组合作开展“我给垃圾找个家”活动（每个参赛小组派一名代表上台抽取一种分类回收任务贴纸，根据同学们课前调查的情况，通过小组合作，用思维图方式，呈现本组进行垃圾分类的研究成果，并进行分享交流）。

任务贴纸：其他垃圾、可回收物、有害垃圾、厨房垃圾。

3. 设计意图。通过课前学生在家进行的生活垃圾调查，小组合作分头行动，学生充分参与到实践活动中，训练学生分析问题、解决问题的能力，明确实践内容。学生掌握了各种垃圾回收标志和分类方式。展示学生研究成果，使学生明确垃圾分类回收的必要性。

四、第四乐章《环保畅想》

（1）教师活动。培养责任意识，班主任讲话，举例讲解垃圾分类带来的好处。指导进行活动延伸。

（2）学生活动。后续班会学生将收集垃圾分类图片、绘制漫画、制作低碳环保用品，宣传推广。

（3）设计意图。本环节让学生走出教室，参与学校和社会实践活动。使学生明白自己在环境保护中的责任，树立正确的价值观和环保意识。后续延伸活动充分发挥学生的创新思维和动手能力，让学生自己动手收集垃圾分类图片、绘制漫画、制作体现低碳环保意义的物品，在学校和社区宣传推广垃圾分类，培养学生变废为宝的意识，践行社会主义核心价值观。

学 生 体 会

通过此次班会，知道了垃圾分类回收可以保护环境，知道了节约资源、垃圾分类的方法和好处，大家以后一定要做到分类投放垃圾，做践行社会主义核心价值观的文明小学生，为保护地球家园做出贡献。

活动反思

本活动采用生动形象的多媒体课件贯穿始终，利用游戏、调查、小组合作的教学方式，让学生在娱乐中学习，轻松地掌握垃圾分类的来源、处理等知识。课后收集垃圾分类的照片、绘制漫画、进行创意环保小制作，促进学生在课外实行垃圾分类。为更好地开展自主探究活动，将在下一阶段继续组织学生进行垃圾与健康调查，到商场、街道、居民区进行走访，调查了解人们日常生活中产生了哪些垃圾，哪些疾病与垃圾有关，处理垃圾时会带来哪些问题，垃圾与人类健康的关系等，制定《垃圾与健康》小组活动方案，继续召开系列环保主题班会，引领学生更深入地开展垃圾分类研究，提升环境素养，增强社会责任感。

活动素材

CCTV 广告《垃圾分类》

https://v.youku.com/v_show/id_XNjI4MjkxMzky.html

2.2.2　对毒品说“NO”　做懂法小公民

清华大学附属中学永丰学校　黄维超　王雪楠

在高速发展而又充满诱惑的社会，分辨是非，抵御侵害是每个人必备的素质之一。开展毒品预防教育可以增强学生“热爱生命，拒绝毒品”的意识，培养学生的法律意识和法治观念。

遵循初一学生身心发展的特点和清华附中永丰学校“成长—责任—追求”的德育体系要求，以6月26日国家禁毒日为契机，开展班会活动，旨在帮助学生了解毒品的危害和禁毒法律法规知识，培养学生的法律意识和法治观念，践行社会主义核心价值观，为社会主义社会培养学法、懂法、守法、用法的合格公民。

本节班会课综合参照了《中小学生毒品预防专题教育读本（初中分册）》《中小学专题综合教材》两本读物。依据课前毒品知识调查问卷中了解到的学情，围绕“法治”的落实，设置三个层次的内容：①体验分享，导入主题：通过“这是什么”，激发兴趣，引发学生对“毒品”问题的关注，进而引导学生关注相关法律；②分析探究，知毒学法：通过讨论社会热点事件以及知识拓展，小组探究了解毒品的类型及其危害，增强学生懂法守法的意识；③语言激励，总结升华：通过总结升华主题，为学生布置任务“6.26宣传栏、家庭法律知识讲座”，引导学生践行法治。

适用年级

七年级。

学情分析

中学生是祖国的未来，民族的希望，是建设富强、民主、文明、和谐、美丽的社会主义现代化强国的后备力量，在中学阶段注重对学生的价值观引导和培养，对于中学生自身、学校、国家和社会来说都具有深刻的意义。

本班共有 35 名同学，其中男生 17 人，女生 18 人。课前所做调查问卷和个别访谈结果显示：处于生理、心理发育时期的初中生，好奇心强，辨别是非的能力弱，对毒品的类型、危害及吸毒的违法性缺少了解，这一现实情况导致中学生易受到毒品的侵袭。

中学生处于青春期阶段（12～18 岁），这一阶段他们面临自我同一性和角色混乱的冲突。如果他们感到所处的环境剥夺了自己在未来发展中获得自我同一性的可能，他们将会以惊人的力量抵抗社会环境，甚至做出极端举动。因此毒品预防教育要遵循学生身心发展规律，从他们熟悉的环境出发，以“远离毒品，懂法守法”为培养目标，通过情境案例、小组探究、家校合作，整合家庭、学校、社会三方教育资源，合力施加影响，并在此过程中加强法律对学生的约束力，引导学生树立法律意识和法治观念。这对于他们在中学阶段遵守纪律，在步入社会后守法、用法都大有裨益。

活动目的

一、认知层面

通过观看图片、视频，了解并说出毒品的概念及特征。通过讨论新闻材料，归纳吸毒的原因及其危害。通过分析社会热点，培养约束自己不良行为的能力和法治意识。

二、情感层面

通过分析“龙哥”打人案例，增强正确的是非观念和法治意识；通过了解毒品特征和危害，培养拒绝毒品、珍爱生命的意识和学法、懂法、守法、用法的法治观念。

三、行为层面

通过讨论及小组探究，了解辨别毒品的方法，吸毒的原因和危害；掌握拒绝毒品诱惑的方法，明确践行“法治”的具体标准；通过布置“6.26 宣传栏”和开展“家庭法律知识讲座”，践行“法治”，做懂法的小公民。

活动准备

一、教师准备

（1）教材资源——《中小学生毒品预防专题教育读本（初中分册）》；《中小学专题综合教材》第一章第 13、14 讲。

（2）实物资源——砂糖、盐、淀粉、碱面、面粉（体验环节，导入情境）。

（3）文本资源——自编调查问卷（课前了解学情和课程后测）。

（4）数据资源——《中国毒品形势》（了解中国毒品形势特点）。

（5）图片资源——社会热点：15 岁“龙哥”打人（知道吸毒是违法行为）。

（6）影像资源——新型毒品纪录片：介绍新型毒品形态及危害（全面了解新型毒品）。

二、学生准备

填写有关毒品的调查问卷。

活动过程

一、环节一，体验分享导入主题

1. 教师活动 1。课间，有好几个同学问我这些东西是什么，我先不告诉大家，我们请一位同学帮大家看一看它们是什么。

实物：白色粉末状、结晶状固体。

2. 学生活动 1。通过各种方法判断物品，并回答问题。

3. 教师活动 2。提问并展示数据。

（1）如果换一个场景，不是在课堂上，你还会像现在一样去尝吗？

（2）如果你的朋友站出来说：大胆去试，肯定不会有问题，你会试吗？

数据：云南、四川关于吸毒原因的调查结果。

四川省：好奇心理、追求刺激是导致吸毒的主观原因，占调查人员的 70.6%；不良交友圈是导致吸毒的主要原因，与朋友一起吸食的占 92.7%。

云南省：青少年初次滥用合成毒品的心理诱因主要是好奇（32.5%）、侥幸（27.2%）、迫于压力（20.9%）、盲目自信（15.7%）等。

4. 学生活动 2。分析数据，得出结论——好奇心和吸毒同伴对青少年吸毒行为有着显著的影响。

二、环节二，分析探究，知毒学法

（一）板块一：分析材料，我知毒品

（1）教师活动。通过数据、视频、图片及新闻等素材，引导学生思考并了解毒品形势，吸毒原因及危害。

数据：截至 2015 年年底，全国现有吸毒人员 234.5 万人。（按照国际通用的吸毒人员

显性与隐性比例 1:5 计算，我国吸毒人数实际超过 1100 万人，意味着每 115 人里有 1 个吸毒者。）

数据：在全国现有 234.5 万名吸毒人员中，不满 18 岁的有 4.3 万名，占 1.8%；18 ～ 35 岁的有 142.2 万名，占 60.6%；36 ～ 59 岁的有 87 万名，占 37.1%；60 岁以上的有 1.1 万名，占 0.5%。

（2）学生活动 1。分析数据，了解毒品的魔爪已经悄悄地伸向了青少年群体这一现实情况，纠正“毒品离青少年很遥远”的错误观念。

图片：毒品照片。

视频：《世纪之患：新型毒品》。

（3）学生活动 2。观看图片及视频，认清毒品种类及危害。知道仅从外表并不能将毒品和其他物品区分开来，所以要警惕他人让我们食用的食品或药品。

材料：关于毒品（包含吸毒原因及危害）的新闻素材。

（4）学生活动 3。小组分析、讨论：吸毒的原因有哪些？（如何拒绝毒品的诱惑？）吸毒的危害有哪些？

（二）板块二：关注热点，我知法律

1. 教师活动 1。通过图片及文字介绍新闻（15 岁“龙哥”打人视频疯传），引导学生分析材料，思考问题。

（1）一个 15 岁的花季少年怎么会做出如此残忍的举动？

（2）从中可以得到哪些启示？

材料：网传山东一中学生遭连扇数十耳光嘴角出血的视频，引发网友公愤。后警方介入，查明以下事实：嫌疑人杜某展（男，2000 年 9 月生），系沂水县院东头镇大偏良村人，无业（辍学），自 2015 年 7 月以来因寻衅滋事、盗窃、吸毒等先后 5 次被刑事、治安拘留。

2. 学生活动。分析材料，回答问题。“冰冻三尺非一日之寒”，很多犯罪行为都不是一朝一夕造成的，而是有一条从不良行为到违法行为、从违法行为到犯罪的轨迹。

3. 教师活动 2。我们来看一看和毒品关系密切的几种犯罪行为（对社会危害程度较重）。

文本：法律条文。

第三百四十七条：走私、贩卖、运输、制造毒品，无论数量多少，都应当追究刑事责任，予以刑事处罚。

第三百五十一条：非法种植罂粟、大麻等毒品原植物的，一律强制铲除。

第三百五十四条：容留他人吸食、注射毒品的，处三年以下有期徒刑、拘役或者管制，并处罚金。

青少年应该自觉树立正确的是非观念，积极抵制不良心理和行为；树立法律意识，依法自律，防微杜渐，防患于未然。

三、环节三，语言激励，总结升华

（一）板块一：拒绝毒品，健康成长

（1）教师活动。“前车之覆，后车之鉴。”毒品害人、害家、害国！青少年要主动学习毒品预防相关知识，从自身做起、从现在做起，坚决抵制毒品，做一名遵纪守法的好公民。最后，让我们一起大声重申本课主题《对毒品说“NO” 做懂法小公民》！

（2）学生活动。大声重申本课主题《对毒品说“NO” 做懂法小公民》！

（二）板块二：布置任务，知行合一

学生活动：我是小小禁毒志愿者！

根据自身情况，请选择其中一项完成（见下表）。

任务	要　求	完成形式	上　交
制作 6.26 宣传栏	为 6.26 国际禁毒日制作一期有关毒品知识的宣传栏	小组合作 4～6 人为宜	① 宣传栏效果照片 ② 小组分工明细表
开展家庭知识讲座	利用周末时间为家庭成员开展一期关于毒品预防知识的小讲座	独立承担	① 讲座纸质性材料 ② 讲座视频

学 生 体 会

作为新时代的青少年，我们要认清毒品的危害，增强明辨是非的能力，自觉抵制不良诱惑，“勿以恶小而为之，勿以善小而不为”，明确不良行为与违法犯罪之间没有不可逾越的鸿沟，要防患于未然，增强法律意识和法治观念，做一个懂法遵法守法的小公民。

——初 15 级　王锦涛

活动反思

本节班会课以“法治”为主题，围绕社会主义核心价值观的科学内涵，结合国家禁毒日的契机，在充分考虑初中学生身心特点的基础上进行设计，做到了理论与实践的结合；教学目标从学情出发，充分考虑认知、情感、行为三个层级，具有延伸性和发展性；教学环节的实施中，通过面粉道具问学生“这是什么”“你要不要尝一尝”等一系列的问题，吸引学生兴趣，引导学生提高对毒品危害性的认知。通过真实的数据、案例引导学生小组探究，深入了解毒品种类、危害及其相关的法律规定，培养和提高学生的法律意识与法治观念，有利于学生在生活实践中遵纪守法，做高素质的合格公民。

同时，本节班会课的设计中也有一些不足。与丰富的数据材料展示、真实案例探究分享环节相比，班会课中的学生参与略显不足。在以后的德育教育中，可以通过舞台剧、模拟法庭等形式加强学生的参与，丰富课堂案例的展示形式，使同学们参与其中，使法治教育真正融入学生的生活。

一、网址

禁毒教育电视纪录片《世纪之患：新型毒品》

https://www.bilibili.com/video/av6878517/index_2.html

二、毒品知识小测——前测（后测）

（1）你认为下列是毒品的是（　　）。

A. 杜冷丁　　B. 砒霜　　C. 鸦片　　D. 甲基苯丙胺

（2）下列行为属于犯罪的是（　　）。

A. 吸毒　　B. 容留他人吸毒　　C. 贩毒　　D. 制毒

（3）你认为下列叙述中正确的是（　　）。

A. 毒品是白色、无味粉末状固体或结晶体

B. 吸食毒品一两次是不会上瘾的

C. 毒品都是从罂粟花里提炼出来的

D. 在家中种植少量罂粟花供观赏也是违法行为

2.2.3 做自由的风筝 请你握住手中的线

清华大学附属中学永丰学校 王露迪

本节班会课选取了社会主义核心价值观中的“自由”主题作为主要学习内容。之所以选择这个主题，是为了提升当时新组班级学生的规则意识。班级中个别男生曲解“自由”一词的意义，认为学校的规则和纪律都是违背了自由的含义，限制了他们的自由，因而屡屡出现违纪和顶撞教师的事件。

以社会主义核心价值观学习为主题，本节班会课通过“讲故事”“辨主题”“评案例”“做交流”和“班主任总结”五个形式多样、内容充实的环节，帮助学生认识到在遵守纪律下的自由才是真正的自由，自由和纪律是“孪生兄弟”，不能分离。在案例分析中，提出本班中实际发生的与同学们的生活十分密切的案例，使每一名同学得到真实的反思。通过本节课的学习，同学们将深化认知，把社会主义核心价值观内化成中学生的日常行为。

适用年级

初中三年级。

学情分析

初三是中学生蜕变的一个阶段，这个年龄的学生逐步树立起自我思考的能力，不像在初一、初二时那样听话，服从教师的安排，这其实是学生有主见的表现。但是部分学生歪曲解释“自由”的意思，表现为不愿被约束，常有人违反校规校纪，认为有约束的校纪班规都是违背自由的。教师怎能“说一套做一套”呢？因此，屡屡发生违背校规校纪的行为，迟到、不写作业、顶撞教师，这与自由的本意背道而驰。班主任虽然进行过严厉的批评教育，但是收效甚微，因此希望通过一种更亲切和更容易被学生接受的方式，给他们讲明自由与约束的辩证关系，达成教育目标。

结合主题和学生现有情况，本次班会以社会主义核心价值观的“自由”为出发点设计，班会的主题是“做自由的风筝，请你握住手中的线”。通过对自由和纪律的探讨及学习，帮助学生明白服从规章制度和享有自由是同时存在的。本次班会的组织形式定为漫谈与讨论型班会。

活动目的

（1）认识到自由和纪律的重要性，帮助学生消除片面和偏激的思想，明白自由和纪律是对立统一不能孤立存在的。

（2）通过对班级突发小事的探讨，帮助学生在喜爱自由的同时不厌烦规矩，改变部分同学“过分追求自由”的片面观点，认识到遵守规矩是拥有自由的前提。

（3）能够约束自己的行为，将自由和约束做到知行合一，不仅能遵守纪律，同时可以用自由的思想做事。

活动准备

班主任教师进一步学习社会主义核心价值观，并在此基础上丰富对自由的认知，查询规则的含义，将二者建立紧密的联系。

根据本班学生的特点，设计贴合学生实际的活动，将最近发生在班级中的违规违纪行为匿名总结出，并提前布置辩论主题，辅导学生。

明确学生班会的任务，将每一位学生的分工具体化。

活动过程

一、环节一，讲故事《自由的风筝》

（1）背景音乐。《蓝莲花》，许巍。

（2）主持人台词。

听，有个人在那里讲故事。

风筝在高高的天上自由自在地飘着，脸上显现出的是轻松得意的神情。忽然，它低头一看：“哎呀，我再怎么自由、潇洒，也是被那根线牵制着呢，还要受地上的人控制！这怎么行？对了，如果我不再受控制，我一定会获得更多的自由！想到这儿，风筝趁着一阵大风，使劲挣脱了线的牵制，可是失去了牵引的风筝没有获得更大的自由，而是摇摇晃晃地下降，最后一头扎到了泥里，再也不能在天空中飞翔！”想到这里，同学们有什么感受？

（3）感言。自由和约束是同时存在的，越是遵守纪律越能享受自由。今天班会的主题就是做自由的风筝，请你握住手中的线。

（4）设计意图。以童话故事为切入点隐喻学生，理想中的自由和结果的反差造成认知冲突，引发思考，引入主题。

二、环节二，辩论赛

（1）主持人。听，有人在那边吵起来了，我们去听听吧。

（2）辩题。遵守纪律会不会限制学生的自由。参与人数：6 人辩论赛分两组，1 人主持。

（3）正方观点。遵守纪律会限制学生的自由。

（4）反方观点。遵守纪律不会限制学生的自由。

（5）备注。附录为学生准备辩论过程中的辩论材料。

（6）设计意图。经历立论、驳论、质辩和结辩四个环节给学生们充分的空间，通过辩证的方式进行思考，在细节中感受自由的快乐。

（7）总结。我们可以在遵守规则的基础上拥有更大的自由。

三、环节三，案例分析

（一）250 本书和哈佛

当年，哈佛牧师立遗嘱时，把他的一块地皮和 250 本书遗赠给了当地一所学院，这所学院发展成了现在的哈佛大学。哈佛图书馆珍贵的图书不能被携带外出，某学生为了自己方便阅读将书带出了图书馆。当晚图书馆失火，导致所有书籍被毁，他把这唯一的一本书还回了学校，却被学校开除了。请大家讨论，不开除这名学生可以吗？虽然他诚实，但是为了自己的自由他违背了规则。

主持人：大家讨论一下，不开除这名学生可以吗？请两名同学发言讨论。

（二）总想控制我的自由

班主任通知同学们：有的班的摄像头有人动过了，摄像头是保障同学们身命和财产安全的监督设备，同学们不要再动了。校会上，张主任也反复强调，摄像头价格昂贵，不要随意乱动。但是，我们班仍然有同学把摄像头掰到了后面。班主任问到他的时候，他说：摄像头监视了我们的隐私，控制了我们的自由，但我也不知道为什么就会动它。你认为他的做法是不是维护了大家的自由？

（三）班里过分自由情况介绍

同学们通过对身边的小事的讨论，打开心扉，能够向班主任袒露更多的过分自由的现象，然后同学们一起讨论。

设计意图：通过经典例子引发思考，再过渡到班里发生的案例，通过对真实案例的分析使学生们达到情感上的共鸣，改变错误现状，达成教育目标。

四、环节四，我最想得到的自由

每个同学可以想一下自己最想得到的自由，不限于学生时期，也可以说说以后的人生。表达交流：你想获得这些自由的前提是什么？

针对自己最想得到的自由，给自己提出一条约束要求。每个小组的成员给自己的小伙伴提出相应的要求，帮助他实现自由。

设计意图：自由要插翅飞翔，不仅是当下，更在未来，打开思维定式的盒子，让孩子们好好做个梦，再把他们从梦里拉回到现实中，计划当下。

五、环节五，班主任总结

针对班会中大家的想法给出点评，对于消极的想法加以指正，并针对 2 ～ 3 名同学的观点说出自己的看法。

设计意图：总结班会，回归社会主义核心价值观主题，并且对同学们提要求。

在歌曲《蓝莲花》的歌声中结束班会。

学 生 体 会

学生在整个班会中参与度较高，尤其是在环节二辩论赛中，报名辩论的学生前期准备很热情，学习辩论技巧和表达方式，听辩论的同学们时而哈哈大笑，时而冷静反思，使得整个环节生动、饱满、有意义。

在环节三案例分析中，几个实际案例引起学生的高度关注，纵使他们知道这些案例的主人公是谁也避而不谈，只谈现象，既保护了当事人的自尊心又能从同龄人的角度对这些同学进行教育，使得整个教育过程更亲切，更容易被接受。

本次班会过后到初三毕业，本班学生再也没有出现顶撞教师、违反纪律而不知愧疚的情况，学生的行为习惯得到了改善。并且，同学们对辩论的热情明显高涨，总想找机会把一些有争议的班级事件辩一辩。

活动反思

本节班会的顺利开展使我对班会课的教学有了进一步的认识。

首先，身为班主任，要抓住学生在日常学习生活中发生的新鲜事件，在班会时间利用恰当的方式进行讨论，教师自己长篇大论的讲述和批评是现在“00后”的年轻人难以接受的，他们会产生抵触情绪，结果事倍功半。要把事件抛给学生，让他们讨论和反思，教师加以引导，提升学生的思维能力，形成是非观。

其次，国家层面的精神思想对于初中生来说需要结合实际情况，干巴巴的几个词语对学生而言显得陌生且有距离感，将中外故事、古今故事融入其中，并结合身边的案例，学生更易理解和学习。

最后，就是授课教师本人在学生时代比较热衷和擅长辩论，把自己擅长和热爱的活动简单化后普及给学生，学生在班会学习中的兴趣高涨，在辩论环节“玩”得很过瘾!

活动素材

一、正方“遵守纪律会限制学生的自由”辩论内容笔记

（一）正方立论

纪律是指为维护集体利益并保证工作进行而要求成员必须遵守的规章、条文。纪律作为一种人们的行为规则，是伴随着人类社会的产生而产生，伴随着人类社会的发展而发展的，因此具有历史性的特点。从历史上看，母系社会的纪律使得男子的个性化劳动被深深束缚，这说明了社会纪律大大地束缚着个人和单位的个性化发展。

（二）正方驳论

当我们有时候过于守纪律，当一个集体只为纪律而活着，那也太死板了，有人说过：“任何创造性的奇迹，都是来源于对已有规律的反抗”，正是这样的科学进步，社会才能发展。如若不这样，社会还停滞在农耕阶段。

（三）正方质辩

（1）如果学校过多强调纪律，会压抑学生的学习心情或是压抑自由的天性，现代是注重素质教育的时代。过多强调纪律可以说与这种素质教育背道而驰，难道你方不这样认为吗?

（2）现代是注重创新的时代，如果总是遵守纪律，还怎样创新?

（3）一味地遵守纪律也会导致有才华的人不能拥有发展的空间，所有人都说超越自我，这样一来，还怎样超越?

（四）正方结辩

海阔凭鱼跃，天高任鸟飞，自由不是社会发展的保障。自由浪漫的诗人，才华横溢的艺术家，都是自由发展的典范。我们已经长大，不需要严格的管理和纪律，需要自由地追求自己的价值，因此我方坚持自己的观点：遵守纪律会限制学生的自由。

二、反方“遵守纪律不会限制学生的自由”辩论内容笔记

（一）反方立论

任何一个社会、一个国家、一个政党、一支军队都有维护自己利益的纪律，古今中外，概莫能外。我们在建设有中国特色社会主义这一伟大事业的进程中，尤其需要强调纪律。这是建立正常的经济秩序、维护安定团结，完善社会主义制度的重要保证，也是精神文明建设的重要内容。具有高尚道德情操和高度文化素养的人，都具有高度自觉的纪律性，作为中学生，我们要在纪律中约束自己的行为，纪律和自由，从表面上看，二者好像是不相容的，实际上却是分不开的。遵守纪律，才能使人们获得真正的自由；不遵守纪律，人们就会失去真正的自由。因此，我认为我方观点——遵守纪律不会限制学生的自由——是毫无疑问的。

（二）反方驳论

在我看来对方辩友所持观点大错特错，请问对方辩友：马路上行驶的车辆要是没有交通规则能正常运行吗？怎能保障不发生交通事故？你愿意生活在有秩序的交通环境中，还是无规则散漫的交通环境中呢？

不仅国家安全、日常生活需要纪律的保障，我们的班级也需要纪律的保障。卫生需要有人按时打扫，我们才能在整洁的环境中学习。对方辩友，请问你是希望在整洁的环境中学习，还是在脏乱的环境中学习呢？

（三）反方质论

如果没有纪律、制度，没有法规、要求，请问对方辩友，你能否生活在安全安逸的环境下？

如果在学校没有纪律的要求，你怎么能上好课，如果随意进出、胡言乱语，能保证课程正常进行吗？

如果没有纪律，只有自由散漫，每个人都自私自利，如何谈及国家建设？对方辩友，你仔细思考过吗？

（四）反方结论

青年人都向往自由，而纪律又是以约束和服从为前提的，因此有些青年人便产生了误解，认为遵守纪律和个人自由是对立的。但是遵纪守法是一个文明社会的重要前提，是保

障国民安居乐业的前提，遵守纪律是一所学校、一个组织正常运作的前提。没有纪律就没有自由，而遵守纪律和自由是共生的。一个人的纪律性如何，能够直接反映出他的思想道德水平。唯有思想道德高尚，对纪律的重要性具有深刻的理解，且具有遵守纪律、维护纪律的高度自觉性、坚韧性和坚强的意志品质，才能经得住纪律的考验，甚至视纪律比自己的生命还珍贵。事实表明，道德品质低下、没有文化素养的人，往往是不能自觉遵守纪律的人。我们是社会主义事业的接班人，我们是当下阳光的“00后”，我们应该要求自己做一个成熟又有素质的人，能遵守纪律就是重要的体现。遵守纪律，就需要加强自己的道德修养和文化修养，从思想上认识到遵守纪律的重要性，增强自己对社会的责任感。同时，要自觉地遵守纪律，不论大事小事，凡是纪律要求做到的，就坚决去做；凡是纪律所禁止的，就坚决不做；在没有人监督和别人不知道的情况下，同样要遵守纪律，养成遵守纪律的习惯，使遵守纪律成为我们的自觉行动。我认为，遵守纪律不仅不会限制学生的自由，还能促进学生的进步和成长。

三、班主任针对辩论的总结

感谢正方、反方辩友激烈的辩论，他们的表现都很精彩，今天围绕着遵守纪律与自由的关系，我们的正反双方都使出了浑身解数，展示出了他们出众的辩才、敏捷的思维以及有礼有节的儒雅之风，所以每人心中都有了自己的想法，让我们对他们精彩的表现报以最热烈的掌声！

正方的观点是：遵守纪律会限制学生的自由；反方的观点是：遵守纪律不会限制学生的自由。相比之下我更同意反方的观点，正所谓：不以规矩，不成方圆，我们也正是在这方圆之间展现着自由。纪律与自由好比是左手和右手，左手与右手哪个更好用呢？只有两只手互相辅佐的时候，才能取得最好的效果，与我们的行为与品德相融，自由也才能更加自由。

2.2.4 春天尽是读书天

清华大学附属中学奥森校区 杨先溥

书籍，是人类进步的阶梯。博尔赫斯说：天堂，应是图书馆的模样。中国素有文明古国的美誉，无论是民贵君轻的太平盛世，抑或风雨如晦的动乱离散，读书的种子永远遍布天涯。国难当头的岁月，也有由清华、北大等诸多高校组成的弦歌不辍；在蒸蒸日上的今

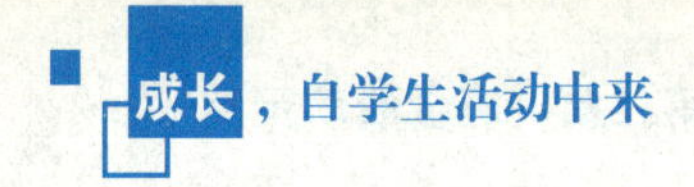

朝，更应让琅琅书声响彻华夏大地。

通过本次读书活动，学生在聆听同学分享、小组辩论、教师总结的过程中体味到好书的无尽妙处。拟在学生们心中植下“读书好，好读书，读好书”的信念。通过三位主题发言人，分享其自身经历，让学生们体味到人文经典的魅力，同时感悟书中的真、善、美，发现久违的诗意的世界，进一步坚定做一颗“读书种子”的决心。

适用年级

高中。

学情分析

作为接手一学期有余的班级，该班 33 名同学整体素养较好，部分同学坚持每天写日记，博览群书，在课堂上能做到侃侃而谈，在辩论赛中也能力挫群雄，在运动赛场上奋勇争先，不到最后关头绝不言弃。这是一个学风淳朴、团结向上的班级。作为 21 世纪的少年，他们生于北京，长于北京，家庭有着优渥的条件，一年一度的国内外研学，触手可及的新闻资讯，大大拓展了他们的人文视野。

良好的家庭条件，也带来了无尽的可能与诱惑。不少学生面对异彩纷呈的世界，迷失了方向，沉迷于网络游戏的有之，每天疯狂刷微博的也不鲜见。因此学生需要正确的引导，培养一门终身相伴的爱好。而读书，无疑是这个春天最好的选择。从活动形式而言，采用学生分享，全班探讨、竞猜的形式，有助于打破传统的教师在讲台上一人唱独角戏的尴尬场面。加入了好书竞猜、抢答环节，有利于活跃班级气氛，寓教于乐，在乐中达到学的目的。

活动目的

为践行长久阅读、读好书的理念，在班级掀起精读好书的风气，响应我校提倡的“四月最美读书天”，结合本班学情，特举办此次活动。对学生个体而言，养成勤阅读，终身求索的好习惯。从知道到懂得，看完一本好书，能精彩地分享出来，感悟、品味生命的美好。

元旦期间，倡导人人读一本好书。

寒假期间，人人精读一本好书，分为六组准备分享。

三月中旬选定主讲人、主持人。

主讲人备好PPT，黑板上请宣传委员提前进行“春天尽是读书天”（花体字）设计。

志愿者班会当天布置教室，制作邀请函，郑重邀请与会嘉宾。

准备用于分享的《三国演义》《四世同堂》《堂吉诃德》各五本。

奖品：《所谓岁月静好，不过是敢向命运叫板》五本。

一、环节一

1. 学生活动。简介此次活动主题：春天尽是读书天。

介绍到场嘉宾，好书分享小伙伴。

2. 介绍重点。好书对人的影响，对青年学生的影响。

二、环节二，一生中最爱的书

1. 学生活动1。从《四世同堂》看中国。

分享人：王璇同学。

（王璇同学从初中到高中已将此名著通读三遍，做了大量读书笔记，对文本有着深刻的理解。）

分享时长：10分钟。

采用多媒体辅助，利用图像的技术，呈现祁家房屋建造格局，由建造格局引出每一间房居住的人物，再由相关联的人物于国难当头之际，串起一幕幕家仇国恨，离合悲欢。

2. 学生活动2。主持人提问，学生抢答。激发兴趣。

分享时长：2分钟。

（1）文中经典桥段与谁相关？

（2）“乱点鸳鸯谱”。

（3）“张冠李戴大串烧”。

3. 教师活动。受邀嘉宾作为裁判，为抢答获胜者颁奖。

三、环节三，少年最难忘的书

1. 学生活动 1。请第二位分享人范沐涵同学。

分享时长：8 分钟。

分享内容：《三国演义》中的英雄。

以杨洪基先生演唱的主题曲开场，烘托气氛。从桃园结义起讲，慢慢厘清魏、蜀、吴脉络，离合悲欢娓娓道来。

2. 教师活动。嘉宾分享“我心目中的英雄”2～3 分钟。

3. 学生活动 2。主持人《三国演义》歇后语大比拼。

明确：一分钟读完 10 道歇后语题，营造出你争我赶的热闹场面。

四、环节四，孤独的骑士——《堂吉诃德》

分享人：李章超同学。

分享时长：8 分钟。

明确：这个时代，我们需要什么？要有“虽千万人吾往矣”的勇气。

五、环节五，各抒己见

1. 教师活动。教师对三位分享的同学逐一进行评价：王璇同学考据翔实，对文本有着清晰的认知，从书中，我们能知晓我们的祖辈，在京城是何以安身立命，在国破家亡的当头，那些有志仁人何以坚守信念，舍身求仁。范沐涵同学能将三国掌故信手拈来，听来有举重若轻之感。李章超同学所读经典颇为新异，无论是选材还是内容都体现出一种特有的孤独，令人感慨……

2. 学生活动。

（1）大家来找茬儿（反弹琵琶）（4 分钟）。

通过随机抽签（增强娱乐性），被抽到的同学，选取以上三本书谈一个反对的观点（增强挑战难度，提高创新思维能力）。比如，曹操真的是奸雄吗？赵云真的如罗贯中所说是常胜将军吗？

当涉及的问题太难时，可以寻求组员场外增援。

（2）千人千面自由谈（4 分钟）。

我心中的《三国演义》是怎样的？诸葛亮如此机智，为何蜀国未能统一三国？

六、环节六，表彰与总结（2 分钟）

嘉宾宣布本次读书之星：李章超、王璇、范沐涵、房晨宇、宋俊达。

奖品：《所谓岁月静好，不过是敢向命运叫板》。

嘉宾寄语：1 分钟。

班主任总结：1 分钟。

勉励多读，博观而约取，厚积而薄发。希望阅读成为一种信仰。在接下来的日子里，形成每周读一本好书的风气，鼓励学生每周二作为图书分享人，在图书馆开讲一本好书——相约星期二。

学生体会

读书节年年有，有时候流于形式，就像一阵风，风过无痕，大伙都有点审美疲劳了。今天的班会上三位同学都是身边人，他们在台上口若悬河，镇定自若，让我看到了自信，也开始相信"腹有诗书气自华"。常言道，读书是最好的投资，看来我需要在高二这个中间阶段，努力找到自己的爱好，丰富自身的内蕴，给未来的人生投资了。

——高 1702　宋俊达

诸葛亮究竟算不算"智圣"？魏、蜀、吴三家争斗得血流成河，终成三足鼎立之势，最后却被司马一家算尽，那么这些英雄争夺的意义终究是什么？读史令人明志，读古今知兴替，读着别人的眼泪，今天，让我陷入沉思。今天的抢答环节太精彩，有些歇后语明明就在嘴边，却让人急得抓耳挠腮。明明可以脱口而出，却被他人捷足先登。下回，这样的节目给我来一打！

——高 1702　毛雨萌

当我有个苹果，你有一个梨，两人相互分享，便可尝到两种美味。读书也是如此，当我以为自己已经窥到宇宙的奥秘，却发现同桌早已在黑洞里穿行。终于明白天外有天，也终于懂得好书常读常新。虽然这次班会错失良机，时间太紧，我相信下一次的分享一定会有我的身影。"相约星期二"这个栏目听上去不错，期待在图书馆能听到小伙伴们的真知灼见。

——高 1702　丁吉雨

活动反思

凡事预则立，不预则废。这次班会准备得相对充分，利用寒假，同学们开始选择喜爱的书，进行粗读细读，咀嚼两遍，这样谈读书，不会流于空泛，能真正让学生参与进来，人人有想法，人人有话说。

什么是真正的班会，不是一言堂，更不是独角戏。也许众声喧哗，但能听到不同的声音，才是好的效果。读书，本为启智，今天的班会在自由讨论阶段热闹到“爆棚”，双方唇枪舌剑，煞是精彩，再一次迸发出青少年敏捷的思维能力与朝气。

所有的路，只有亲自走过一遍，才会记忆深刻；所有的河，只有亲自蹚过一遍，才知深浅，正是应了那句“纸上得来终觉浅，觉知此事要躬行”，好书需要反复慢品，在书中，读着他人的故事，无异于多活了一次。

游戏是人类的天性，在讲座分享中插入此环节，有利于调动整体气氛，人人有份，真正实现学生是主角的教育理念。读书与分享，是一个从知道到懂得的过程。此次班会不仅做到了观念深入人心，也进一步培养了学生从知到能的能力。

2.2.5 “自由”大家谈

清华大学附属中学朝阳学校 鄂宇

本节班会以社会主义核心价值观“自由”为主题。选题基于我校德育体系中三个层次关键词“成长”“责任”“追求”，从高三年级学生的实际出发，希望他们在即将走向社会的过程中，真正理解“自由”在学习和生活中的内涵及意义，并能将其落实到现实生活中。

围绕“自由”价值观的真正理解，本课呈现三部分内容。

（1）“敬业与自由”环节由赵乐江同学主讲。他首先以《感动中国》、最美司机吴斌等事例引入敬业主题，激发大家进入情境的同时，为进一步阐释何为敬业做好铺垫；其次归类分析敬业特质，并用名人事例深入阐释敬业对个体获得成就的重要性，进而分析得出敬业与自由不仅不冲突，反而能促使个体获得自由。

（2）“诚信与自由”环节由张端臣、张玄两名同学主讲。首先，张端臣同学从词源角度阐释何为诚信，紧接着张玄同学从人际关系和社会关系角度论述每个人都离不开诚信的原因。其次，张玄同学从政治、经济、文化三个维度归纳了诚信对社会各个方面产生的巨大影响。最后，由二人分析诚信与自由的关系。

（3）“自由与我”环节由张海辰同学主讲。首先，张海辰同学以卡夫卡的话引入，反驳部分人认为的“我们国家缺少自由”“集体生活中我们缺少自由”的观点；其次，探讨自由与法制、和谐的联系，明确自由的范围；最后，探讨如何获得自由。

整节课三大环节用辨析、探究关系的方式，力求使学生深入地理解何为“真正的自由”，怎样获得“真正的自由”，促使学生去主动践行社会主义核心价值观。

适用年级

高三。

学情分析

如梁启超《少年中国说》所言：“少年自由则国自由；少年进步则国进步”，青少年是国家的未来，青少年有理想、有担当，国家未来才会有前途，民族才会有希望。作为即将走上社会的高三学生，其人生观、价值观、世界观虽日趋成熟，但尚未稳定，因此具有怎样的“自由”思想显得尤为重要。符合社会主义核心价值观的自由思想一旦在学生心中扎根，就会迅速生长，为其未来人生提供充足的营养。反之，缺乏针对性的正确引导，部分高中生不免通过各种不良渠道片面美化西方的“民主”“自由”，进而滋生怨恨社会、仇恨制度的不良心理，为社会埋下不良公民的隐患。所以，在紧张的高三阶段进行社会主义核心价值观中的“自由观”教育十分必要。

活动目的

（1）通过活动使学生对社会主义核心价值观有更深入的了解。

（2）通过活动使学生懂得价值观的重要性，进一步树立社会主义核心价值观。

（3）通过价值观问题的探讨和学习，使学生明确任何价值观的形成都源于个人内心。

活动准备

（1）组织召开班委会，讨论并确定本次主题班会的主题和具体内容。

（2）组织召开部分班委会，讨论并确定班会组织形式，明确班会分工。

（3）与主讲人就议题进行讨论交流，审核确定主讲人演讲稿，确保主题班会的成功。

活动过程

一、谈谈敬业与自由

1. 教师（主持人）活动1。引用《感动中国》、最美司机等例子，引入敬业主题。

2. 学生活动1。观看视频、了解故事。

3. 教师（主持人）活动2。明确概念，确定敬业的广义含义。

广义：是人们在某集体的工作及学习中，严格遵守职业道德的工作学习态度。

包括目标、事业心、信念、态度、道德等层面。

4. 学生活动2。了解敬业定义。

5. 教师（主持人）活动3。

分析敬业特质：

（1）有扎实的专业知识，热爱本职工作，忠于职守，持之以恒。

（2）有强烈的事业心，尽职尽责，全心全意为人民服务。

（3）有勤勉的工作态度，脚踏实地，无怨无悔。

（4）有旺盛的进取意识，不断创新，精益求精。

（5）有无私的奉献精神，公而忘私，忘我工作。

（6）学生活动3。通过学习进一步理解何为敬业。

（7）教师（主持人）活动4。援引马云坚持敬自己的“业”的事例，进一步说明敬业的重要性。

（8）学生活动4。了解名人敬业事例。

（9）教师（主持人）活动5。

分析“敬业”与“自由”的关系。通过分析敬业中的个体差异性和主客观冲突，引出敬业的方式——“敬自己”而非“敬他人”，进而分析敬业的意义在于给予个人精神上更愉悦的满足，使个体获得自我成就的“自由”。

（10）学生活动5。了解“敬业”与“自由”的关系。

（11）教师（主持人）活动6。

小结：敬业促使个体获得自由。以敬业的价值观促进自我提升内驱力，实现个人层面的成功，从而获得了自由。

二、小议诚信与自由

1. 教师（主持人）活动1。一人书写诚信繁体字，一人讲解。

何为诚信？诚，信也；信，诚也。诚信即内诚于心，外信于人；信是诚的外化。

2. 学生活动 1。了解诚信内涵。

3. 教师（主持人）活动 2。

为何要诚信？——驳“别人不诚信，那么我为什么要诚信”观点。

（1）第一个角度，于人际关系来说：通行证、筹码、持续交易的必需品。

（2）第二个角度，于社会关系来说：维持生产力，维护社会信用。

4. 学生活动 2。

（1）明确个人诚信原因，了解名人诚信事例。

（2）了解我国诚信体系。

5. 教师（主持人）活动 3。

小结：诚信对社会各个方面具有巨大影响。

“永远不要透支身边的人对你的信任，失去诚信 = 终身破产，一句承诺，一生守候。”

（——《人民的名义》李达康）

6. 学生活动 3。从政治、经济、文化三个维度理解诚信的意义。

7. 教师（主持人）活动 4。探讨诚信与自由的关系。

8. 学生活动 4。理解诚信与自由并不矛盾。

三、自由与我

1. 教师（主持人）活动 1。引入——以卡夫卡的话驳部分人认为的“我们国家缺少自由”“集体生活中我们缺少自由”。

2. 学生活动 1。了解名家眼中的“自由”。

3. 教师（主持人）活动 2。自由与法制、和谐的联系——探讨自由的范围。

（1）自由建立在法制之上，但不高于法制，由人治过渡到法治本身就是自由的体现。

（2）和谐。君子和而不同，小人同而不和——和谐不是同化。包容性——自由的范畴。

（3）自由反例启示。德国的新纳粹和南非社会问题告诉我们，自由应是理性的自由，不能对社会和他人造成伤害。

4. 学生活动 2。明确自由与法制、和谐之间的关系，理解什么是自由。

5. 教师（主持人）活动 3。探讨如何获得自由。

（1）很多国家走在自由的前列。

自由的意义：理性的自由，道德的自由，严防极端民（种）族主义的复辟。

（2）自由受限，但无须悲观。

清朝时有“文字狱”、闭关锁国

“大跃进”时有砸锅去炼钢

……

我们从清朝的“文字狱”一直到今天，一点点由闭塞走向自由开放，虽代价巨大，但一直向前。

（3）自由在吾辈肩。

6. 学生活动3。

（1）了解部分国家自由事例。

（2）知晓获得自由的途径，了解我们当今“自由”上的欠缺，明确我们需要为国民更“自由”而努力学习，进而完善国家法律制度。

四、教师总结

（1）表扬三小组的精心准备及演讲。

（2）引导学生意识到社会主义核心价值观于个人能够做到的关键在于“不忘初心，砥砺前行”。

（3）布置作业：“自由”我来谈写。

学生活动：倾听教师总结。

学生体会

演讲者：准备演讲之前，一直认为西方的“民主”“自由”较我们的“自由”是真“自由”。准备的过程，让我更真切体会到了西方的“自由”也是有条件的，不是满足其当今国情和人民需要的，这样的“自由”于我国的发展现状显然是不适合的。这一点上，作为青年人，我们义不容辞，重任在肩，需要为国家、民族获得更美好的“自由”而奋斗。

听众：以往总觉得社会主义核心价值观离我们这些理科生“较远”，很少去思考“自由”于我们的意义和价值，今日听闻同学们的讲演，不仅被他们超强的逻辑思维所折服，更是深刻理解了这些似乎“高大上”的价值观本身就融于我们的日常生活中。我们个体追求幸福的过程，也是在追求“自由”，这种“自由”既具备了权利，同时又受约束限定，需要承担责任和义务。作为新时代的新青年，我们应为生在这样伟大的时代而感到幸福，也更应在这样一个伟大的时代去践行我们的价值观，助推我们的国家发展，使其更加美好。

活动反思

本节课是以“自由”为主题的班会课，充分围绕社会主义核心价值观中的“自由”一词对高三学生进行价值观引导。针对高三学生理性思维较强，看待问题多角度的特点，课堂尝试以学生引领为主，从学生视角剖析“敬业与自由”“诚信与自由”“自由与我”三组关系，引发广大学生深入思考为何当今我们需要符合我国国情的“自由观”，使学生理解如此“自由”对我们每个人的意义及价值所在，进而带动全体学生践行社会主义核心价值观。

当然，由于高三学生课业负担较重，本节班会课学生的准备存在着明显不足。比如，几名演讲学生虽然对几组词的关系有较深入的理解，但是是否都为促进关系就有待商榷，课上可以给予其他学生充分辨析讨论的时间，让学生更加充分理解几组词的关系和内涵。再比如，本节课后的践行落实除书面写作反馈外，有没有其他的现实检测反馈方法，都需要在后续的教育中跟进，真切做到让学生践行社会主义核心价值观。

2.3 个人层面（爱国、敬业、诚信、友善）

2.3.1 会赞美多好

清华大学附属中学朝阳学校　韩同美

友善即与人为善，要求人们善待亲友、他人、社会、自然，以形成和谐的人际关系和生态环境，而赞美他人则是“友善”落地的重要途径。结合清华附中“自强不息，厚德载物”的校风，设计者从二年级学生的心理特点出发，让学生在体验活动中，感受“友善待人”的神奇力量，学会在生活中善待他人，赞美他人，欣赏他人，在寻找彼此闪光点的过程中，形成和谐的同伴之情，建立正确的人生观、价值观。

本节班会活动以“赞美”为主线，主要分为四个层次：首先，实验引入，学生感受赞美的神奇力量。利用著名的“水知道答案”的实验，激发学习兴趣，初步感知赞美的神奇。其次，潜移默化，学会寻找优点，真诚赞美。利用同学们喜爱的《西游记》中孙悟空和猪八戒的角色，理解“人人有优点”的道理，在讲述身边赞美小故事的过程中，认识到赞美要真诚，深入体验“会赞美多好啊”。再次，实践应用，赞美同学，体验被赞美的快乐。利用“幸运大转盘”“优点轰炸”“找朋友”这三个趣味小活动，让同学们大声说出自己对别人的赞美，也欣然接受别人给予自己的欣赏，体会内心的快乐。最后，放松冥想，升华主题，将赞美内化于心。放松冥想是让同学们集中注意力的一种方式，在冥想中，教师带领同学们回顾赞美的过程，重新体验赞美与被赞美带给自己内心的愉悦，将这种愉悦之情沉淀下来，内化成以后的行为指南。

整节班会活动紧紧围绕“赞美”主题，采取学生喜爱的活动体验式教学，让学生在活动中体验了赞美的乐趣，将赞美、欣赏作为自己的精神食粮去践行社会主义核心价值观，相信他们会在赞美的道路上收获友善之果。

适用年级

二年级。

理论和现实依据

著名的“皮革马利翁”效应告诉我们，人们会朝着被赞美与期望的方向潜移默化地发生变化。同时心理学研究表明，赞美是人们渴求上进，寻求理解、支持和鼓励的表现，是一种正常的心理需求。赞美就像暖人心灵的阳光，在生活中适时给人真诚的赞美和夸奖，别人会感到喜悦。而赞美对方的那个人，也会从中感受到快乐，这就是友谊的雏形。

积极心理学提出的六大美德和24项积极品质中，“欣赏美”是“心灵超越”这一美德中首要的第一项。只有学会了欣赏，发自内心地去赞美自己、他人乃至整个自然，一个人才能学会感激、感恩，才会对未来充满希望，生活才会有目标和信仰，才能热情地投入生活和工作中，也更能做到宽容别人。“友善”是社会主义核心价值观的重要主题，要想构建和谐友善的社会环境，人与人之间的互相赞美必不可少。

然而，在现实生活中，受中国传统文化观念的影响，中国人喜好含蓄的情绪表达，“棍棒底下出孝子”“不打不成才”“批评你是为你好”等观念一直根深蒂固。积极心理学的出现，督促我们反思这种“负能量”下的思维方式。生活中，很多孩子爱拿别人的缺点起绰号，挖苦别人；课堂上，我们总喜欢盯着别人的错误大做文章；班级管理上，有些教师经常对犯错的学生一通批评，再也不会相信他等。这些情况下，和谐友善的师生情谊、友爱团结的同伴关系如何建立？且不说孩子们的自尊心、自信心、积极乐观的人生态度都将在“不断被否定”的环境中一再受挫，推而广之，和谐友善、团结友爱的校园环境没有了，那么整个社会和谐友善的基础又如何夯实？

因此，在高速发展的今天，要想创造和谐稳定的社会环境，构建和谐友善的社会关系，学会真诚地赞美他人、欣赏他人就显得尤为重要。

学情分析

赞美是一种交往的方法和艺术，学会赞美能使人学会给予别人尊重、理解和真诚的关爱。小学生正处在埃里克森自我意识发展的“自卑对勤奋”的关键阶段，很多孩子容易因同伴关系而出现“自卑”的消极情绪，对以后的个性发展产生不好的影响。

二年级学生，正是自我意识高速发展的时期，很多同学个人中心主义比较明显。他们虽然渴望得到赞扬，但却很少夸赞他人。他们很容易注意到他人的缺点，比如，教师展示优秀作业，有些同学马上会说：他这里写得不好，那里没加句号等，这些语言虽然能指出他人的不足，但并不是促进他人进步的有利措施，长此以往，不利于他们的身心健康发展；对于一味寻找别人缺点的同学来说，也不利于他们良好人际关系的形成。

所以，体验赞美的快乐，发现他人的优点，才能真诚地赞美他人，而在班级里营造相互夸赞的氛围，还可以让更多的学生感受到被肯定，从而更加自信。

活动目的

依托趣味活动，学会发现别人的优点和长处，认识到自己是赞美的实施者也是接收者，赞美会让别人开心，更会让自己充满正能量。

在宽松、愉悦、放松的课堂氛围中，体验赞美的愉悦之情，感受赞美与欣赏的神奇力量。

在“优点轰炸”“找朋友”等活动中，感受夸赞别人的快乐及被赞美的美好，与同学建立和谐友善的同伴关系。

活动重难点

如何在四个层次的活动中，由浅入深地体验赞美，感受赞美的力量，学会勇敢、恰当地赞美他人。

活动准备

教师前期查阅资料，明确社会主义核心价值观的深刻内涵，搭建“友善”与“赞美”的桥梁。

前期进行学情调研，了解学生同伴关系的真实情况，结合学生认知特点，确定本节课的班会切入点、教学目标等，设计适合二年级学生特点的教学活动流程。

根据教学目标及教学活动设计，提前制作本节课所需要的学具，如班级抽奖材料、电子相册、赞美之树、赞美贴、冥想放松指导语及音乐等。

学生需要提前了解《西游记》的基本内容，熟悉其中几个关键角色的行为特点。

活动过程

一、潜移默化，学会寻找优点，真诚赞美

（一）寻找优点

1. 教师活动1。教师出示孙悟空、猪八戒图片，请学生讨论自己喜欢的角色，并阐述他们身上的优点，教师适时进行赞美评价，重点引导学生发现猪八戒身上的优点。

在此过程中，注重学生心理感受的变化，思考如果你是猪八戒，听到别人这么夸赞你，你的心情如何？你有什么想法？让学生体会被夸赞的快乐。

2. 学生活动。学生积极举手表达自己的想法。例如，我喜欢孙悟空，因为他特别聪明/武功高强，能打败坏人。又如，我喜欢猪八戒，因为他心态特别乐观，遇到什么事情都不着急。

角色互换中，体会：如果自己是猪八戒，听到别人夸奖自己，会更加开心、快乐，更愿意帮助别人。学生体会称赞别人也会让自己的心情更加美好。

3. 教师活动2。教师根据学生分享小结，会赞美多好啊！它能让我们发现别人的优点，变得开心快乐，更加自信！即使猪八戒有一些缺点，但更重要的是他还有很多优点值得我们学习。人人都有优点，只要认真观察，美到处都有。

（二）真诚赞美

1. 教师活动1。讲述身边的小故事。小明是我们二年级的同学，他学习很认真，但是字一直没练好！他好伤心啊！班里两名小同学想夸夸他。我们一起来看看！

A：你写得字多好看啊，比我写得都好，写成这样已经很不错啦！

B：你比上次进步多了，你注意到了占格，如果能一次写好，干干净净的，横平竖直，就更漂亮了！

教师指导学生讨论辨析：你更喜欢哪种赞美？

2. 学生活动。讨论辨析——更喜欢哪种赞美，说理由。在辩论中明确，要赞美别人，不仅要找到他的优点，还要真诚地去赞美他，这样对方才会感受到赞美的快乐，指导行为改变。

3. 教师活动3。教师展示小明的进步情况，再次领略赞美的神奇力量。

二、实践应用，赞美同学，体验被赞美的快乐

（一）幸运大转盘

1. 教师活动。利用“幸运大转盘”小游戏，让学生在游戏中体会赞美与被赞美的快乐。制作抽奖相册，随机抽取一名同学作为幸运之星，全班同学对其进行“优点轰炸”，

至少选择三名同学对其进行赞美，发自内心，尽量不重复。

采访幸运之星的心情，及内心的感受。选择一个自己最喜欢的赞美（阐述原因），对他表示感谢；采访赞美该生的同学的心情及感受，体验赞美的力量。

根据情况进行三轮。教师对每一位主动赞扬别人的同学进行表扬与鼓励。

2. 学生活动。对同学们进行“优点轰炸”，竭尽全力寻找同学身上的闪光点。在采访环节中，感受赞美他人和被他人赞美带来的内心愉悦之感。

（二）组内“优点轰炸”

1. 学生活动。四人一小组，进行组内“优点轰炸”，至少说出该同学的三个优点。

随机采访同学，被赞美的感受与想法，赞美同学时的感受与想法。

2. 教师活动。教师进行总结评价——我们在赞美的过程中，发现了别人更多的优点，收获了更多的能量，你想不想把这种能量传递给更多的同学？

（三）找朋友

1. 教师活动。播放《找朋友》音乐，学生按照便利贴背后的数字，随着音乐，找到自己的“朋友”，握握手，敬个礼，相互赞美，并将对方的优点写在优点卡上。

2. 学生活动。在音乐中找朋友，互相赞美，并将优点卡贴在赞美树上，形成赞美树。

四、放松冥想，升华主题，赞美内化于心

1. 教师活动。播放冥想音乐。请学生选择一种自己认为舒服的坐姿，看着赞美树，带着放松的心情，慢慢闭上眼睛。在指导语中，指导学生放松冥想。

会赞美多好啊，纯洁的水在我们的赞美下，变成了像宝石一样的结晶！它一定是太开心了，才绽放出如此美丽的颜色！

会赞美多好啊，我们的心里也因为别人的赞美开满了小花，脸上也绽放出了最开心的灿烂笑容。

现在你仿佛看到了班里的每个同学，哦，原来他们有那么多的优点等着我们发现呢！

是啊，有那么多的事情值得我们赞美呢！路旁的小花、辛勤的清洁工阿姨，还有我们最亲爱的爸爸妈妈和同学们，都值得我们去夸一夸、赞一赞！

现在，慢慢地、慢慢地睁开眼睛，这个明亮而多彩的世界，有了你们的赞美，是不是更加美好了！

2. 学生活动。学生在教师的指导语中，放松心情，感悟赞美的全过程，体会赞美的快乐与愉悦。

学 生 体 会

平时我确实总喜欢盯着别人的错误看，这节课上，我学会了要用欣赏的眼睛去和同学们相处，我想对我的同学们说，你们太棒了，我喜欢你们，也谢谢你们和我做朋友！

——二年级 曹睿莹

我之前总是不够自信，觉得自己有很多缺点，在这节课上，我们在一起寻找猪八戒优点的过程中，我明白了，每个人都有优点，每个人都有值得被爱、被欣赏的地方，我也要试着欣赏自己，爱自己，让自己变得更加强大！

——二年级 赵曼彤

活动反思

本节主题班会是围绕社会主义核心价值观“友善”这一主题开展的，试图在课堂中从社会中的“小我”开始，逐渐夯实整个社会“友善”的根基。赞美是欣赏他人的表现，是构建和谐人际关系的前提条件，从而让“友善”之根扎根于每一个人心中，本节课结合生活实际，所选取的教学案例符合学生的心理特点，采取的教学活动能充分调动学生课堂参与的积极性，理论与时间联系密切，教学环节层层递进，因而教学目标基本达成，最后的冥想放松环节，更是一种新颖的教学形式，让学生从热闹的环境中慢慢安静下来，这时候的安静，更是心灵上的积淀与成长。

与此同时，这节班会课也有一些不足，课堂中引用的科学实验虽然能够调动学生的积极性，引发学生思考，但是如果教师能提供自己做实验的过程，那么结论可能更具有震撼力。此外，由于课时限制，本节课每一个环节体验不深刻，对于学生提出来的个性化问题，教师没有与学生做深入的交流。而对班上的一些性格内向，或者同学、老师眼中格外“调皮”的学生，教师在引导学生对他们进行“优点轰炸”的时候，赞美的语言缺乏具体性和指导性，这都是这节课后续教育的契机。

经过这节主题班会课，我对社会主义核心价值观的内涵又有了新的认识，我也会继续学习，设计其他主题下的班会，让“富强、民主、文明、和谐、自由、平等、公正、法制、爱国、敬业、诚信、友善”的价值观深入人心。

活动素材

一、板书设计

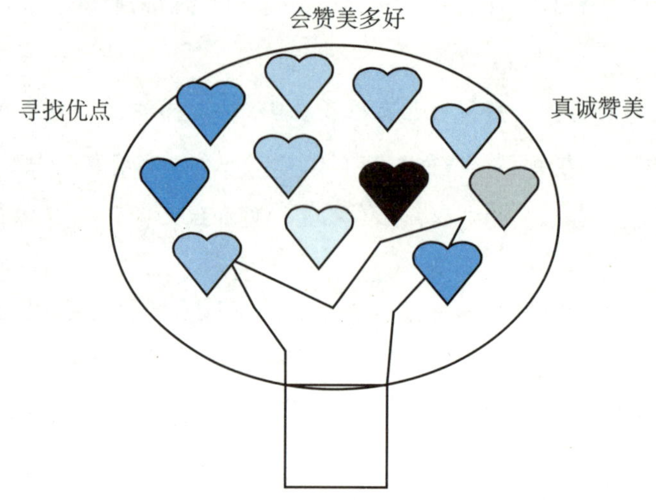

二、班会活动整体流程

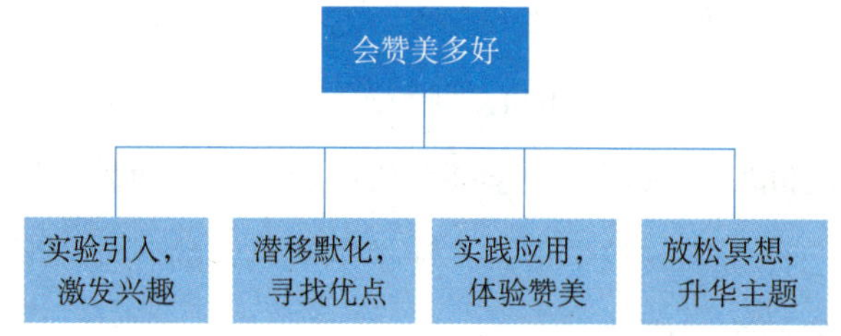

2.3.2 诚信伴随你我他

清华大学附属中学 武晓青

本节班会课选取了社会主义核心价值观中的“诚信”主题作为主要学习内容。选题基于清华附中德育教育体系中三个层次的关键词“成长·责任·追求”，从设计者所执教的初一学段学生的实际出发，希望他们在实现自我成长的过程中，真正理解“诚信”在学习生活中的含义及要求，并能将核心价值观落地，成为学生日常生活的行为准则之一。

班会课围绕“诚信”的落实，主要有四个层级的内容：①开始阶段。小品《扶不扶》视频片段观看，以激发兴趣的形式引发学生对社会诚信话题的关注；分享学生课前创作的关于诚信话题的三行诗，从而展现学生对“诚信”话题的初步理解。②展开阶段。观看学生自编自导的诚信系列情景剧《借书之后》和《作业风波》，引发大家的共鸣与思考。③深入阶段。针对关于“诚信”如何理解与践行的问题，讨论交流，深化认识。④总结阶段。以“一句话心得”方式，展现学生通过班会课对诚信的新理解；最后教师总结提升，向同学们发出坚守与践行诚信的号召。

整节课四个层级，由浅入深，由表及里，力图使学生将“诚信”一词与自己的生活相结合，理解到位，形成认识，化为行动，作为一名中学生去主动践行社会主义核心价值观。

适用年级

初一年级。

学情分析

中学生是未来国家建设的中坚力量，关注他们价值观的形成，是学校教育中不可缺失的重要一课。而在整个社会主义核心价值观中，让学生明白诚信对于自身的重要意义，显得迫切而必要。

刚步入初中的新生，与小学相比，学习环境相对宽松，学习方式变得多元，交友空间逐步扩大，这些在带给他们更多成长契机的同时，也时刻考量着孩子的个人行为品质。由于此年龄阶段的学生缺乏对自身相对成熟的认知，对是非善恶、处世限度的把握，很容易在与他人交往的过程中对诚信的理解有失偏颇，甚至是缺失诚信，在不正确价值观的影响下忽视诚信。“勿以恶小而为之，勿以善小而不为”，从他们所熟悉的社会、学校生活出发，以诚实守信为培养目标，通过日常德育教育的引领，加强学生对自我行为的规范、对诚信的坚守与践行，对于刚刚步入初中生活的他们十分必要且大有裨益。

活动目的

一、认知层面

引导学生关注社会及校园生活中与诚信相关的现象，引发学生思考“何谓诚信”，诚信具体到个人生活中可以表现在哪些方面，作为中学生如何更好地做到“诚信”，从而使“诚信”切实转化为具体可感的思想认知。

二、情感层面

以“三行诗”创作、“一句话心得”等方式，将学生的内隐认知转化为外显表达，在班级中交流，通过学生间的相互启发，深化学生对“诚信”的情感认识，增强后续教育影响力。

三、行为层面

通过再现校园生活中同学们的不诚信行为，充分讨论与交流，明确践行“诚信”的具体行为准则，从而更好地在实际生活中自我鞭策。

活动准备

一、教师准备

（1）理论准备。通过查阅资料，阅读相关书籍，从个人认知上丰富对“诚信”的理解。

（2）教学环节的设计。确定本节班会课的基本德育教学点、教学目标，结合本班学生特点，设计符合学情、生动有吸引力、有启发性的教学环节。

（3）学生活动环节的布置。明确学生活动环节的主要内容，将具体任务落实到人，给学生以适当的方法指导。

（4）班会课开展过程中各项技术支持的协调与落实。

二、学生准备

（1）全班范围内征集以诚信为主题的“三行诗”。

（2）“生活中的诚信”“学习中的诚信”两大主题的情景剧创作与表演准备。

活动过程

一、环节一

（1）教师活动。重温社会主义核心价值观关键词。

（2）设计意图。诚信作为社会主义核心价值观的一部分，在具体解读之前，需引导学生对整体价值体系有所感知与把握。

二、环节二

1. 教师活动。

（1）创设情境，引发思考，观看小品视频《扶不扶》。

（2）设问：片中的郝建，原本义无反顾地想做好事，可在伸出手的一刹那为什么又缩回去了？

2. 学生活动。学生思考与作答。

3. 设计意图。

（1）视频观看：以艺术的形式，生动有趣地将学生带入对社会生活中诚信现象的关注，作为班会课的导入环节，为学生创设思考情境，以学生熟悉的内容引起关注，活跃师生交流讨论的氛围。

（2）设问环节：以具体有针对性的问题，启发学生关注诚信在社会交往中的重要作用。

三、环节三

（1）教师活动。展示诗作，交流理解——以 PPT 形式展现学生前期创作的诚信主题的三行诗作。

（2）学生活动。学生简谈创作体会。

（3）设计意图。以学生对“诚信”认知的起点为出发点，在班会课上进行初次交流，为后续深化讨论做思想铺垫。

四、环节四

1. 教师活动。联系生活，触发共鸣——观看学生自编自导诚信系列情景剧。

（1）《借书之后》。

反映同学交往过程中，借书逾期不还的不诚信行为，引发大家思考。

（2）《作业风波》。

反映学习过程中，遇到难题时，不勤于思考，借助网络获取现成答案的学习不诚信现象，引起大家重视。

2. 学生活动。情景剧的表演与观看。

3. 设计意图。以学生为主体，自导自演的情景剧内容，取材于实际生活，以表演的形式呈现，轻松生动，有更大的接受度，容易产生共鸣，引发思考。

五、环节五

1. 教师活动。基于表演的思考讨论。

设问：

（1）两则短剧分别反映了怎样的诚信问题？

（2）以上两种不诚信的行为，会造成怎样的影响？

（3）如果遇到同样的问题，你会如何处理？

2. 学生活动。学习小组讨论交流，各组之间发言分享。

3. 设计意图。情景剧表演之后，定会激发学生的思考，进入二次讨论，使学生对于“学习诚信”“交友诚信”的理解更加贴合自身生活，不再停留于大而空的概念性认知。

六、环节六

（1）教师活动。一句话心得创作与展示。

具体要求：

结合本节班会课的活动与讨论，以“一句话心得”的方式写下自己对诚信的理解与思考。

例：也许有错误的作业并不完美，也许帮助别人势必耽误自己的时间；也许只是一个准时的到达，也许只是一个真诚的道歉，却悄然间，将诚信装入心底。

（2）学生活动。完成一句话心得撰写。

（3）设计意图。基于上面两次的启发交流，讨论深化，此时学生对于诚信的认识已经进入一个更加具体可感的层面，通过一句话心得的写作，将其外显，要求中明确指出不写空话，引导学生将对诚信的认识展现在具体生活中。

七、环节七

（1）教师活动。教师总结。

（2）设计意图。总结、深化本节班会课的意义，向学生发出诚信号召，为增强后续教育影响力做铺垫。

学 生 体 会

“诚信”对于现实生活中的我们，究竟是什么样的存在？在这节班会课之前，我从没仔细去想过，只是觉得“诚信”是老师、家长以及社会所时刻要求的，是我作为一名初中生应该遵循的。今天通过班会课的各个环节，我看到了社会中的诚信问题，比如《扶不扶》，它其实与我们息息相关；学校生活中的诚信问题，比如借同学东西是否按时还，类似于这样的事情几乎天天在我们的学校生活中上演。但当我们真正面对这样看似平常的“小事”时，是否能够真正用恰当的方式展现诚信呢？我想今天的班会课给了我很好的指导。正如老师说的“诚信伴随你我他”。

——初 1411 班　徐芷涵

作为班会课上的情景剧《作业风波》的编剧加演员，这次的编写与表演，也是让我重新审视作业中诚信问题的过程。其实情景剧中的内容，也曾是真实发生在我身上的事情，作业繁多、偏难，情急之下的我就选择了网络，当时只觉得这是应付燃眉之急的“小妙招”，事情过去也并没多想。有了这次班会课的契机，让我突然想起了这件事，对它也有了新的反思，我想这也是一种诚信的表现，对于学生而言，学习诚信应当是最需要坚持的。

——初 1411 班　张峰搏

活动反思

本节以“诚信”为主题的班会课，围绕社会主义核心价值观的主要内涵，紧密结合学生年龄学段特点，做到了理论与实践相结合；教学目的设定，充分考虑到从认知、情感到行为层面的融合、过渡，具有多层次性、发展性；教学环节的实施过程，以同学们熟悉的社会生活及校园生活事件再现的形式，充分调动学生的兴趣与参与积极性，将抽象的概念名词转化为学生具体可感的生活；在教学内容落实的过程中，三行诗创作与一句话心得写作，是在学生对诚信有不同的认知程度下的外显性表达，及时引导学生交流体会，进而最终深化学生对“诚信”的理解力度，有利于教师继续开展后续德育教育工作。

同时，这节班会课的设计也有一些不足，由于学生学段所限，本节课的设计以视频观看与学生表演为主要学习形式，缺乏必要的理论、知识层面的支撑与落实；由于课时所限，在相关视频、表演，甚至是学生发言之后，就“诚信”所提出的思考问题缺少必要的深入。应该有继续追问，或者更深层次的讨论，由此及彼，丰富诚信内涵；以上所谈到的两点，可以作为后续德育教育的契机，从班级层面将对诚信问题的关注与落实贯穿学生整个初中甚至高中学段，在不同时期不断丰富其内涵，从而真正将社会主义核心价值融入学生的成长中来。

活动素材

《借书之后》剧本

第一幕 借　书

时间：周一早上。

地点：初1411教室。

人物：小B、小A。

小B：（高高兴兴走进教室，手里拿着一本精编版图书）“快看，朋友送我的生日礼物！”

小A：（羡慕的眼神）真漂亮，太精美了！

小B：你看过吗？

小A：没有。内容好看吗？

小B：当然了，我都看过两次了！特别精彩！

小A：那我也去买一本。哦，不行，我爸爸妈妈出差了，这几天帮我买不了。那……你能不能借我看看？

小B：没问题！不过，一周后你得还我。

小A：真的？！太好了！谢谢你！

小B：别客气，记得下周一一定还我哦！

小A：没问题，放心吧。

第二幕 纠　结

时间：周日上午。

地点：家中。

人物：小A。

（画外音）周日的家中，小A坐在椅子上，正兴致勃勃地看从小B那儿借的书，一边看一边频频点头。

小A：（自言自语）真快啊，都快12点了！下午还有课呢，晚上还要写作业。今天没有时间看了，我才看了不到一半！可都答应小B明天还他书的，怎么办呢？对了，我就说我忘了。不行啊，昨天他还提醒我了呢。要不，我就和他说，别的同学非要借过去看两天，书也不在我这儿，我好有理由再看几天！嗯，就这么办！

第三幕　冲　　突

时间：周一上午课间。

地点：初 1411 教室。

人物：小 B、小 A。

小 B：小 A，我的书呢？

小 A：是这样（吞吞吐吐，表现为难），我邻居去我家玩，非要借去看几天，我只好过几天再还你书了。

小 B：（不高兴地）你怎么能说话不算话呢？

小 A：我也是没有办法啊……

小 B：你太不讲信用了！说好的一周还！不理你了！

第四幕　妈妈的教导

时间：周一晚上。

地点：家中。

人物：小 A、妈妈。

（小 A 一脸沮丧地回到家）

小 A：（垂头丧气地）妈，我回来了。

妈妈：（关切地）你今天看起来不太高兴啊，怎么了？

小 A：我……唉，上周我借了小 B 一本书，本来说今天还他的，可上周我太忙了，书没看完，今天没还给他，他生气不理我了。

妈妈：你已经答应今天还他了？

小 A：嗯。可是那本书特别好看，我就编了个借口，打算过两天就还他。没想到他生气了。

妈妈：我认为呢，和人家说好了今天还就应该还的，对不对？也许他还有用呢！应该站在他的角度上想想。更重要的是，我们承诺别人的事情，一定要做到。言必信，行必果，我们都要做有诚信的人，是吧？

小 A：那倒是。这么说，好像是我不对。

妈妈：不过，妈妈相信我的宝贝一定可以解决好这件事的。

小 A：嗯，我知道怎么做了。

第五幕　言　和

时间：周二上午课间。

地点：初1411教室。

人物：小A、小B。

小A：（将书还给小B）对不起，是我的不对，我不该……你能原谅我吗？

小B：（有点儿不好意思地）哎呀，没事的啦！

小A：谢谢你！谢谢你的书，谢谢你原谅我。

小B：你看完书了吗？

小A：我……

小B：其实，我也不急用，要不我行行好，再借你看两天吧？

小A：真的？小B万岁！我保证，不，我发誓，两天后一定还你！让同学们给我作证！

小B：我相信你啦！

《作业风波》剧本

第一幕　布置作业

时间：下午。

地点：学校。

人物：数学老师。

数学老师：（边发练习卷边说）今天的作业，除了做练习册上57页第四、五、六题外，再做一下这张卷子的最后一题。作业虽然不多，但是卷子上的这道题很难，请大家认真思考，一定要独立完成。

第二幕　写　作　业

时间：晚上。

地点：家中。

人物：小B、妈妈。

小B：妈，今天作业太多了，就不用管我多晚睡了！唉，这得什么时候才能写完啊，赶快写吧。（自言自语）

（画外音：现在是晚上九点半）

小 B：做继续奋笔疾书状。

（画外音：现在是晚上十点）

小 B：哎呀，太烦人了！这什么破题啊，怎么都解不对！

妈妈：还没做完呢？赶紧的，十点半之前结束啊，再不睡觉明天上课时间都不能保证了。

小 B：（心理活动）催催催，就知道催，老师出这么难的题，别说十点半，十一点半恐怕也做不出来。（挠头，抓狂状，看看电脑，看看作业）好吧，为了老妈，为了早点去见周公，我只好问"度娘"了，百度一下，你就知道！（换高兴状态）边查边自言自语，杨老师，这不是我本意啊……

（画外音：现在是晚上十点十五分）

小 B：（敲键盘）欧耶，搞定！睡！老妈，我提前完成任务，睡去了哈！（大喊）

第三幕　认 识 错 误

时间：上课。

地点：初 1411 教室。

人物：同学们、数学老师、小 B。

同学甲：昨天那题你做出来没有，好难啊！

同学乙：是啊是啊，老师这是想狠狠拓宽一下我们的思路吗？

同学丙：不知道啊，昨天晚上想了半天都没想出来啊……

（窃窃私语）

小 B：哈哈哈……（暗自窃喜）

数学老师：好，来，安静一下，我们讲评一下昨天的作业。前面的题大家做得都不错，就是最后一道题，大家基本都没有做出来。但咱们班还是有一个同学做出来了。（下面一片赞叹声）先别急着感叹。从这位同学的解题步骤来看，似乎不完全是他自己独立思考的结果……（小 B 低下头）

小 B：（心理活动：完了，完了，一定是被老师看出来了，死定了……）

数学老师：布置这道题的目的就是想拓宽一下大家的解题思路，仅凭我们现在的知识是做不出来的。现在大家汲取知识的渠道有很多，无论是借助网络还是向他人求教，老师都不反对，但如果是不假思索的"拿来主义"，就没有任何意义了。自我的梳理与消化吸收很重要。学习同样需要诚信。

小 B：（心理活动）唉，百度不是万能的，以后还是靠自己吧。

2.3.3 爱国从“三节”做起

清华大学附属中学丰台学校 李琛

本节班会课选取了社会主义核心价值观中的“爱国”主题作为主要的学习内容。选题基于清华附中丰台学校德育教育中的常规教育内容，即学生对中小学生守则的学习和实践。设计者根据所执教的初二学生的实际特点和班级构成情况，旨在为学生树立“爱国”理想。班会课从学生学习生活中的常见现象出发，希望学生真实感受到国家所面临的能源困境和需要他们承担的责任，让学生将社会主义核心价值观中的“爱国”落实到日常生活中来，使之成为学生生活实践中的一项行为准则。

班会课围绕“爱国”的落实，主要分为四个阶段。

开始阶段：通过观看由同学们日常生活照片所制成的视频和回顾中小学生守则，引发学生认识到自己已经形成哪些良好的行为习惯，又还有哪些习惯需要提高，从而思考“爱国”的具体行为。

展开阶段：展开阶段分为节水、节电、节粮三个环节。在节水篇中，学生通过“滴水成河”活动和观看视频，认识到北京的缺水现状和目前每人每天浪费的水量加起来的可观与惊人，引发大家对节水措施的探讨。在节电篇中，通过学生自己拍摄的纪录片直击空教室空调、电灯、显示屏全开的背后原因，从而树立学生爱国的主人翁意识。最后在节粮篇中，学生根据自己监管倒饭的亲身经历和班级表现对“光盘行动”的重要性提出自己的理解，加深了对“爱国”行为的认识。

深入阶段：同学们结合之前的“三节”内容制定新的班规约束自己的行为，向爱国理想继续迈进，将节约这一“爱国”行为贯彻到底。

总结阶段：学生将自己参加本节班会课的心得感受表达出来，并梳理自己对“爱国”行为的认识，形成新的认知。最终教师以此为契机进行总结提升，并对学生未来的生活和学习提出新的期许与希望。

整节班会课四个阶段由浅入深，力图让学生将概念化的社会主义核心价值观“爱国”一词结合自己的学习生活实际，形成认知，转化成生活中点点滴滴的行为，以一名中学生的身份去践行社会主义核心价值观。

适用年级

初二年级。

学情分析

中学生是未来国家建设的希望，这要求学校教育必须对他们价值观的形成给予足够的关注和重视。在整个社会主义核心价值观中，“爱国”必然是重中之重，它对学生未来的发展具有重大意义。

初二（6）班是由 22 人组成的班集体，其中女生 8 名，男生 14 名。整个班级中，学生家庭环境参差不齐。目前班级中面临的困境主要有三：①非京籍学生升学问题。升学政策的改革，导致班上的非京籍学生在北京学习的状态不稳定，从而引发归属感不强的性格特征。部分同学对于集体行动往往会产生抵触情绪。②学习困境。我是在初一下半学期期中时接班，班级上半学期期末成绩不理想，很多同学已经失去学习兴趣，也暴露出学习能力低下、听课纪律差、学习习惯缺失等诸多问题。这也导致了学生对国家发展缺乏关注力，认为自己不会影响国家的发展。③缺乏远大目标。因为家庭教育的匮乏和个人目标的缺失，学生在道德行为方面只依靠学校德育，缺乏相应的全面立体的辅导养成。所以学生缺乏远大的目标，往往沉浸在琐碎的日常生活中，难以将自己和国家联系到一起，也就缺乏爱国的具体行为要求。不过班级的优点就在于学生普遍比较单纯，对教师教育比较信服。所以教师有机会通过班会课引导学生重新对爱国行为进行认知，并贯彻到日常学习生活中去。

活动目的

一、认知层面

引导学生关注社会及校园生活中的爱国行为和相关现象，引发学生思考爱国的具体践行方式，在日常学习生活中勤俭节约，从而将社会主义核心价值观“爱国”转化为具体可感的思想认知。

二、行为层面

通过对国家资源现状的了解和对校园生活中浪费行为的探讨、交流，明确践行“爱国”的具体行为准则，从而更好地在自己的实际生活中践行社会主义核心价值观——“爱国”。

三、情感层面

以自拍纪录片、谈亲身经历和班会感受等形式，将学生对勤俭节约的爱国行为外显化，通过班级同学间的交流讨论相互启发，扎根实际，培养学生的主人翁精神，从而树立学生的爱国理想。

活动准备

一、教师准备

（1）理论准备。通过查阅资料，阅读相关文件和书籍从个人思想认知上丰富对“爱国”的理解。

（2）教学环节设计。确定本节班会课的基本德育内容和教学目标，结合本班学生特点设计符合学情、可操作性强、生动有吸引力、全班可参与、切实有启发性的教学环节。

（3）学生活动环节的布置。明确学生活动环节的主要内容和方法，将具体的任务落实到人，给学生以需要的指导建议。

（4）班会课开展过程中各项技术支持的协调与落实。

二、学生准备

（1）收集整理校园生活中有关“节水、节电、节粮”现象的资料。

（2）拍摄生活中浪费现象的视频。

活动过程

一、重温中小学生守则

学生活动：观看由学生日常活动照片组成的守则短片。学生日常学习生活的照片将学生守则与现实紧密联系起来，让学生更直观感受到守则在身边。树立认真对待身边每一件小事的观念，自觉遵守法律规范。将已经制定的班规结合守则进行重温，学生提出四个习惯中还未能落实到位的内容。

二、节水篇

（一）滴水成河

学生活动。滴水成河，每个学生提前将自己一天大概浪费的水量准备好，集中倒在盆中并进行称重。从一个班所浪费的水量中推算出全北京市每天会产生的浪费水量，再通过计算得出一年仅北京一市所浪费的水量总数。学生在计算后谈自己的直观感受。让学生直观感受每天浪费水量汇集起来的巨大，树立节约意识。

教师活动。准备好盆并调试好公平秤。

（二）观看视频，推广节水措施

学生活动。学生观看新闻播报直观了解北京的缺水现状和国家对北京的水资源调配支持。从知识上认识到水资源的短缺，树立节水意识。请几位节水家庭的学生向全班介绍节水措施。交流节水方法，集思广益争取获得更多的方法。同时也将学校中的节水措施推广到学生家庭生活中去。

（三）实践落实

学生活动。由班长将“滴水成河”活动中所收集的水倒到学校花园中，为浪费的水找到一个归宿。另一位同学跟随拍摄，回来后播放，大家观看并谈感受。通过团员的以身作则，给其他同学以榜样示范作用，让学生意识到要将节约用水落实到学习生活中来。

三、节电篇

学生活动。观看学生自拍的关于空教室空调、显示屏、照明灯全开现象和同学们相互采访的短片，反思自己的行为背后所代表的意识。展示出学校生活中的现实问题，让学生意识到自己行为背后所代表的意识不到位，从而找到解决的突破口。学生再谈自己的感受。学生自我的反省和感受更能够给同学们以启迪与震撼，从而建立起对于勤俭节约爱国的新认识。

四、节粮篇

学生活动。学生从自己值周监管倒饭时的现象谈起，对良好的现象提出鼓励和表扬，并发现不足之处，提出改进意见。展示班级目前的节粮行为水平，给予肯定，并树立成为“光盘行动”优秀班级的目标。通过实际生活的图片提高学生爱国行动的自信心，鼓励学生继续发扬优良的不浪费粮食的习惯。

五、倡议书环节

学生活动。请大家出谋划策，制定班规中关于生活习惯的八字方针。学生在学案中提出自己的想法。将内心的感受外化为班规的制定和行动的倡议，用自己设定的规范来约束自己，更好地践行社会主义核心价值观。

六、班主任总结

教师活动。爱国是一个很大的主题，但爱国的行动却是从身边小事做起，落实到生活中的点点滴滴。今天我们在这里结合节水、节电、节粮来谈我们对环境的认识、对祖国发展的了解、对自己班级的规划和对自己未来行为的约束，这本身所带来的思考其实就是爱国的行为。我们再力争为祖国多做一些自己力所能及的事情，这就是我们同学的进步。同学们不仅是在这次班会中，在日常的学习生活中也体现了爱国思想。我希望这不是一时的激情，更是长久的努力。所以我希望同学们下课后将你在这节班会课中的感受写出来，梳理出你的思考，为班级和自己下一阶段的发展出谋划策。各位同学，加油。

深化本节班会课的意义，对学生的表现给予肯定评价，同时向学生发出践行爱国主义精神的号召，对学生未来的生活提出期许和希望，为后续教育做铺垫。

学生体会

通过这次班会，我才知道生活在北京的幸福之处。我所住的小区没有停过电，没有断过水。以前我以为这是理所当然的，现在才知道，这水是从遥远的丹江口调过来的，而北京人自己的水库——密云水库却是连年水位下降。甚至河北省与北京相邻的区域为了保证北京的用水，耕田都选择抗干旱的玉米来种植，而尽量不选择费水的水稻等农作物。知道了这些自来水的来之不易，我要更加珍惜生活中的每一滴水，让我们的城市更具活力，更具有可持续发展能力。

——初二（6）班　李娅萌

我们班是设有“灯官”这一职位的，所以我一直都觉得每次关灯、开灯都是他的活儿。虽然因为我坐在角落，上操、上体育课等经常我是最后一个出教室，但是我很少注意班里的灯是不是关了，显示屏是不是亮着。看了采访，我也看到很多同学都跟我一样，并不觉得那是跟自己有关的事情。但是今后，我在出教室门的时候一定会看一眼灯是否亮着，一顺手，就是为祖国节约了电力，为祖国的建设留一份资源。我觉得这就是力所能及的爱国吧。

——初二（6）班　白小奕

活动反思

本次主题班会课从当下国家倡议的“三节”和中小学生守则中的第九条切入社会主义核心价值观中的“爱国”，针对班中存在的浪费问题和背后所隐含的缺乏主人翁意识展开教育，通过前期准备与主题班会活动让学生有意识地反省和改正日常生活中的浪费习惯，做响应国家号召，勤俭节约的文明使者，从而践行社会主义核心价值观中的“爱国”。

在前期准备过程中，学生能够将日常学习生活中的不足表现出来，并在采访记录中进行反思，说到位。体现出学生已经对自己的行为有了一定的认识和反思。由于习惯使然，还存在无意识的浪费行为，这也体现了召开主题班会的必要性和重要性。通过主题班会活动，学生在日后的学习生活中能够意识到节约的重要性，用实际行动支持自己的爱国理念。

主题班会过程中，学生们通过自己的前期准备，进行一次内容丰富的自我教育，也让学生更清晰地认识到节约行动的紧迫性和重要性。培养学生的爱国精神，让社会主义核心价值观落在实处。

2.3.4 践行雷锋品质，弘扬雷锋精神

清华大学附属中学永丰学校 孔冰

“倡导富强、民主、文明、和谐，倡导自由、平等、公正、法治，倡导爱国、敬业、诚信、友善，积极培育和践行社会主义核心价值观。”党的十八大从国家、社会和公民三个层面概括了社会主义核心价值观的价值目标、价值取向和价值准则。这三个“倡导”，描绘出一个国家的价值内核、一个社会的共同理想、亿万国民的精神家园，在全社会激发起强烈的共鸣。

在党的十九大报告中，习近平总书记明确指出：“要全面贯彻党的教育方针，落实立德树人根本任务，发展素质教育，推进教育公平，培养德、智、体、美全面发展的社会主义建设者和接班人。”

一个国家的强盛，离不开精神的支撑；一个社会的发展，有赖于文明的推动；一个个人的进步，需要文化的哺育。

在学生成长的过程中，焕发什么样的精气神，才能引领成长，健康向上？在追逐中国梦的伟大奋斗中，弘扬什么样的价值观，才能使这些“早晨七八点钟的太阳”在思想和精神上更加强大？这是我们每一位教育工作者都应该深度思考的主题。

“立德树人。”学生有信仰，成长才有方向。

本节班会课引导学生深度认识新时代雷锋精神的内涵，理解学雷锋学什么，为什么学，怎么学；理解作为新时代的中学生传承和践行雷锋精神的现实意义与历史意义；树立起学生对自己、对家庭、对社会负责的态度，促进学生健康成长，促进良好班风学风的提

升；并通过对雷锋精神的学习加强学生的爱国意识、责任意识、奉献意识，坚持不懈地追求自身道德修养的提高。

适用年级

初二年级。

学情分析

初二是整个初中阶段承上启下的时期，学生们的生理发育逐渐成熟，心理也进入突变阶段，成人感增强，思维能力提高，理想志向更为远大。但学生们又存在盲目性，情绪波动大，变得暴躁叛逆，厌学情绪渐渐滋生，自我意识强，听不进大人的劝告，甚至一意孤行。强烈的成人感和独立意识成为他们这一阶段重要的心理特征。

“立德树人。”学生有信仰，成长才有方向。初二年级学生的心理特点，使他们格外需要精神层面的疏导和引领。从他们可能最不屑、最不理解的“雷锋精神”入手，让学生理解新时代“雷锋精神”的内涵并反观诸己，增强学生的家国责任感，增强学生的爱国之情，潜移默化地实现社会主义核心价值观的养成。

活动目的

坚持“立德树人”的教育目标，培养学生爱党、爱国、爱人民，增强国家意识和社会责任意识，教育学生理解、认同和拥护国家政治制度，了解中华优秀传统文化和革命文化、社会主义先进文化，增强中国特色社会主义道路自信、理论自信、制度自信、文化自信，引导学生准确理解和把握社会主义核心价值观的深刻内涵与实践要求，养成良好政治素质、道德品质、法治意识和行为习惯，形成积极健康的人格和良好的心理品质，促进学生核心素养提升和全面发展，为学生一生的成长奠定坚实的思想基础。

引导学生深度理解新时代背景下“雷锋精神”的内涵的具体含义，理解作为新时代的中学生传承和践行“雷锋精神”的现实意义与历史意义。

通过班会引发学生的思考，树立起对自己、对家庭、对社会负责的态度，促进学生健康成长，促进良好班风学风的提升。

通过对“雷锋精神”的学习加强学生的爱国意识、责任意识、奉献意识和坚持不懈追求自身道德修养的提高。

活动准备

（1）学生收集并学习关于“雷锋精神”的文字、图片和视频资料，准备课堂演讲。

（2）学生回答调查问卷中的问题，班委划分学习小组。

（3）教师备课，准备相关文字、图片、视频资料，制作 PPT；给每个学生拍照，洗出每个学生的个人照片，上课备用。

活动过程

一、环节一，课堂导入

（1）导入。以《学习雷锋好榜样》伴奏乐作为背景音乐。

（2）教师活动。教师开场白：同学们，对这个旋律应该很熟悉吧？1963 年 3 月 5 日，毛泽东主席亲笔题词“向雷锋同志学习”，一个端着钢枪、头戴棉帽的憨实小伙子走进了千家万户。虽然他的生命只有短暂的 22 年，却树起了一座永恒的丰碑。49 年来，每年春季全国都会开展学习雷锋的活动。今天我们聚在一起也是为了这个永恒的主题。下面我宣布“践行雷锋品质，弘扬雷锋精神”主题班会现在开始。

二、环节二，百家讲坛

（1）学生活动。提前指定的“学生专家”用演讲的形式向同学们展示“雷锋精神”。

（2）教师活动。在每位同学演讲后，教师适度引导，让学生认识到“雷锋精神”随着时代的发展也在发生变化，大家对“雷锋精神”的学习不能停留于过去，同学们需要尝试着学习、理解“雷锋精神”在新时代的深刻内涵。

三、环节三，学雷锋该学什么

教师活动。教师引导，通过邵曳戎、吴菊萍等具体实例，带领学生认识到“雷锋精神”随着时代的发展，不断被赋予新的内涵。20 世纪 60 年代的“雷锋精神”更多凸显的是对真善美的追求，70 年代的“雷锋精神”强调的是爱憎分明，80 年代的“雷锋精神”让我们感受到的是“钉子精神”，90 年代的“雷锋精神”让我们看到了爱岗敬业精神。“雷锋精神”在新时代的内涵则更多地体现在“做好分内该做的事，力所能及地帮助别人”——尽职尽责。

四、环节四，今天我们为什么要继续学雷锋

教师活动。教师出示一组图片，引导学生认识、思考新时代“雷锋精神”缺失带来的

后果。引导学生认识到：如果游客多一份责任，就不会有摘花捻草之痛；如果生产商多一份责任，就不会有食品安全之痛；如果司机多一份责任，就不会有交通事故之痛；如果我们都多承担一份责任，我们的家庭会更加融洽；如果我们都多承担一份责任，我们的校园会更加美丽；如果我们都多承担一份责任，我们的未来会更加美好，我们的社会会更加和谐，我们的国家会更加强大！

五、环节五，如何在学习生活中践行“雷锋精神”

1. 教师活动 1。教师播放感动中国人物孟佩杰的事迹，引导学生思考：今天的我们该如何践行“雷锋精神”。

2. 学生活动。

（1）学生按照准备活动时的分组，分别从家庭、学校、社会三个角度展开讨论。明确自己在不同角色下，“应该做好的自己该做的事，已经做到哪些了？还有哪些方面需要继续努力”？

（2）经过讨论后，学生们得出一个基本的认知：践行雷锋精神的本质，其中一条就是“不管自己扮演什么角色，做好分内该做的事，力所能及地帮助别人”。每位同学根据交流，整理自己的心得收获，把自己的认知、思考写在自己的照片留白处，并与全班同学分享交流“雷锋精神”学习感言。

3. 教师活动 2。针对每位学生的发言，教师做出适当点评、引领；布置任务——在班会课后，请同学们利用自己学雷锋的照片制作展板，在班级、年级展出。

六、环节六，回到班级，落脚到日常班级生活

（1）学生活动。班长宣布准备活动时做的问卷调查结果公布，邀请大家公认的班级“小雷锋”王猛同学上场、采访，让他发表感言；并展示同学们对王猛同学“雷锋精神”的评价，共同学习。

（2）教师活动。班主任根据王猛的感言和同学们中肯的评价引领，分析王猛能得到大家肯定的原因。“做好分内的事”并且“努力地帮助了别人”，他能做到的原因是他始终有着“正确态度”和坚持的精神。可见，“雷锋精神”来源于责任心和爱心，不断学习，经常反思，并贵在坚持！

七、环节七，引领提升

（1）教师活动。班主任老师配乐朗诵：《心愿》，再次营造氛围，激励学生的情感。

（2）学生活动。全班同学集体宣誓，同唱《学习雷锋好榜样》，在高亢的歌声中重温“雷锋精神”，反观诸己，结束班会。

学 生 体 会

学生1：通过本次班会课，我真切地领悟到当下真正的“雷锋精神”是什么，明确了自己身上的责任与担当，更为深刻地理解了“国家兴亡，我的责任”的内涵。我将会在自己的日常生活中努力践行“雷锋精神”。

学生2：本次班会活动课让我发现“雷锋精神”原来并不遥远，原来我们人人都可以成为“雷锋”一样的人，只要我们心怀他人、心怀集体、敢于担当，我们都可以成为“新时代的小雷锋”。争做“小雷锋”，我们在行动。

学生3：“做好分内该做的事，力所能及地帮助别人。”原来，“雷锋精神”并不遥远，只要脚踏实地，我们每个人都可以是生活中的“小雷锋”。我希望自己可以成为这样的人。

活动反思

社会主义核心价值观描绘出一个国家的价值内核，一个社会的共同理想，亿万国民的精神家园，在全社会激发起强烈的共鸣。为了配合现今社会对社会主义核心价值观教育的重视，以及学校就此所展开的“成长、责任、追求”系列教育活动，更为了让同学们能够更加深刻地了解爱国、责任以及认识到爱国精神、责任意识的重要性，我班开展了这次以爱国教育为主题的班会活动。

本节班会活动课通过教师引导、学生自主探究的形式展开研究学习，通过设置“专家讲坛”“探究讨论”“现场采访”“深度分析”“集体宣誓”等环节的设计，鼓励学生在积极参与、切身体验中进一步明确传承和践行“雷锋精神”的必要性与重要性，引起学生内心的共鸣，让爱国主义教育潜移默化地深入每一个学生心中。

整体而言，本次主题班会能在轻松向上的氛围里顺利开展，同学们积极参与，踊跃发言，问题切合学生实际，内容丰富，形式多样，如现场采访、案例讨论、集体宣誓等环节，不但调动了学生的积极性，而且取得了较好的教育效果。特别是案例讨论和现场采访环节，因为素材都是来自学生身边的事例，所以同学们都能积极发表自己的看法，并逐步形成正确的是非观念，对学生构建积极、健康、向上的人生观、价值观起到了潜移默化的影响。

当然，本次主题班会也存在着一定的不足之处。比方说，课堂上还可以把更多的时间交给学生，例如，可以让学生多列举一些身边的不承担责任的行为事例，更有说服力，更能够引发学生的兴趣和深度的反思，以期达到更好的实效性效果。

总之，“践行雷锋品质，弘扬雷锋精神”的主题班会只是一个开端，在接下来的教育教学工作中，我们还应该继续关心学生的心理健康状况，抓住一切教育机会，引导学生形成良好的行为习惯，培养学生积极乐观、拼搏进取的生活态度，并引导学生树立正确的世界观、人生观和价值观；引导学生准确理解和把握社会主义核心价值观的深刻内涵与实践要求，养成良好的政治素养、道德品质，促进学生核心素养的提升和全面发展，为学生一生的成长奠定坚实的思想基础。

活动素材

- 《学习雷锋好榜样》伴奏乐
- 教师朗诵《心愿》朗读配乐
- 最美女孩孟佩杰视频故事
- 学生合唱《学习雷锋好榜样》MV
- 《践行雷锋品质，弘扬雷锋精神》主题班会 PPT

2.3.5 “同舟共济，相依为命”主题班会
——在游戏中感悟友善

清华大学附属中学上地学校　梁月松

本节班会课选取了社会主义核心价值观中的“友善”主题作为主要学习内容，这对于刚升入初二的学生非常重要，因为他们经过初一的相识、相知，交友倾向各不相同，开始形成小团体的概率加大，数量有增多趋势。开学伊始，需要进行“友善”教育，让学生在成长过程中，认识“友善”的重要性，了解如何做到“友善”，最终将社会主义核心价值观落实到学生们的日常生活中，对周围所有的人“友善”。

本次班会的主题并不复杂，在具体的实施过程中，分为以下几个步骤进行：首先，通过英语歌曲导入。因为我是一名英语教师，这是我的课程中的一项特色，让学生在轻松

的音乐环境中学习，歌曲名字为 *Thank You For Being a Friend*，中文意思是“感谢你成为我的朋友”。我设计成单词挖空练习，学生饶有兴趣，本歌曲的主题为本届班会课的总结提供铺垫。然后，进入第一个游戏环节“同舟共济”，同学们5人一组，一个“瘸子”和4个“瞎子”在同一条“船”上，互相依靠，互相依赖。接着进入第二个游戏环节“相依为命”，每组发一张报纸，每轮比赛中三名同学都需要站上去，报纸在一次次的折叠后依然需要全组成员都站上去，这个过程中，学生互相依偎，互相包容合作，完成任务。

最后，在发放奖品中结束课程，整节课，学生们没有觉得在说教，而是体会了“友善”的重要性。

适用年级

初二年级。

学情分析

进入初二，同学们已经互相熟悉，每名同学的特征和优缺点都彼此知晓。最近经我观察，程同学越来越不合群，经常独来独往；无论大小活动，在进行分组时，经常落单，很多同学不愿与她为伴。陆陆续续有班委来向我反映：程同学由于成绩较差，越来越自卑，有时在课堂上，由于回答问题状况较差，有几名男生对她指手画脚、进行嘲笑，再加上由于家庭问题，不能保证经常洗澡，导致身体有些味道。多种原因导致她被同学们不同程度上排斥在外，程同学性格内向，长期这样下去，将会对她造成更大的伤害。

“友善”被列入社会主义核心价值观，说明整个国家、整个社会对于“友善”的重视。但是在学校，由于学生们的“三观”尚处于形成阶段，虽然绝大部分同学知道“友善”很重要，但是在现实的学习和生活中，由于社会环境、家庭教育等因素影响，有些同学的行为举止并不友善，这样的同学需要矫正“三观”，否则将会影响他们未来看待社会、为人处世的态度和方式，如果这样的不友善形成风气，还会影响班风班貌，让更多的同学在“三观”的形成中迷失方向。

活动目的

本节班会，我采用游戏的形式，目的是让同学们在不知不觉中感受友善的价值，挖掘友善的内涵，传承发扬友善的优良传统，体会友善带来的温暖，感悟友善的重要性，从而

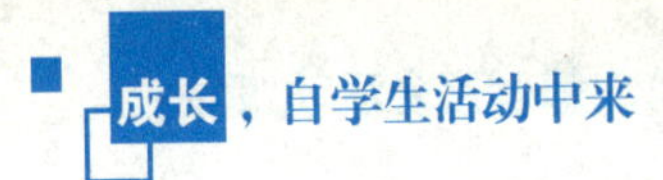

提高班级的凝聚力，让班级更团结，同学们互相帮助，友善对待所有同学。

另外，让全班同学感受同学三年的缘分来之不易，增进同学之间的友情，形成团结、友爱、温馨、和谐的班级氛围，为同学们的幸福人生奠基。

活动重难点

一、活动重点

设计游戏，包括游戏的选择、道具的准备、PPT 制作、主持人的选择和培训、班会结束时的有效总结和升华。

二、活动难点

本次班会中游戏环节的第一个环节就是分组，程同学的分组面临挑战，另外，由于本次游戏有肢体接触，男女生的人数并不能保证每组只有男生或者女生，在分组的过程中易出现问题，需要引导。

活动准备

在准备本次班会过程中，我在班委例会上广泛征求意见，最终，我们共同决定采用游戏的形式。

准备工作：准备红领巾；制作 PPT；选择主持人；去图书馆要旧报纸等。

活动过程

一、导入活动

听 Andrew Gold 演唱的 *Thank You For Being a Friend*，分发已经挖出 10 个空格的歌词，让同学们填空。

Thank You for Being a Friend

Thank you for being a friend, traveled down the road and back again
Your _______ is true, you' re a pal and a confidant
I'm not ashamed to say, I hope it _______ will stay this way
My hat is off, won't you stand up and take a bow
And if you threw a party, invited everyone you knew

Well you would see the biggest _______ would be from me

And the card attached would say

Thank you for being a friend

Thank you for being a friend

Thank you for being a friend

Thank you for being a friend

If it's a car you lack, I'd surely buy you a Cadillac

Whatever you need any time of the _______ _______ _______

I'm not ashamed to say, I hope it always will stay this way

My hat is off, won't you stand up and take a bow

And when we both get _______

With walking canes and hair of gray

Have no fear even though it's hard to hear

I will stand real close and say

Thank you for being a friend

Thank you for being a friend

Thank you for being a friend

Thank you for being a friend

Let me tell about a friend

Thank you for being a friend

Thank you for being a friend

Thank you for being a friend

Thank you for being a friend

And when we die and float away

Into the night, the Milky Way

You'll hear _______ _______ as we ascend

I'll say your _______, then once again

Thank you for being a friend

Thank you for being a friend

Thank you for being a friend

Thank you for being a friend

Thank you for being a friend

答案：heart，always，gift，day and night，older，me call，name.

听完歌曲，没有花时间进行歌词讲解，直接进入游戏环节，本导入环节为班会结束时的总结做好铺垫。

二、“同舟共济”游戏环节

全班40人，5人一组，共8组，每次抽签决定4组比赛，其他4组计时并监督获奖名次；制作4张A签，4张B签，每组派一名代表抽签，抽到A的4组一起比赛，抽到B的4组一起比赛。

每组同学站成一列，第一名同学是“瘸子”，不用蒙上眼睛，但只能单腿行动，可走可跳，决定使用某一只脚行走后，全程不得换脚，后4名同学全是“瞎子”，用红领巾叠成4层，将眼睛蒙上，共同前进；全程中所有后面的同学必须拉住前面同学的衣服，不得松手，松手即输，有队员倒下时若手未松开，可站起继续比赛，以到达终点顺序得出一、二、三等奖各两组，纪念奖两组。

本轮游戏的设计意图是让同学们感受互相信任，互相依靠，4个“瞎子”看不见路，只能全部依靠带头的“瘸子”，而“瘸子”承载着其他4位的信任，需要好好带路，才能胜利完成任务。

三、“相依为命”游戏环节

3人一组，共13组（第一轮游戏后，一名同学退出），每次抽签决定4组比赛，制作4张A签，4张B签，4张C签，1张空白签，每组派一名代表抽签，抽到A的4组一起比赛，抽到B的4组一起比赛，抽到C的4组一起比赛，空白签的小组在出现第一个淘汰小组后直接进入下一轮比赛；每组发一张报纸，每轮比赛中3名同学都要站上去，脚不得接触报纸外的地面。报纸的面积是每轮比赛后缩成原面积的一半，即统一对折报纸，再次站上去，进行下一轮比赛；再对折，再站；依此类推，每轮限时2分钟，2分钟内接触地面为输，留下者继续下一轮比赛。

本轮游戏的设计意图是让同学们体会相互合作、重视他人，在游戏过程中，需要和组员商讨、积极合作，完成任务。

四、发奖并总结

全班所有同学均有奖，重在参与，发奖的过程是欢乐的，所有同学脸上洋溢着欢笑，除了一、二、三等奖的奖状以外，所有同学获得棒棒糖一根，目的是让大家感受互相信任、互相帮助、友善对待组员的温馨。

自由发言阶段，同学们畅所欲言，谈感受，谈收获，谈遗憾，最后，我让大家把刚才导入环节歌曲的歌词拿出来，分析那挖出的 10 个词。这 10 个词代表了朋友间友谊的重要性，以及朋友应该如何对待对方。而我们三年同学也是三年朋友，更是一辈子的同学，一辈子的朋友。在一起三年是难得的缘分，每个人都应该好好珍惜，友善对待班里每一位同学。

学生体会

班长总结：我们在游戏的过程中，感受到了组里每个人对于这支团队的重要性，这不是任何个人就能完成的，接下来的初中生活还有两年，我们要珍惜同学缘分，互相帮助，友善对待所有同学。

活动反思

整个过程是成功的，效果良好，同学们印象深刻，同时也开发了同学们发散思维的能力。活动中发现以下几个问题可以完善提高。

一、纪律问题

同学们很激动、很兴奋，整个过程不够安静，维持纪律占据了部分时间，导致活动时间较紧张，在下课铃声响起后，活动还没总结，拖堂 6 分钟。

二、分组问题

程同学分组落单，只能与剩下的两名男生为一组，合作比较尴尬，这是我预料到的，所以在过程中对他们进行指导，在不过分肢体接触的基础上，顺利完成每轮比赛，但最终由于没能做到“相依为命”而被淘汰。

三、犯规问题

犯规的存在，让部分同学觉得有失公平，当时没能严格执行脚部落地即输的规则。

四、结语

我并不奢望 40 名同学通过一次班会就能彻底做到友善，而是引导同学们思考、分析友善的重要性，后续的系列班会将逐步解决班级各种问题。

2.3.6 请回答1978

——纪念改革开放四十周年主题班会

清华大学附属中学奥森校区 王庆超

本节班会课选取了社会主义核心价值观中的“文明”主题作为主要学习内容。党的十八大报告中将“文明”作为社会主义核心价值观提出，并指出：“文明是社会进步的重要标志，也是社会主义现代化国家的重要特征。它是社会主义现代化国家文化建设的应有状态，是对面向现代化、面向世界、面向未来的，民族的科学的大众的社会主义文化的概括，是实现中华民族伟大复兴的重要支撑。”改革开放以来中国社会教育事业的发展历程，实际上也是中国社会不断迈向现代化文明的历程。学校教育不仅要涵养学生的文明心灵，更要引导学生传承文明。站在改革开放四十周年的历史节点，带领学生回顾四十年来中国教育事业的发展、重温一代青年波澜壮阔的奋斗史，更能够激发学生的理想主义情怀，增强学生的民族自豪感，让学生深入感受文明的发展对中国当代社会发展的重要意义。

本节班会课主要分为四个阶段——准备阶段、发展阶段、升华阶段、落实阶段。

准备阶段——观看视频，进入情境。播放纪录片《中国改革开放的故事》第五集《未来之路》，让学生回顾改革开放以来中国教育制度、高考制度的发展变化。

发展阶段——组内合作，思维碰撞。学生小组活动，绘制高考准考证、完成 1978 年高考题，组内总结分享 1978 年高考题和现在高考题的差别。

升华阶段——分享交流，思想共鸣。每个小组派一名同学分享组内讨论感受，另有一名同学展示改革开放四十年中国教育事业的整体发展历程。

落实阶段——自我激励，树立理想。每位同学写下自己未来的理想和高考目标。

四个阶段，以“改革开放四十年教育事业的发展”为主题，力图让学生理解教育事业的发展在个体成长和社会文明发展中的重要作用，引导学生树立理想，积极奋斗。

适用年级

高中。

学情分析

刚刚过去的2018年是改革开放四十周年，这四十年是中国教育事业飞速发展的四十年。2020年是高17级学生的高考年，也是北京市取消文理科的新高考元年，因此借助高考这个切入点，让学生回顾1978年的高考真题，感受四十年来高考题目的变化，从而深入探讨改革开放以来中国教育事业所取得的成就。

高二学生是标准的“00后”，他们在成长的过程中充分享受着改革开放所取得的成果，他们未曾有过贫穷落后与思想闭塞的经历，因此很难理解改革开放对中国社会历史发展的重大意义。但信息化时代成长起来的他们，又有着思辨意识和表达交流的意愿。

本班学生学习兴趣浓厚、学习氛围良好，整体素质很高。他们恰逢北京市高考改革的元年，“六选三”的学习经历让他们能充分地发挥自己的兴趣特长。但是面对高考，他们中的很多人又有着目标不明确、学习动力不足的问题，因此，选择1978年以来高考的发展作为切入点，带领他们回顾改革开放的历史，更能贴合他们的实际经验，激发他们思考的热情。

活动目的

（1）通过对1978年高考整体情况的回顾，引导学生感受恢复高考对中国教育事业发展的重要意义。

（2）通过对四十年来中国教育事业发展的回顾，引导学生体会改革开放对中国社会文明进步的巨大影响。

（3）通过思考、交流，引导学生树立自己的奋斗目标。

活动准备

（1）教师查找打印1978年高考题，并根据学生投票选择结果打印数学、英语、历史、物理、化学、地理六个科目的考试题。准备彩色卡片纸。

（2）教师查找、保存纪录片《中国改革开放的故事》。

（3）学生分为六个小组，相应科目课代表作为小组组长安排组内分工。

（4）安排两名同学提前查找梳理改革开放四十年教育事业发展历程，并制作PPT。

活动过程

一、环节一，观看视频，进入情境

学生活动。介绍本节班会课主题为："请回答1978——纪念改革开放四十周年"，从中国教育事业的发展看改革开放四十年中国社会所取得的成就。

播放视频《中国改革开放的故事·未来之路》。

二、环节二，组内合作，思维碰撞

1. 教师活动。班主任教师简单总结视频内容。视频中展示了改革开放以来我国教育事业的巨大发展，其中特别提到了恢复高考制度对于中国社会的巨大意义——高考制度的恢复给一代青年人以奋斗的希望，使他们能将自己的青春理想同国家时代的需求结合起来，正是这一代青年人的奋斗，才有了今天社会的巨大发展。今天的班会课，同学们一起重温当年的考题，站在那一代青年人奋斗的起点上，去体会时代的变迁。

2. 学生活动。小组内分工合作绘制本组的高考准考证、完成相应科目的考题，并讨论当年的考题和今天高考题目在命题方式与考查重点上的差别，思考这种差别产生的原因。

三、环节三，分享交流，思想共鸣

1. 学生活动。每个小组派一名代表展示本组的准考证，并分享本组做题时的感受，以及考题上的差别及产生差别的原因。

指定同学分享《改革开放四十年中国教育事业的发展历程》。

2. 教师活动。引导学生从对高考题目变化的探讨，过渡到对中国教育事业发展的认知，提升学生的民族自豪感，激发学生的理想情怀。

四、环节四，自我激励，树立理想

1. 教师活动。引导学生结合自己的实际生活，思考应如何奋斗。给每位同学发放卡片，引导学生思考自己的学期计划以及高考理想。鼓励学生分享自己的理想。

2. 学生活动。自我思考，在卡片上写下自己的学期计划和高考理想。如果有愿意分享自己理想的同学，可以把目标卡片粘贴在班级板报栏中。

五、环节五，教师总结，升华情感

教师活动。青春是用来奋斗的，一代人有一代人的理想，一代人有一代人的华章，而青春的理想只有和国家民族的命运紧密地结合起来，才能更好地实现自己的价值。1978年的高考是一代人谱写自己奋斗篇章的重要时刻，正因为这一代人的奋斗，我们今天才能享受现代社会的文明。同学们的青春画卷正在展开，希望同学们能够坚定自己的理想，砥砺前行，谱写你们这一代人的华章！

学生体会

这一次班会的主题是中国改革开放四十周年，虽然四十年的改革历程中我只经历了短短的十六年，但是改革对我身边环境的改变，带给我的影响是深远的。我到目前为止最重要的一个身份就是学生。这次班会我们做了1978年的高考题，看了1978年的准考证，了解了四十年间中国教育事业所取得的成就。随着改革开放的进行，教育和考试目的不再仅仅是选拔人才，今天的教育更重要的是提升国民的素质、推动科技的发展、建设更美好更文明的未来。从考生数量看，从最初的百万人，到如今的近千万人，考生数量的增长背后更是我们对于教育重视程度的不断提升，更是社会文明的不断发展。改革开放四十年是风云际会的四十年，是中国社会逐渐走向现代化的四十年。这次班会使我第一次从细微处看到了这四十年长轴的重要片段，把电视里的伟大征程带到了我们身边，也让我们感到生活在今天的幸福与自豪。少年壮志当凌云，我们更要珍惜自己的时光，努力奋斗，实现自己的理想，也实现自己的价值。

活动反思

党的十八大报告中指出，文明“是对面向现代化、面向世界、面向未来的，民族的科学的大众的社会主义文化的概括，是实现中华民族伟大复兴的重要支撑”。文明需要教育的传承，教育需要文明的引领。习近平主席在联合国教科文组织总部的演讲中提出：“让教育为文明传承和创造服务。”在今天，当我们谈到“德育”的时候，实际上就是在谈“社会主义核心价值观”的培育。社会主义核心价值观的引导教育不能是空洞的说教，而是应该落地生根，和学生们的实际生活联系在一起，才能让学生从心底认同，接受社会主义核心价值观的引领。本节班会课旨在让学生感受到在教育改革的过程中，中国当代社会文明的不断发展与进步，让学生能够树立远大理想，将个人的人生理想与时代的责任要求结合起来。因此，本节班会课以1978年高考为切入点，引导学生探讨改革开放四十年中国教育事业翻天覆地的变化，让学生深刻地体会改革开放给中国社会带来的巨大影响，激发学生的认同感和自豪感。在班会主题的选择上，契合了高二学生的基本学情，帮助学生们树立理想，激发学生们的进取心和奋斗意志。在活动设计方面，结合了学生的兴趣，因此学生的参与程度较高，也取得了很好的反馈效果。

但本节课的设计中也存在一些不足，比如在总结“四十年教育发展历程”这一环节，主要由一位同学讲解，学生的参与程度相对较少，可以提前布置学生从不同角度去思考、探索这一问题，然后在课上分享自己的心得体会，这样学生们的体会可能会更深刻。

活动素材

- 《中国改革开放的 故事》，BBC 纪录片
  https://v.qq.com/x/page/u0836v6i196.html
- 《改革开放以来中国教育事业回眸》，王锦
  https://www.sohu.com/a/278690680_120025204
- 1978 年高考试题汇总
  - 数学：https://baijiahao.baidu.com/s?id=1616581846374217423&wfr=spider&for=pc
  - 历史：https://www.sohu.com/a/220408909_567589
  - 英语：https://wenku.baidu.com/view/8d907728ad51f01dc381f1ed.html
  - 地理：http://blog.sina.com.cn/s/blog_4c0095370102xf3f.html
  - 物理：https://wenku.baidu.com/view/65eb3ad780eb6294dd886cf8.html
  - 化学：https://wenku.baidu.com/view/14aba03131126edb6f1a10a3.html
- 《我的高考恢复高考 40 年》，新京报新媒体专题
  http://www.bjnews.com.cn/news/2017/07/31/452423.html
  - 亲历者说
    徐小平：青春走出绝望深渊
    周国平：一生不能白白交代
    马勇：通过高考走出农村
    华生：恢复高考是回归文明
    梁建章：建议放开各个大学自主招生
    史锐雪：“高考仍是改变命运的大门”

- 高考对话

储朝晖：考大学应是学生和高校“谈恋爱”

吴霓：高考改革不可能是一片赞扬

- 高考数据

40 年，录取率从 4.7% ~ 76%

第三篇 校园活动策略

校园文化环境由全体师生共同营造，同时也潜移默化地影响着学生的成长，高雅、积极向上的校园环境有助于学生积极认同并践行社会主义核心价值观。实践是认识的来源，校园文化活动的实践性、丰富性和艺术性等特征既有利于中小学生认识、发现社会主义核心价值观，又有利于中小学生将社会主义核心价值观具体化和生活化，并最终落脚在自觉践行上。

清华附中倡导为学生创造教育的大舞台，课堂内外相结合，开展了多种多样的促进学生成长的活动。课题组认真梳理总结了学生在校期间的教育行为，涉及思想品德、人文艺术修养、领导力、公益活动、体育锻炼、团队合作和国际视野等多个方面，每一项活动都蕴含着丰富的教育价值。在此基础上，课题组采用聚类分析方法和相关性分析，梳理对学生成长助益较大的活动和经历，考察这些不同活动对学生发展的相关影响程度，搞清楚学生能做什么，应该鼓励学生做什么。由此将社会主义核心价值观融入不同形式的活动中，实现社会主义核心价值观的行动转换，提高校园活动的精神内涵。

3.1 国家层面（富强、民主、文明、和谐）

3.1.1 “微公益　梦起航”志愿服务项目[①]

清华大学附属中学　杜毓贞　刘露

习近平总书记指出，“广大青年要把正确的道德认知、自觉的道德养成、积极的道德实践紧密结合起来，自觉树立和践行社会主义核心价值观，带头倡导良好社会风气”，“要利用各种时机和场合，形成有利于培育和弘扬社会主义核心价值观的生活情境与社会氛围，使核心价值观的影响像空气一样无所不在、无时不有”。中学生社会主义核心价值观培育需要借助必要的载体，而志愿服务活动就是一种新的、贴近实际的培育和践行社会主义核心价值观的有效载体与重要抓手。志愿服务能够将抽象理论与具体行为相结合，凸显个体行为的主体性，增强青年学生的服务意识和社会责任感，对于提升社会主义核心价值体系的整合力和价值凝聚力具有重要意义。

活动意义

志愿服务是对社会主义核心价值观理论的实践诠释与推动，有助于中学生将社会主义核心价值观作为价值原则，身体力行争做模范的追随者。

一、志愿服务有助于中学生理性认识社会，激发爱国主义情怀

青年学生正处在价值观形成和确立的关键时期，抓好这一时期的价值观养成十分重要。以志愿服务活动为载体，开展中学生爱国主义教育，能有效地引导中学生在知国、爱国的基础上，立报国之志、学报国之才、践报国之行，对培养社会主义的合格建设者和接班人起着重要作用。

---

① 资料来源：孙杰．当代中国社会主义核心价值观研究［M］．北京：中共中央党校科学社会主义教研部，2014；徐辉．社会主义核心价值观内容解读之“文明”［J］．思想政治教学研究，2014（10）．

二、志愿服务有助于中学生增强社会责任感，培养敬业精神

作为未来社会主义事业建设者的中学生，他们的敬业精神如何，将关系到国家的前途和民族的命运，培养中学生的敬业精神，既关系中学生自身的发展，也是社会发展的迫切要求。

三、志愿服务有助于中学生提升道德境界，树立诚信品质

学生开展志愿服务，走出校园，走向社会，通过自身的实际锻炼和亲身体验，接受诚信教育，陶冶了诚信品质，检验自身的诚信素养，养成了诚信行为，同时，学生通过社会实践进一步了解社会对诚信素质的要求，在实践中亲身体验诚信的意义和价值，提升实践诚信的自觉性，通过自主选择和体验，积极地实践诚信道德生活，树立良好的诚信品质。

活动准备

一、充分发挥学生自主性，创新活动宣传手段

为最大限度调动学生活动参与积极性、充分发挥学生自主性，“微公益　梦起航”志愿服务项目申报采用学校设定和学生自主申报相结合的灵活形式。活动前期，针对性利用校内新媒体平台，如微信公众号、校内电视台、宣传海报等进行大力宣传，广泛动员学生积极参加志愿服务活动，在校园内营造开展志愿服务活动的浓厚氛围。班级范围内发动班级集体优势，同时结合领袖训练营、学生社团等学生组织内的宣传普及，积极推动项目的申报。

二、科学合规统筹管理，鼓励学生丰富项目内容

科学合规统筹管理是项目实施的有效保障。长期的实践过程中，“微公益　梦起航”志愿服务项目已建立起较为完善的组织体系，可以对志愿服务活动进行有效的规范和管理，各项目组按照统一要求自主独立定期开展各类志愿服务活动。为保障项目的高效实施，校团委对志愿者志愿服务的相关技能进行培训，同时制定了《志愿者管理办法》，规范了志愿者招募与注册、权利与义务、管理与服务、表彰与激励等制度，建立起有志愿者文化衫、有志愿者名册、有活动记录、有活动影像资料的“四有”管理机制，定期对各单位活动开展情况进行督导检查，并将检查结果与评优挂钩，从而有效规范和管理“微公益　梦起航”志愿服务活动。

除活动开展的必要保障外，“微公益　梦起航”志愿服务活动注重以学生为主体，鼓励学生丰富项目内容，众多来自不同年级的项目组参与项目主题广泛的志愿服务活动。活

动中不乏关注当今社会现实问题、创意与现实意义兼备的优秀项目，按照志愿服务对象划分，现今已经形成“关爱农民工子女”“阳光助残”“邻里守望”“环境保护”“文化宣传”和“其他领域”六大类主体活动。

（一）关爱农民工子女

以随父母进入城市的农民工子女、留在农村的农民工子女为服务对象，采取“一帮一”“多帮一”的形式，帮助他们解决具体问题和实际困难。项目内容包含专业知识讲解、课业辅导、课外活动、心理素质拓展、文艺演出等各方面的服务。

代表项目：紫光助学延安支教项目、阳光助学项目。

（二）阳光助残

以残疾人和助残机构为服务对象，采取“一帮一”“多帮一”的形式，帮助他们解决具体问题和实际困难。项目内容包含生活救助、潜能开发、家政服务、法律维权、康复医疗、送教助学等方面的志愿服务。

代表项目：“让爱不罕见”PKU 儿童关爱项目、“以爱为眸”关注盲童项目。

（三）邻里守望

以高龄失能和孤寡老人为服务对象，采取结对帮扶和邻里互助的方式，为老年人送温暖、送健康、送知识，帮助他们幸福地度过晚年生活。项目内容包含亲情陪伴，教老年人学习新知识、新技能，提供家政服务、医疗义诊、心理辅导、法律援助、户外健身等方面的服务。

代表项目：垃圾分类宣传项目。

（四）环境保护

以美化市容、清洁空气、节能环保为重点，杜绝不文明行为，倡导绿色生活。项目内容包含环境保护宣传教育、节水护水宣传、倡导绿色出行、爱护花草树木、植绿护绿、垃圾分类、清洁社区等方面志愿服务。

代表项目：环境丰容项目。

（五）文化宣传

以群众性公益文化艺术培训、健身培训、养生讲座等各类文体志愿服务为重点，旨在弘扬中华传统文化，引领社会文明风尚，构建和谐社会。项目内容包含文化讲座、互动体验、小型音乐会、流动影院、读书沙龙、文物保护、义务讲解等方面的服务。

代表项目：圆明园志愿讲解项目、北京传统文化宣传志愿团队。

（六）其他领域

开展包括健康卫生服务、突发事件应急、网络文明宣传等其他内容的社区服务，引导、鼓励社区居民开展自我管理、自我教育，营造社区和谐氛围，以为志愿服务项目运行管理提供支持等方向的志愿服务。

代表项目：助学帮扶项目、校服拯救项目、诚信书屋项目。

活动片段

一、创新思考活动开展机制，重点打造特色型品牌

为充分挖掘优秀志愿服务项目，提高专业化、个性化志愿服务，清华附中校团委每学年对所上报的优秀志愿服务项目进行专项支持，努力发展打造优质品牌活动，既让受助者得到高质量、高水平和贴心式的服务，起到服务社会、传播文明的目的，同时通过树立优秀典型促进各项目学习交流，提升项目开展水平。2015 年，“微公益　梦起航”志愿服务活动中，清华附中紫光助学延安支教项目凭借其设计思路、开展方向等方面的特色优势在众多项目中脱颖而出，获得学校专项支持。清华附中充分发挥自身教学资源优势，学生支教助学团的“小老师们”给陕西省子长县小学生带去了语文、数学、音乐、美术、体育、手工课等课程。紫光助学延安支教项目面向全县 250 名农村小学生开展，时长一周，展现了我校学子的使命感和责任感，给山区的孩子们带去了知识与希望，对于提高当地教学质量与水平具有重要意义。该活动锻炼培养了我校学生的志愿服务精神，促进其了解社会，认知社会，帮助其促进自身成长成才。

二、发挥志愿者专长，全力汇集参与各方支持

“微公益　梦起航”志愿服务活动发挥志愿者专长，努力扩大服务对象与形式，与社会需求紧密结合，力求实现志愿服务效果的最优化和影响力的最大化。活动中，清华附中校团委积极思考如何汇集参与各方群智、群力，保证活动在最佳状态下实施，从而再更好地回报社会。开展志愿服务目的一是通过服务让受助者得到帮助，感受到社会的温暖；二是让志愿者从中得到快乐，进一步提升自己的境界，进而提高中学生的文明素质，促进社会更加和谐，因此只有充分发挥志愿者的专业特长，才能让志愿者尽其所能，为社会提供优质高效的服务，受助者才能得到实实在在的帮助，才能感受到社会的关爱。

在这样的一瞬间，我突然发现我是如何发自内心地爱着支教活动，如何发自内心地爱着这些孩子们的。

若不是关心这些孩子们，谁会备课到 23 点，一直到老师多次催我们回宿舍？

若不是关心这些孩子们，谁会在发书包这样简单的事情上投入这样多的精力？明明每个人拿一个是最省力的方式。

若不是关心这些孩子们，谁会在课后对上课的遗憾耿耿于怀？

学 生 体 会

虽然我知道这三天他们能学到的东西太少太少，但是当我看到他们认真的稚嫩的脸，看到他们试图设计出一个只用 4 个数字的 4×4 数独；当我听到他们用略微跑调的童声唱一首 When Christmas Comes to Town，那是一首我亲自教给他们的不完整的歌曲；当我感受到他们用并不稳定的双手敲打着那些简陋的垃圾桶和脸盆，感受到一种我们带给他们的富有节奏的动感，我知道他们还是学到了。我已然十分欣慰。

虽然我们做的还有很多不足，从组织不力的班会，到疲倦不堪的数学课，每一堂课都留下了大大小小的遗憾。当我们对自己的不足扼腕叹息，试图改过，最配合我们的，其实正是这些孩子们。他们总以他们所有的热情和努力来上课，没有半点儿对我们的异议、抱怨或是不满。我们歌颂老师和后勤，其实这些孩子才是最可爱的一群人。

而且我们一向如此深爱着他们。

若不是深爱着这些孩子们，谁会用已然沙哑破碎的声音为他们一遍遍唱着 I wish you a Merry Christmas 和 I'm wishing on a star？

若不是深爱着这些孩子们，谁会一遍遍地做那个我们早已厌倦，并且从一开始就反感的游戏，来吸引孩子们的注意力？

若不是深爱着这些孩子们，哪一个七尺男儿会在离别之时涕泪交加？

若不是深爱着这些孩子们，谁会大声地喊出“我爱你们”，一遍又一遍？

我其实也是一样啊！

若不是深爱着这些孩子们，谁会在会议室累到直接睡在地上？

若不是深爱着这些孩子们，谁会在嗓子已经难以说话的情况下唱完一首 I'm Yours，再加上一首小情歌？

若不是深爱着这些孩子们，谁会在活动的最后上去说几句对于他们的希望？

我不知道这是不是太晚，当三天中最后一天的夜幕降临，我突然发现我如此深爱着支教，深爱着这些孩子们。

对于支教三天，它实在太晚了。

对于这些我们深爱着的、爱着我们的孩子们，我觉得不晚。

仍记得开课仪式上老师讲到的附中格言：“成长，责任，追求。”责任有何意义？责任感的增加是心智成长的标志。

承担自己所应承担的叫作责任。当每一位同学站在三尺讲台上，第一次试着将一个知识点为众多的同学讲解清楚时，当每一位同学走到同学身边，耐心地加以辅导时，当每一位同学最终下课时痛心疾首于自己准备的内容是如何过多过难，没能完成自己定下的目标时（这样的情况相当普遍），都承担着作为一位新老师所必须承担的责任。而大家在课间或课上贴心询问孩子们为何伤心而哭，迫切尽自己所能为他们帮忙，更在无形中体会到了这一份小小支教活动带来的责任之重大。

承担自己本不应承担，但力所能及之事更应称为责任。如此之人，我首推三、四年级教师杨心泉同学。她任手工课，不顾自身繁忙，前往各个年级帮助组织，全校学生都曾见到她指挥的身影。她与孩子们相处很有一套，总能将课堂组织得井然有序，而同时又不失趣味；她永远热心地出现在每一个需要她的地方。最后一天联欢前，她尽管身体有些不适，仍硬撑到最后一刻，先在下午将英文歌曲逐句传授，又在晚会时全力组织，直到结束。这，我想，便是为何她能够博得更多同学的欢心与喜爱——她全力承担一切的精神的确感人至深。

承担自己不能承担的也应称为责任。记得一、二年级排练音乐剧时，全班难以安静下来，老师讲的几乎没有同学听，最终三个老师都几乎说不出话，心情气愤而沮丧，可见其状况已然远超老师能力范围。然而表演时老师依然将全剧基本排演完成，毅力令人惊叹。

这一次，我们最深刻地体会到了，责任的真正意义。

——志愿者高 13 级　王宇轩

透过画展这扇窗，我们看到了这些孩子内心中那片美丽的天空，开朗而敞亮，那里没有阴影，没有消沉。

自闭症的孩子们，很多都有常人所没有的天分，就像画展中那几幅令人惊叹的作品，一份份真挚的称赞是最好的证明。然而他们只活在自己的世界里，又在大家的世界中常常被遗忘，缺少必要的关注，没有常规的交流。我们想让更多的人关注这些孩子，想通过我们的努力，以微信人人主页等各个平台的自闭症宣传、交流会、讲座等方式，将这些孩子们的内心世界与我们生活的世界连接起来，让更多的人进入他们的世界，带着健康与快乐，走进他们孤独的世界。

公益是一种理念，公益项目传达着一份精神，我们通过公益的平台，看到了不一样的世界，发出了我们的声音。公益社存在的意义，就是力所能及地完成让别人因我们的存在而幸福的理念。而这个公益项目存在的意义，就是告诉那些志同道合的志愿者们，走向社会的路并不远，也并没有想象中艰难，这个复杂的世界有很多东西值得我们去发现，有很多声音值得我们去聆听，去明白生命的凝聚力；就是告诉那些依旧生活在阳光死角的孩子们，未来的路并不孤单，未来的生活不会停留在孤独里，许许多多的眼睛总会在不经意间扫过，又在一瞬间定格下来，阳光迟早会在某一天冲散阴影。

顺着公益这条路，我们走进不一样的世界，在不一样的环境中漂泊着，收获着不一样的经历与特殊的感动，体会着改变带来的喜悦。在这条路上，无论是自闭症孩子们还是我们，都会在相遇后，看到路上，已经灯火通明。

——清华附中清祈公益社

从清华附中去北京京豫希望小学大约要走二十分钟，两站公交，一段步行，不算太长的路每次走却都要跨越心灵的距离。第一次去的时候虽然打头的同学已经给我打了很多强心剂，但不得不说亲眼看到之后我还是有很大的心理落差，整齐的两排平房都是那种不太干净的红色，门口一个不比我高多少的篮筐就是他们唯一的体育设施，孩子们身上穿的衣服因为被洗太多次都看不出本来的颜色。他们课间唯一的娱乐就是跑，在小小的教室里跑，在窄窄的过道里跑，在挤挤的校门口跑，跑，跑，跑，似乎奔跑就可以让他们释怀，让他们原谅老天给了自己这么不公的命运。但每当上课铃声一响起他们就停止了奔跑，安安静静地坐回座位上了，还好，他们还是爱学习的，也许就是残酷的命运让他们意识到学习是唯一的机会。从被美丽的清华园环绕的附中到下课连灯都不舍得开的希望小学实在是太近又太远了，生活在这边的我们应该感到庆幸，但在庆幸的同时也要珍惜这样的生活，在那边的他们也不要放弃，命运给你关上一扇门，就必定会为你打开一扇窗，努力并认真地生活吧，你终会获得成功的！

——志愿者高 12 级　武心仪

3.1.2　学生的盛宴
——学生节

清华大学附属中学　杜毓贞　刘露

2013 年，清华附中第一届学生节盛大开幕，开启了一场文化的盛宴，惊艳了少年们的拼搏岁月；六年来，这一年度盛事已成为附中的经典文化品牌，为学子的青春底色涂上了亮丽的色彩，获得了全校师生和社会同行的广泛关注与好评。具有百年历史的清华附中，秉承“自强不息，厚德载物”的校训，以“为领袖人才奠基”为使命，以“让每一位同学都能以最适合自己的方式成长”为学生发展理念，旨在通过学生节等系列活动培养学生的领袖素质与核心素养，锻炼学生的组织能力和动手能力，培养学生的人文底蕴和科学精神，让学生们从实践中学习，在活动中成长，拓展创新思维，发扬团队精神，收获成长，做有责任、有担当的新时代青年。

活动意义

学生节活动通过设立一系列丰富多彩的板块，为学生营造一个全面发展的空间，激发学生的创新开拓精神，鼓励学生在实践中创新，在历练中成长。清华附中学生节以学生为主体，同学们在宏大而欢乐的校园节日中，锻炼组织能力和动手能力，培养学生的人文底蕴和科学精神，从实践中学习，在活动中成长，拓展创新思维，发扬团队精神，收获成长，做有责任、有担当的新时代青年。

活动过程

一、活动主题

（1）2013 年学生节主题“托起梦想　激扬青春”。

（2）2014 年学生节主题“百年青春梦　四海锐锋行”。

（3）2015 年学生节主题“同书青春梦　共叙百年情”。

（4）2016 年学生节主题“知新求索　创梦华年”。

（5）2017 年学生节主题“持志涵育　弘道化成”。

（6）2018 年学生节主题“锦瑟年华　青春山河”。

二、主要内容（以 2016 年为例）

（一）第一板块：风雨百年披华彩

活动 1：校服设计大赛。

活动 2：校庆涂鸦墙。

活动 3：创意文化产品展售。

活动 4：清华附中印象笔记。

活动 5：百年回望 · 校史竞赛。

活动 6：校服玩偶合影。

（二）第二板块：逐理思辨探明哲

活动 7：明哲辩论赛决赛。

活动 8：附中演说家。

活动 9：社团发展研讨会。

活动 10：社团风采展示。

活动 11：校园诗展。

（三）第三板块：暖心筑梦济天下

活动 12："微公益　梦起航"志愿服务项目义展。

活动 13：The Color Run 爱心公益跑。

活动 14：艺术作品慈善拍卖。

活动 15：Here I am！印章纪念册。

（四）第四板块：粒子空间宇宙风

活动 16：创客空间项目展。

活动 17：科学实验项目展。

活动 18：高科技公司创意展。

活动 19：现场微直播。

（五）第五板块：浪遏飞舟恰青春

活动 20：微电影节颁奖典礼。

活动 21：主舞台文艺演出。

活动 22：TBA 篮球全明星赛。

活动 23：班级文化创意展区。

活动 24：主题教室展。

活动 25：足球表演赛。

活动 26：橄榄球主题运动。

活动片段

伴随着"五四"青年节的脚步，清华附中第四届"知新求索　创梦华年"学生节如期举办。本次学生节是清华附中新百年路上一个闪亮的起点，展现着清华附中厚重务实的历史底蕴与开拓求新的青春朝气。学生节活动共分为五大板块：发轫上征 · 科技万花筒、躬行求索 · 科学新体验、筑梦留华 · 主舞台演出、万家心火 · 创意风采秀、逐浪行舟 · 互动碰碰车。这五大板块正如本次学生节的标志——羽毛彩色风车一般，交相辉映，异彩纷呈，融合了科技的求索与智慧的碰撞，体现着清华附中学子的创新思维与公益品质。

一、发轫上征·科技万花筒

时光留下了百年的轨迹，但是清华附中是属于青春的，清华附中是“常为新”的，本次学生节“发轫上征”板块展示着一个个时代前沿的新鲜科技词汇与成果。机器人竞赛、机器人操控体验等活动使同学们感受到E时代人工智能的广阔前景。对科学的追求是无止境的，对科学的应用需要落到实处，因此同学们设计了一系列与生活、学习相关的展示。从对新兴的3D打印回收技术的介绍，到与生活息息相关的物流网络系统的架设，再到节能环保的温差发电、运动蓄电的构想，每一个细节都彰显着清华附中学子对生活细致的思考，对科技由浅入深的追索。学生节的现场还设计了别开生面的趣味科技体验活动，如棉花糖挑战、鸡蛋撞地球、红绿灯实验、点水成冰等。这些活动让科技揭开了“高冷”的面纱，也让每一位感兴趣的同学用心灵与微笑去触摸科技之美。

二、躬行求索·科学新体验

“不积跬步，无以至千里”，清华附中的青年学子们深知学好课堂知识是未来前进的基石，但是他们并不拘泥于课堂，而是不断去拓宽课堂的边界。本次学生节中“躬行求索·科学新体验”板块展现着同学们对日常所学的基础学科的深入领悟与探索。“血型探秘”展现着生命的复杂与奇妙，“多彩化学”带人进入神秘的物质世界，“幸福物理”则为传统观念中看似枯燥艰深的物理学赋予人文关怀，而“创意DIY”激发起同学们动手实践的欲望。这些充满创意的活动也展现着本次学生节“知新求索”的主题。

三、筑梦韶华·主舞台演出

青春是一段热闹的生命旅行，本次学生节也为同学们提供了一个释放激情与梦想的舞台。主舞台上的载歌载舞与校园十大歌手歌友会上的引吭高歌，让我们看到“理性”标签背后的清华附中学子的生命张力。第七届微电影节颁奖典礼掀起了本次学生节活动的高潮。作为清华附中的经典活动，微电影节今年已经是第七届，经过数月的筹备、拍摄、评审等环节，微电影节颁奖典礼在学生节当天隆重举行，著名影星李光洁，著名主持人朱迅、王志作为颁奖嘉宾为获奖剧组颁奖。一部部光与影的交融，传递的是同学们对青春的定义、对生活的理解、对创意的解构和对价值的传达，同时也体现着清华附中对学生综合能力培养的重视。

四、万家心火·创意风采秀

做一个优秀的个体和成为一名有责任的社会人，这是清华附中对每一位学子的期许，

“万家心火”板块有机地将二者融为一体。本届学生节上同学们充分发挥自己的奇思妙想，设计了许多富有创意又与学生校园生活十分贴合的产品。如吉祥物玩偶、纪念手机壳、文化书签、校园文化衫等。点滴之水，铸爱之百川，微公益众筹项目体现着本次学生节中同学们的社会关怀。以本次学生节为契机，清华附中的学子们以现代通信交流手段为基础，为公益项目筹集资金，彰显着同学们身在校园，心系天下的赤子情怀。

五、逐浪行舟·互动碰碰车

诗与远方，需要我们用思维丈量，本次学生节诗词续写活动吸引了一大批同学点燃自己的诗情画意。青春的球场，有学子们的汗水飞扬，篮球表演赛与爱心公益跑展现着拼搏的精神与公益的力量。“爱心公益跑”活动中，公益奔跑者每跑完一圈，爱心捐助者就会赞助 10 元，累计善款将由清祈公益社及生活部负责人汇总收集后捐献给中华英才基金会。2116 创意绘图区则为每一位参加本届学生节的同学展现了一片想象的乐土，同学们用画笔绘出心中百年后生活的蓝图，这份绘图也将成为本次学生节的青春纪念册，期待下一个新百年的到来。

“西山脚下圆明园旁，白杨丛中一派春光。”正如校歌中所唱响的那样，清华附中的学子们，行走在今日的蓬勃青春里，展望着未来璀璨的阳光。

学 生 作 品

“这是四点零八分的北京”诗词续写

这是四点零八分的北京
“八”
阳光残喘，昨日尺寒
“零”
阙歌初奏，锦衣将灿

——高 1516　白家栋

这是四点零八分的北京
刚刚是四点零七分
窗外北风呼啸

这是四点零八分的北京
这会儿是四点零九分
窗外路灯明亮

这是四点零八分的北京
四点零八分的纽约有没有人

这是四点零八分的北京
四点零八分的伦敦起没起风

这是四点零八分的北京
低头看表
不再有四点零八分的北京

——高 1516　邓新宇

这是四点零八分的北京
下一秒我回到一千多年前的唐朝
陪李白喝了三两米酒
他起得挺早
我看他起剑舞动四方
想与他白马联翩看尽长安繁华
可惜，㖿驾——
他已飞渡过几重山峦
我向东南走了半个多世纪
躲在箬篷下听了两曲琵琶
看过青青杨柳，人面桃花
路过白雪蜡梅，重阳菊花
可惜那渔阳鼙鼓惊破这美好年华
金戈铁马踏动了山峦河床

看天地一片昏黄山坳几分崩摧
于是，哗啦——
我已回到灯火城市
这是四点零八分的北京
我要走几个世纪才能再回到曾经

——初 1406　荣子涵

这是四点零八分的北京

天还黑着
我自然看不到光

我要再穿上一天的风尘
再戴上我的面具
我要放下内心的冲动
做一个无面之人

我要用沉默来面对一个世界
我要调动每块肌肉
像拨弄一个个齿轮一样
努力不让自己变成机器
但我只是一个无面之人
所以没有感念，没有孤独

但是有人看透过我的面具
那人的身上有光明
我看到了
但我感受不到
因为我没有面孔

这是四点零八分的北京
我褪下了虚无的面具
虽然存活在黑夜之中
但我要向往光明

——高 1514　门靖洋

这是四点零八分的北京
尘埃在黑暗中飘荡
有时
遇上任何物体
便都会被附着在上
奋力挣脱
却无奈
太过渺小
知道命运
却依旧努力
为了在空气中自由翱翔
我们就像那一颗颗
小小的尘埃
在这个星际上
向往着未来
不断地努力

——初 1412　安婧铱

这是四点零八分的北京
恶人在睡觉
伟人也在睡觉
面具都还挂在墙上
积了半夜的灰

没有比十二岁更老的人
英雄和公主在白色的山巅上唱歌
恍如伊始时一样
列车空荡在山洞里
不见填满它的那些东西
停脚
逆着理想，而遂着愿望
闹钟端坐，守卫欲动的魔盒
一分钟，至少这一分钟
意义还死着
百无聊赖没醒
海誓山盟也没醒

——高 1513　王佳琦

这是四点零八分的北京
车窗望着路灯
路灯想象着星星

——高 1512　俞惠茜

这是四点零八分的北京
黎明前依旧黑暗着寂静
灯光在路面上洒下点点晶莹
掩去了白日里喧嚣鼎沸
恢复安宁

只有微风伴随我穿行
夜跑可以肆意地欣赏这夜的美景
山岭幻化成楼房的剪影
跃动中赋予了月夜勃勃的生命

脚下的路平坦没有一丝泥泞

这是一首城市的小夜曲
悠远得可以用心灵去聆听
北京，也许过了四点零八分也不会天晴
管他雾霾还是风沙的袭擎
闭上双眼，你让我如此清醒

——高 1510　周凌彤

这是四点零八分的北京

胧月与我都在窗外
我看这个世界啊
牛仔裤和白球鞋还未出现
豆浆和油条还纠结在梦里
文艺小资的咖啡馆和乌烟瘴气的酒吧终于
暂时离开了这个世界
这城市，终于短暂回到了他的沉稳
我看这个世界啊
街上自觉孤独的行人成了我眼中的暖源
红色的耳机第一次让我看到了时尚的绝望
与卑微——
沉睡的黄龙此刻在空气中咆哮
甩起它身上湮落千年的哀怨
它从未睡着
只不屑与俗尘争端
庆幸
还好还有我能听见它的咆哮

——高 1410　刘婉茹

3.1.3 在商业模拟挑战中体验国强民富的美好时代
——清华附中“水木杯”青少年商业模拟挑战赛

清华大学附属中学 杜毓贞 黎颖

一个全面建设富强中国的新时代，一群沐浴改革开放辉煌的青年才俊，在经济管理、财务考量的模拟实践中收获真实能力的提升，拥有挑战自我潜能的难得体验。“水木杯”青少年商业模拟挑战赛是清华附中举办的商业模拟挑战赛。

商业模拟活动是经济学和商学领域的一种常见教学模式，在新高考改革的背景下，与政治学科在经济学领域中的核心素养和相关技能培养的目标相契合。商赛活动为政治学科经济学教学提供了模拟实战的机会，学生能够在模拟的商业环境中利用自己所学的经济学知识运营公司，学以致用。

同时，本次活动是在清华附中开展学生职业发展规划教育和商业体系教育的一次开创性探索，为正处于人生规划黄金时期的同学提供了在商业领域里拓宽视野、施展才华的空间。参赛同学在比赛中通过模拟商业环境锻炼自己的创新思维、语言表达、知识运用和应变能力，并积累了金融知识和管理经验，同时提升了自身的团队意识，锻炼了解决问题的能力，为成为未来行业领袖人才积累了必备的专业素质和开阔视野。

活动意义

商业模拟挑战赛是针对全国高中生的拟真式社会实践体验活动。参与者在经过精心设计的模拟商业环境中，面对由诸多国内学生所扮演的消费者组成的真实市场环境，通过和同伴一起组建团队、运作企业、了解市场、研发产品和销售实践这一系列完整的商业流程，在实践中学习团队合作、运营管理，体会书本上经济学概念的实际意义，与此同时，对学生个人的领导能力、沟通能力和决策能力等多项综合能力进行充分的挑战与锻炼。

活动过程

一、参赛形式

参赛同学可自由组队，职务分配由组内同学自主决定，要求每组有自己的公司名称和Logo（标志）。

参赛队伍以公司为单位，建议每个公司由4人组成，分别担任四种职务：CEO、投资总监、产品总监、市场总监（各职务职能详见赛制）。

二、比赛模式

同学们组队建立自己的公司，按照赛前指定行业范围，研发并销售自己的产品，最大化地模拟真实的公司企业经营。

三、市场设置

整个市场有政府、公司、消费者三个主体。

政府由学术团队教师担任，职责包括产品的研发审核、发布政府公告、紧急市场危机的公布等。

公司由各参赛队伍组建，分布于不同的经济区，经济区不同，市场情况也会存在差异，尽可能模仿真实的商业竞争环境。

每个公司的初始资金相同，市场的容量会根据所处经济区的上一财年经营状况进行调整。每个公司需要使用不同的策略，通过抢占市场占有率来获得收入。

四、公司运营流程

一个正式的财年包括三个部分：政府公告、综合运营环节、产品零售。

政府公告会发布整个财年的市场参数并对市场需求量做出预测等；综合运营环节包括企业投资与融资、产品研发与生产、产品进出口、产品营销推广等，详细内容可以参照完整赛制；产品零售环节包括公司进行产品的售卖，消费者考察产品进行产品的购买。

五、成绩评定

比赛分为两个财年，最终的成绩根据两个财年的业绩和产品得分进行综合评定。

六、奖项设置

比赛结束之后将评出冠、亚、季军公司，获得相应的奖励以及证书。同时设立各职务奖项，奖励在该岗位表现出色的个人。

冠军公司（1队）。

亚军公司（1 队）。

季军公司（1 队）。

最佳 CEO（1 人）。

最佳产品总监（1 人）。

最佳投资总监（1 人）。

最佳市场总监（1 人）。

最佳创意奖（1 人）。

最佳方案奖（1 人）。

七、比赛流程

8：00—9：00　赛前物料准备

9：00—9：30　参赛选手签到入场

9：30—10：00　开幕式、领导致辞

10：00—10：30　商业素养基础课程

10：30—11：30　商赛赛制培训

11：30—12：00　产品企划书讨论答疑

12：00—13：30　用餐及午休环节

13：30—14：10　试运营财年

14：10—15：00　第一财年

15：10—16：00　第二财年

16：00—16：30　颁奖典礼、闭幕式

八、特别提示

服装要求：建议参赛同学穿着正装出席。

设备要求：每位同学需携带智能手机，每个小组需有一台笔记本电脑。

活动片段

2017 年 10 月 15 日，清华附中 2017 年度“水木杯”青少年商业模拟挑战赛在校多功能厅及 B102 会议室举办。本次商赛由清华附中 JA 经济社、政治教研组和校团委联合主办，共有 98 位同学参加，其中有 35 位同学来自将台路校区和奥森校区。

在本次活动中，同学们组队建立了 23 家公司，按照赛前指定行业范围，研发并销售

自己的产品，最大化地模拟真实的公司企业经营。活动由卓识成就渠道总监李家轩老师主持，卓识成就学术总监陈必聪老师为大家解读商赛内涵和比赛规则。

在上午的试运营财年中，选手们初步体验商赛中零售、展销、专家评审等各个环节。在专家评审环节中，由花旗银行投资经理高萌带领的专家团队对于各公司设计好的产品进行评审，并提出相关改进建议。

下午进入正式的第一、第二财年，各公司设计产品，与其他公司做进出口和零售贸易，同时进行专家评审和展销大会。在第一财年年末政府进行了 A、B 类高、中、低产品的招标活动，并根据产品得分高低公布十大最佳产品。

经过两个财年的激烈竞争，根据专家评分及比赛系统中各公司的经营业绩，最终评选出冠、亚、季军三家公司，并根据同学们的表现评出了最佳 CEO、最佳产品总监等各单人奖项。闭幕式上，由清华附中政治教研组组长向丽老师和花旗银行金融实践项目负责人邓子鹏分别为冠、亚、季军公司及个人奖获奖同学颁奖。

一、公司角色

所有参赛队伍将以公司的身份参与比赛，一家公司即一支参赛队伍，由 4～7 名参赛代表组成。

公司内部设置 4 种职能单位，由队内不同的参赛代表担任。各职能角色的人数及职责具体如下表所示。

职能单位	编制（人数）	职　责
CEO	1	综合管理与运营决策
投资部	1	公司运营与产品采购
产品部	1~3	产品研发与营销设计
市场部	1~2	公司交易与产品零售

公司内部的分工由公司成员自主决定，赛前准备环节中由 CEO 决定各成员的分工情况，所确定的分工情况将作为比赛中专业奖项的评奖依据。

二、经济环境

比赛将一个会场视为一个封闭的商业环境，同一会场的所有参赛队伍在比赛中面临相同的初始市场经济环境，并将在之后的比赛过程中影响和改变市场的经济环境。

每个会场会设置多个国家的概念，每个国家将包含若干公司。同一国家的公司面临相同的经济形势。各个国家的初始经济形势相同，但不同的国家根据各自的经济发展状况，经济形势随着财年的进行而产生区别。

三、财年安排

比赛以财年为时间单位，总共设置有 1 个试运营财年和 3 个正式财年。所有参赛公司通过在财年中的商业运营来获得收益。在正式财年中获得的收益将在财年之间迭代累加（每财年年末结余的现金和固定资产作为下一财年年初的可用现金和固定资产）。

每个标准财年的时长为 150 分钟，综合运营 100 分钟，商业零售 50 分钟。

具体安排如下。

（1）综合运营：研发、生产产品；参加产品专家评分；公司间进行进出口以及其他交易；申请贷款、进行投资。

（2）商业零售：公司市场经理进行产品零售；公司投资经理进行产品采购。

四、政府职能

政府是组委会设置的用于解决市场纠纷和调控市场秩序的机构。

在每财年年初，政府会发布政府公告。公告中将公布本财年的市场参数和国家研发实力。具体包括以下内容。市场参数：贷款利率、所得税税率、关税税率、增值税税率、C 值；国家研发实力：根据上一财年的产品博览会专家对产品的评分结果，公布各国的研发实力，国家研发实力将影响公司的高端产品研发权限；产品评分：上一财年评分排名前 5 的产品的名称公布。

政府负责在比赛中处理公司间关于赛制方面的纠纷，政府仲裁为一裁终局，不接受对于同一纠纷的二次上诉。

政府将在政府通告中随时公告各种突发事件。政府可能采取的其他市场调控措施包括但不限于调整税率、政府招标、限制公司间交易等。

学 生 体 会

第一次“水木杯”商赛之旅结束了，离开的时候，拖着疲惫的身体，走出校门，有种怅然若失的感觉。第一次穿正装，从开始的忐忑不安，对赛制的一知半解，到渐渐地轻车熟路，熟练地介绍我们的产品和设计理念，熟练地向别人推销和被别人推销，虽然最后我们亏了几十万元，但是这一天时间收获很多。

——T013 公司　高 1704 关晰予、贾翰林、张恺骥、刘睿、吴亦光我们4人同来自高1611班，甚至早在初中时便互相认识和了解，有了事先制定好的“原则”，任何一人在决策时都完全可以独当一面，而非凡事都要层层讨论最终得出结论，这显著提高了我们的活动效率，这一点在零售阶段展现得可谓淋漓尽致。

第一财年准时启动，我们按照计划，用最快的速度完成了职务分配、产品研发、机器采购、展销大会和广告位的报名以及产品的生产。因此，我们快速转换到了“出口”模式，我坐镇本组区域，另外三人分散到会场各处，“全民销售”拉开帷幕，所有产品均按照计划以最高出口价成功出口，一家公司甚至一口气购入2000台，这让我们很快便赚回所有成本。零售环节，我们将剩余自生产产品，连同政府资金购入的零售产品，高价售出，这“销冠”自然是手到擒来。

当然，一切事情不可能永远一帆风顺，投资和零售中均出现了致命失误，先是将全部精力投入销售而没有投资够三家其他公司，后又将产品两次卖给了同一家公司的两个人，导致他们在我们身上投资了200万元有余，远远超出总消费额度一半。我们也因此遭到罚款，总额不低于300万元。

然而，在我们强大的销售基础上，这些罚款不仅被我们开玩笑地当作“迟早要交的学费”，还及时地为我们敲响警钟。第二财年中，有了先前的强势表现，刚开始生产不久，我们的第一波产品便被其中一家公司提出清仓。我们因此更加坚定了“资本为王”的指导思想，并决定放弃“高效投资”的理念，全力投入生产与销售阶段，而在投资时尽可能规避风险。

不出所料，在剩余的时间里，虽然生产严重过剩，但在产品的高评分的助推下，以及销量的不断增长中，我们顺利完成了两个财年的经营管理。最终“不负众望”，拿到“冠军公司”的称号算是实至名归。

我深知，这样的比赛使同学们能够真正有机会沉浸在经济活动的世界中，去感受体验“商学”的博大精深。当然，不可否认的是，这些还同真正的“商业”有着不小的差距，若希望像指导教师们一样，在商界中尽情遨游，还需要我们日后不断地努力。

——高1611 曹涵

3.1.4 雪域盛筵迎奥运 文明化人促发展

清华大学附属中学永丰学校 石莹 王雪楠

文明作为社会主义核心价值观国家层面的价值目标，是社会主义现代化建设的重要组成部分，是社会进步的重要标志。尽管文明是从国家层面提出的要求，但其实现仍要落实到个人层面上，需要每一位公民的努力。因此，将文明的价值追求与学校的课堂教育相结合，培养有理想、有道德、有文化、有纪律的新一代社会公民，不断提高全民族的思想道德素质和科学文化素质，提升国民对中国特色社会主义文化的自尊和自信，促进社会的文明进步和人的全面发展，是时代要求，是全社会的责任，更是学校肩负的神圣使命。

清华附中永丰学校从2014年开始建设社会实践游学课程体系，借助清华附中一体化平台的资源，游学课程开发已小有成效，游学地图涵盖我国十几个地区，甚至延伸到国外。“雪域盛筵”东北研学活动是特色游学主题活动之一，学生在探索“冰城”的实践活动中，撑起对人文的感知、对世界的认识。在用脚丈量土地，用眼观察世界，用心感受文明的过程中，引导学生触碰、体悟、反思传统文化中的古朴厚重，雅致美好，接触并学习其他民族文化的奇异新颖，激励学生以保护并传承中华优秀文化为己任，吸纳先进理念，融合创新，做自尊自强的中国人。

A 活动意义

《国家中长期教育改革和发展规划纲要（2010—2020年）》提出，“要推进素质教育改革”，“更新人才培养观念，创新人才培养模式”，“全面提高普通高中学生综合素质”，清华附中永丰学校秉承和发扬清华附中百年来的办学理念，坚持“以育人为中心，以学生为主体，为了每一个学生个性自由而全面发展”的办学思想，开发富有特色的游学课程体系，这也是我校一直以来的德育特色之一。

哈尔滨是中国东北北部政治、经济、文化中心，它不但荟萃了北方少数民族的历史文化，而且融合了中外文化，同时冰雪皑皑的环境契合2022北京冬奥会的主题，是一座内涵丰富的历史文化名城。“雪域盛筵”游学活动围绕哈尔滨展开，通过参观游历，了解历史文化与城市建设，感受祖国山河之美；通过“雪地足球赛”“穿越雪山”等历险活动，培养分享与尊重，提升人际沟通和团队合作能力，培养综合素养；通过“DIY饺子”“绘画套娃”风俗文化体验活动，感受中俄风情的差异，在活动中建立历史和文化视角，拓宽视野，加深对中华优秀传统文化的理解，了解世界文化的多样性。将社会主义核心价值观教育融入游学实践课程之中，有利于提升学生的文化自觉和文化自信，丰富精神世界，促进文化的发展与繁荣，培养新一代有责任、有担当的社会公民；同时丰富了学校的课程体系，凸显德育特色和办学理念。

活动过程

清华附中永丰学校地处山后农村，心系广博天下，传承清华附中百年教育理念，力求为每个学生个性自由和全面发展铺设道路。几年来，借助清华附中一体化的平台，进行资源优化与整合，积极探索创设符合学情又突出本校办学特色的社会实践游学课程。

一、甄选主题与城市价值挖掘

《国家中长期教育改革和发展规划纲要（2010—2020年）》指出：人才培养要坚持教育教学与生产劳动、社会实践相结合。清华附中永丰学校地处海淀区北五环之外，生源多来自周边城中村家庭，很多家长疲于奔波生活，无暇顾及孩子的精神世界，更谈不上带孩子出去拓宽视野、陶冶情操。因此，清华附中永丰学校社会实践游学课程的目标主要是立足于书本与实践相结合，课程与生活相结合，让学生体验民族文化之精粹，感受世界文明之大同。

目前，学校的游学课程主要分为五大专题：“古文化，古建筑”“舌尖上的江南”“蜀道行”“羊背上的新西兰”和“再别康桥”。这些专题涵盖了从人文到自然，从古朴到现代等多个方面，是游学课程建设目标的浓缩与提炼，如下页表所示。

因此，如何选择既能感受中华文化之美，又能融合世界文化多样性，兼具意志品质磨炼，体现时代特色的主题成为前期游学主题开发的难题。我校集结校内优势师资，经过收集、考察、最终确定“冰城”——哈尔滨。首先，哈尔滨是东北地区政治、经济、文化中心，是东北文化的典型代表；其次，哈尔滨深受俄罗斯文化影响，值得深入挖掘，可以使学生体验世界文化；同时，冰雪活动也较为契合中学生助力冬奥会的时代主题，有利于提升学生文明素养，培养文化自觉、文化自信，开阔视野，了解丰富多彩的世界文化。

清华附中永丰学校社会实践游学课程五大专题

游学主题	游学地点	景点	活动目标
古文化，古建筑	北京	故宫博物院、圆明园、颐和园	通过参观古建筑群，初步感受中华文化的厚重和博大，在学习古建筑背后的历史背景中，树立不忘国耻、立志报国的远大志向
舌尖上的江南	南京、杭州、苏州	烈士陵园、虎丘、西湖	感受江南文化的底蕴，品尝特色小吃，了解当地民俗文化
蜀道行	成都	大熊猫馆、青城山	体验生物多样性的意义和价值，在经典吟诵中感受古蜀文明，体验川菜制作
羊背上的新西兰	新西兰	坎特伯雷学院、奥克兰	感受发达农业化国家风土人情，初步了解从农业化国家到工业化国家的转型
再别康桥	英国	剑桥大学、大英博物馆等	感受名校风范，了解西方历史，感受西方建筑之美

二、整合资源与游学课程定制

如何打破学科边界，将几个学科内容有效地整合于游学活动中，形成系列性、多样化的游学课程体系，是一项巨大的挑战。在提倡课程整合、优化资源、拓宽视角的课改理念下，学生发展中心召集一线优秀教师组成强大的课程开发团队，进行充分的研讨、细致的分工，开发出科学的、完整的课程方案，逐渐形成了一系列有针对性的课程体系，囊括了包括历史、地理、物理、语文、政治近十个学科内容，保证了“雪域盛筵”游学活动的实效性和科学性。

游学课程中既包含自主独立探索完成的内容，也囊括小组合作探究任务，较好地保证了游学课程的推进，让学生看在眼里，感受在心中，也能将留在记忆里的知识和感受凝固在纸上。

三、游学实践与“雪域盛筵”活动总结

一次游学活动便是一次走出象牙塔，一次独立生活、独立认知世界的机会。虽然有教师做向导和安全保证，但是要在活动中全程生活自理，按时完成游学任务，活动后准备游学汇报，还是需要花费学生不少精力。因此在各个环节中，游学课程会提出有针对性的建议，鼓励学生积极参与，不断推进。

（一）在行走中独立思索

每次游学活动都是一次脱离家庭独立面对世界的机会。在途中，引导学生展示中学生文明礼仪和良好的精神风貌；在活动中，自主探索，完成任务，收获知识，在一些特别的体验中锻炼意志品质，丰富人生的经历。例如“穿越雪乡”，就是对学生体力、耐力和意志力的考验。

（二）团队合作中提升素养

在活动中，学生们将自由分成若干小组，每组均设有组长、生活委员、文案、摄影。组长负责带队，指引方向，保证每个活动环节中组员们全都按时、按点参与其中，培养责任和担当；生活委员负责照顾大家的饮食起居，在琐碎的唠叨声中，培养同理心和沟通能力；每次游学都有一定的文章写作要求，文案则负责此类任务。看、听、查资料、斟酌字句，在行走中，他们用文字记录美好和坎坷，在遣词造句中缅怀历史，抒发情怀；小摄影师们在生活中发现美，对于如何选取景物，选取角度，入镜人物的站位，他们都有严格的要求，这提升了孩子们精益求精的品质和勇于追求的精神。还有后期的汇报组、交流组，也在不断努力。自始至终，学生一直是活动的主人，承担着活动中各环节的工作和责任。团队合作，相互交流，讨论磨合贯穿于活动的始终。

（三）历史对比中体悟文化自信，树立文化自觉

哈尔滨是一座有故事的城市，百年前的历史、新中国成立之初的经济发展、当今“振兴东北老工业基地”政策下的城市转型升级，无不透露着中华民族的奋斗史；在参观学习城市历史文化中，在感受东北纯朴善良的民风中，学生感受到自强不息、勤劳勇敢的民族精神，体悟文化自信，树立文化自觉。

（四）中外交流中拓宽视野

“制作俄式大列巴”“绘画套娃”，享用俄式晚宴，欣赏俄罗斯民族歌舞表演……地处类似的地理环境，为何中俄两国文化不同？俄罗斯文化有何特点？文化与什么相关？在不同的文化体验中，引导学生思考世界，拓宽视野，了解世界文化多样性，感受美，欣赏美，提高自身综合素养。

活动片段

2017 年 12 月 28 日至 2018 年 1 月 2 日，清华大学附属中学永丰学校开启了特别的跨年综合实践文化考察课程——“雪域盛筵”东北游学活动。此次活动为期 6 天，初一、初二、高一、高二四个年级参与其中。

第一天：经过一系列安全、知识准备，在带队教师的组织下，前往“冰城”哈尔滨，开启冰雪之旅。

第二天：进入充满俄罗斯风情的梦幻童话王国——伏尔加庄园，感受热烈的俄罗斯欢迎仪式“面包蘸盐”，参观民族用品展；绘画套娃、DIY 制作俄式烤面包；参观圣尼古拉教堂艺术馆，通过观看馆内珍贵的历史照片，让同学们了解哈尔滨城市故事和历史；参观普希金沙龙展馆、巴甫洛夫城堡艺术宫，观赏俄罗斯最具代表性的油画；组织开展雪地足球赛，在冰雪覆盖的伏尔加河面上进行雪地足球比赛。既强身健体，体现奥运精神，又培养团队合作意识；体验抽冰尜，感受东北文化；享用俄式晚餐，观赏俄罗斯民族歌舞艺术。

第三天：乘车前往中国雪谷——东升林场，体验雪上飞碟，住宿东北大炕，开展 DIY 饺子比赛，着东北民族服饰服装拍照，剪窗花，感受生活中的真、善、美，体验东北民俗文化。

第四天：从雪谷到雪乡，穿越 15 千米“林海雪原”，用决心与耐力丈量崎岖的雪山，做胜利的勇者；按《雪乡攻略地图》，根据路标找到相应的民宿地点；滑爬犁比赛、堆雪人比赛、漫步雪韵大街，欣赏乡亲们表演的正宗“东北大秧歌”，为朋友和家人，为即将到来的 2018 年，为祖国这 5 年的砥砺前行祈福。

第五天：乘坐马拉爬犁，参观冰城最大的冰雕展，玩转冰雪王国，漫步中央大街，在冰天雪地中，品尝美味至爽的“马迭尔大冰棍”“冰糖葫芦”，再品尝黑龙江地道的“锅包肉”“哈尔滨秋林红肠”，在美食美景中体悟人文特色。

第六天：乘坐动车返回北京，途中，体现中学生风貌和良好的文明素养。

“雪域盛筵”东北游学活动

第一篇章　走进俄式文化

一、学习任务

1. 学习学科：地理、历史、语文、美术。

2. 学习主题：中俄文化。

3. 学习内容。

（1）学习目标。

了解俄式建筑风格；

了解俄罗斯的传统文化（饮食、体育、艺术）。

（2）学习时间。全天。

4. 学习活动导览。

活动 1，参观圣尼古拉教堂艺术馆、普希金沙龙展馆、巴甫洛夫城堡艺术官；活动 2，绘画套娃；活动 3，DIY 制作俄式烤面包；活动 4，“面包蘸盐”；活动 5，制作“俄式沙拉”；活动 6，雪地足球赛；活动 7，俄式晚宴、欣赏俄罗斯民族舞表演。

二、任务清单

（1）地理。阅读材料，回答下列问题。

中国避暑城市排名中，哈尔滨排名第 4 名。哈尔滨（地处东经 125° 42′ ～130° 10′，北纬 44° 04′ ～46° 40′）为东北陆空交通枢纽，素有“东方莫斯科”的美名。市内建筑中西合璧，格调鲜明，夏日可以游览松花江、太阳岛、伏尔加庄园；畅饮哈尔滨啤酒、格瓦斯（饮料），品东北红肠、马迭尔大冰棍，使人暑意全消。请结合本次游学活动，尝试分析哈尔滨夏季能吸引大量游客的原因。

（2）语文。请将你制作的俄罗斯套娃和俄式烤面包的照片贴上，并为它们起个名字。

（3）美术。请结合圣尼古拉教堂艺术馆，浅谈对俄罗斯建筑的看法。

有人说，俄罗斯人多的地方一定会有东正教堂。同样，在哈尔滨，几乎在决定修建中东铁路的同时，修建一座东正教堂的决定也得到了沙皇尼古拉二世的支持。很快，圣彼得堡以竞赛的方式公开征集设计方案，最终采纳了来自教会的著名波兰裔建筑师彼得列夫斯基的设计方案，教堂的名称以沙皇尼古拉二世的名字命名。传说圣·尼古拉有保护旅者的魔力，中东铁路视其为“保护神”。

第二篇章　感受雪乡风情

一、学习任务

1. 学习学科：地理、语文、数学、生物、化学、英语。

2. 学习主题：生态考察。

3. 学习内容。

（1）学习目标。

了解东升林场的地理概况。

了解东升林场的生物资源分布。

树立森林防火意识。

（2）学习时间。全天。

4. 学习活动导览。

活动 1，雪上飞碟；活动 2，包饺子比赛；活动 3，剪窗花；活动 4，林场生态考察。

二、任务清单

雪上飞碟：雪上飞碟又叫雪圈。雪上飞碟跟我们说的 UFO 可不是一回事。另外，雪上飞碟也不会在空中飞，它是一个在雪地上滑行的玩具。大人孩子都可以玩，安全又刺激。雪上飞碟的形状是圆形的，就跟我们平常见到的汽车轮胎的内胎的样子差不多，只不过雪上飞碟为了防止乘坐人的衣服与雪地摩擦，它跟雪面接触的一面是密封的。

1. 物理。请结合物理知识分析，“雪上飞碟”从出发点被运动员推着运动 30 米后停下来，停下来是由于____________________。

2. 语文。请你为“雪上飞碟”竞技谱写主题歌词，要求体现雪上飞碟项目特点，积极向上，并具有时代性、宣传性与普及性。

3. 数学。在包饺子中体味数学奥秘。

在本次研学活动中，学校举办“大家包饺子”活动，有一个盘子中装有 10 个饺子，其中韭菜馅饺子有 2 个，三鲜馅饺子有 3 个，白菜猪肉馅饺子有 5 个，这 3 种饺子的外观相同，班主任教师任意吃 3 个。

（1）求 3 种饺子各吃到 1 个的概率。

（2）设 x 表示吃到韭菜馅饺子的个数，求 x 的分布列与数学期望。

4. 英语。在本次游学活动中你学会了包饺子，假如你计划回到北京后和同学去敬老院（nursing home）陪老人们过重阳节（The Double Ninth Festival），并为他们包饺子。请给你的外教老师露西（Lucy）写一封邮件邀她一同前往，邮件需要包括下列内容。

（1）出发及返回时间。

（2）活动内容：包饺子、表演节目等。

（3）注意事项：词数 100 个左右。

第三篇章　品冰城文化

一、学习任务

1. 学习学科：体育、语文。

2. 学习主题：传统文化。

3. 学习内容。

（1）学习目标。

① 感受雪谷体育文化；

② 尝试异地寄明信片；

③ 了解东北的秧歌文化。

（2）学习时间。全天。

4. 学习活动导览。

活动1，寻找民宿；活动2，滑爬犁比赛；活动3，堆雪人比赛；活动4，北方的祝福；活动5，新年庆祝。

二、任务清单

1. 选择题。

林海雪原中的地理知识：甲地森林茂密，有“林海雪原”之称，乙地草原丰美，可见“风吹草低见牛羊”的景观。

（1）甲地所属的自然带是（　　）。

A. 亚热带常绿阔叶林带　　B. 亚热带常绿硬叶林带

C. 温带落叶阔叶林带　　D. 亚寒带针叶林带

（2）形成甲、乙两地自然景观差异显著的主导因素是（　　）。

A. 海拔　　B. 热量　　C. 土壤　　D. 水分

（3）杨子荣，林海雪原的传奇英雄人物。1970年电影《智取威虎山》中时代英雄“杨子荣”的英武雄壮、浓眉大眼、一脸正气的相貌特征成为当时全国的审美样本；而2014年徐克导演的同名影片中“杨子荣”则亦正亦“邪”，“匪”气十足。杨子荣“英雄”形象变化的原因主要在于（　　）。

A. 社会经济的发展　　B. 对外开放的实施

C. 现代主义的流行　　D. “左”倾错误的纠正

2. 美术。请结合本日在雪谷游学活动中的所看所感，为雪谷设计一枚纪念章，并在游学任务中“北方的祝福”明信片上绘制设计图。

第四篇章　雪 域 盛 筵

一、学习任务

1. 学习学科：语文、历史。

2. 学习主题：新年冰雪文化。

3. 学习内容。

（1）学习目标。

① 了解哈尔滨市区新年庆祝文化；

② 体验冰雪运动。

（2）学习时间。全天。

4. 学习活动导览。

活动 1，体验马拉爬犁；活动 2，参观冰城最大的冰雕展；活动 3，游览中央大街；活动 4，品尝哈尔滨特色美食。

二、任务清单

（1）语文。新年问候。

亲爱的同学们，大家在快乐而充实的游学活动中迎来了 2018 年新年的曙光，想必你心中一定有对美好的期待与祝福送给自己、父母、教师、同学或是其他你周围的人，请大家结合本次游学活动中所看到的事物、景象或者所体验的活动，记录并分享你的祝福语。

（2）物理。冰雕中的物理知识。

展出当地的气温一直持续在 –10℃以下，冰雕展中“火车头”冰雕作品却在一天天变小，此过程发生的物态变化是（　　）。

A. 升华　　B. 融化　　C. 汽化　　D. 凝华

（3）政治。冬奥会。

冬季奥林匹克运动会简称为冬季奥运会、冬奥会，是世界规模最大的冬季综合性运动会，每四年举办一届，1994 年起与夏季奥林匹克运动会相间举行。参与国分布在世界各地，包括欧洲、非洲、美洲、亚洲、大洋洲。由国际奥林匹克委员会（International Olympic Committee）主办。

1986 年，国际奥委会全会决定将冬季奥运会和夏季奥运会从 1994 年起分开，1992 年冬季奥运会是最后一届与夏季奥运会同年举行的冬奥会。

自 1924 年开始第 1 届，截至 2014 年共举办了 22 届，每四年一届。

第 23 届冬奥会于 2018 年 2 月 9 日至 2018 年 2 月 25 日在韩国平昌郡举行。

第 24 届冬奥会将于 2022 年 2 月 4 日至 2022 年 2 月 20 日在中国北京和张家口举行。

学生体会

忆

我打小在东北出生，生活，长大，这里的一切，我太熟悉了，无论是飘零的雪花，还是结了冰打滑的湖面，在东北都是再常见不过之景。这些都是我一个人时所见，而一旦有了同伴同行，一切都在我眼中悄悄地改变着。

伏尔加庄园的湖面上飘了一层不算厚的雪，我们在这里嬉戏打闹，用雪去砸掉那些压力，砸跑那些不愉悦。抽陀螺是东北的老人从小玩到大的玩具，我有时也会在我的老家看到几个中年人教他们的孩子抽陀螺，笑脸盈盈，仿佛在将童年的记忆传递、传承。如今，我在这醉美的伏尔加庄园，将这记忆，这传承的接力棒拿起，冰天雪地之中多了一份别样的感动。

我在东北的十年生活里，从未有过登高眺远的感受，而那时，我凭一己之力登上雄伟的羊草山时，是多么的愉悦，我从未见过这番情景：老树虬髯，各式各样，每棵树，从树干到树梢，无一例外地全部覆盖上了雾凇，实属一幅“雾凇沆砀”之景。白雪皑皑，覆盖在地上，没有人动过，山林中真是寂静到了极致，除了偶尔飞过几只小山雀，就再无其他声音了。在这山林中，我漫步于虚无的白色，实属一份别样的精致。

时间转瞬即逝，又一次来到冰雪大世界，去年来的时候，这里雪建筑物还不是很多，大部分都是冰建筑物，今年不知道为什么，突然就多起来了。踩在这踏实的雪上，抚摸着那冰砖，满满的回忆从心底溢出来，去年这里是多么冷啊，冷得我上下牙直打战，冷得我浑身发抖，想要回去。而现在这个地方，这个被冰雪包围的地方，却又是如此的暖，不知是因为天气转暖，还是因为今年是暖冬；不知是因为衣服增多，还是因为有同伴在。那是一种由内到外从心底升起的暖意。

再次回到此处，拥抱故土，只期望明年。

——初 1606　陈昱涵

雪　夜

民居的房顶已积了几尺的雪，本以为雪谷只是一个小插曲，没想到竟会如此迷人。

那天很晚才到，村子里面没有像样的路灯，只是挂着一个个的红灯笼，在夜幕的衬托下泛着淡淡的红光，倒也平添了几丝暖意。

忽而小雪细细，纷纷扬扬覆盖了这座小村。有几片雪落在了衣服上，竟是六瓣。没过多久，便真成了万里雪飘，心情也就有些澎湃，远处还有同学在肆意打闹，几分烟火气息萦绕其中，这份暖意在冰天雪地中也万分珍贵。

那一夜，大雪洋洋洒洒地从天而落，就像谁在舞动着真切灵魂，我要涤荡世间苟且心灵，在深处放一道纯白的纱。

想起记忆中的雪，也是同样的鹅毛大雪。屋内与几位挚友闲聊，彼时年少，会争相从窗外捧一把白色，然后比谁接到得多，现在想来有些幼稚，可这份记忆却像有质感般真的留在了我的掌心，留下一丝沁凉。

忽又想起那首诗：晚来天欲雪，能饮一杯无？虽没有酒，但是情却是实打实的。那个晚上，刘十九来了没有？我想，来了固然好，没来，也不打紧。

因为，在外面如絮般的，是雪。心底温温柔柔飘落着的，又何尝不是雪？哪怕时间变幻，作者心中的雪始终在下……

天边突然五彩斑斓，烟花绽放的声音在耳边回响，炉火烧得正沸，雪似乎没停。

今夜，愿世间安然……

——初 1605　王蕴涵

北国之旅

透过那盖着雾气的车窗，看着北京车水马龙的街道一闪而过，模糊得有一丝迷惘。我要离开这座有着鳞次栉比高楼大厦的城市，离开一到晚上便灯红酒绿繁华到极致的城市，去往北国，一个雪的世界。

我向往着白雪皑皑的世界，向往在白白的街道上漫无目的地游走，感受那雪的气息，向往那飘扬的雪花悄悄落在身上，我向往跟雪有关的一切。

在哈尔滨，我可以感受到不同于北京的寒冷。即使穿着厚重很多的棉服，也依然抵抗不了风的侵袭，不带一丝感情的渗透，里里外外都叫人无所适从。但舒适的用餐环境和种类丰富的早餐，不单单冲刷了坐车的疲惫，更让心温暖了不少。因为在城市里的缘故，街道上没有了大片大片的积雪，脚下的路却是滑溜溜的，让人不得不小心谨慎。

在伏尔加庄园，我感受到异域风情的冰雪世界。俄罗斯的哥特式建筑风格让我眼前一亮，积压的白雪没能遮挡住亮丽的颜色，却也添上了些许的神秘。这些建筑高大而又庄重，像彬彬有礼的绅士。而那些有着浓厚乡土气息的木平房让人倍感亲切，就像和蔼可亲的老爷爷。

在这里我们学做了俄罗斯的面包，每个人都创作了独一无二的糕点，烘烤过后，香气四溢，惹得人情不自禁地吞了吞口水。我们还画了俄罗斯套娃，一层套一层，每一层的故事都要不一样，全凭自己的想象和创造，画出了只有自己才懂的故事。

在雪谷，我感受到一个宁静祥和的雪世界。坐落在山脚下的雪谷，一条路，一条街。全靠房子上悬挂的小彩灯撑起整个镇子的光亮。深一脚浅一脚地走在路上，呼出的白气转瞬便化为虚无，没戴手套的手没多一会儿就被冻僵了。我就像是个小企鹅行走在冰冷的夜晚，只靠自己取暖。下雪的早晨，伸手去接飘扬的雪花，晶莹剔透，能看出来棱角，这才是真正的雪花该有的样子。

在雪乡，我感受到一个世外桃源般的雪世界。雪乡的雪很厚很厚，也很软。不大的地方像是与世隔绝，晚上就这小小的几条大路和几条街亮着，其他地方静幽幽的。但这地方的热闹却是真的，比起城市中的小吃街或者商业街，这里让人亲切得多，没有那么快的节奏，没有那么繁忙，就像是出来逛逛，漫无目的地，悠闲地，抛开了城市的束缚，返璞归真真是极好的。

北国之旅，我自由翱翔的地方。简单纯真而充满童趣，卸下了束缚，卸下了防备，就是个旅客，并不匆匆而过，而是慢慢地走一走逛一逛，让节奏慢下来，让生活慢下来。

——高 1601　姜品帆

走到剧终，才知缘浅

今年的游学，不同寻常。最令我不舍的有风格迥异的伏尔加庄园；用银妆包裹自己朴素的躯体的雪谷；篝火点亮黑夜，驯鹿游走于大街的雪乡；有彩灯照亮冰晶城的哈尔滨；还有人。

先与我接触的“陌生人”是导游。与我们从北京出发的导游们，每天都在为我们的住宿、安全等着想。在雪谷的那天，我走到了我人生当中的一个巅峰。这时“啪”的一声，停电了，原因呢，说是因为雪谷用电过度。当我从房间里再次出来的时候，楼道里一片漆黑，这些导游仍然举着自己的手机手电筒忙碌地筹备着次日的行程和住宿安排。她们无声地向我们倾诉着对学校的重视和用心。而作为旁观者的我，发自内心地想去帮他们，哪怕只是再开一个手电筒。烟花，在微蓝的黑夜绽放，带着明天的希望。

已经，记不清那是第几个梦，也不能确定，微风的梦是否能温暖雪谷的冰冷。繁华一场，云水千年，醒来的也许是无言的叹声。可我依然赌你一生相依，哪怕是典当我左右的过往，一切的一切，都是因为一份牵念，只因为心中的梦有你而光明。

我们当然还体会到了东北人的豪爽和热情。

第二天，我们翻越了羊草山，到了雪乡，各种小商小贩在路边支起小摊位。晚上，东北的气温降得飞快，我和同学想着去外面给同学们买几个红薯，捂捂手，顺便尝个鲜。零下二十几摄氏度的天气使手机开不了机。对于像我这种“吃货”来说，最令我驻足的不止红薯，还有哈尔滨红肠。我的兜里只有30元钱，这一大兜子至少要40元钱。“叔叔，30元吧。”“啊，40元。”“我只有30元。”“没事儿，手机支付也行。”“我手机冻到开不了机，就30吧，行吧？”“行！没钱也能吃到美味的红肠！”不知为何，我心里涌上一股暖流。双手从已经冻红的粗糙的大手中接过暖融融的烤红薯，我饱含着感激地看着他，他也向我报以最温暖的微笑：“好好玩儿啊。”

今夜，微风的梦，在蓝色的星空寻觅，寻觅那段富有灵动的过往，请允许我以红尘做道场，以世味为菩提，生一炉缘分的火，温暖你我前世今生的缘。为我梦中的雪乡，搭建一座浪漫的小屋，煮一壶云水，在云卷云舒间取暖，多么诗意，多么风雅。难道，这就是我们灵魂的归宿？

东北游学，冰雪奇缘，还是这些不经意地从我身边经过的人令我最后一天落下泪。丈夫虽无泪，不洒离别间。无论何时，无论何地，人生不过是一场萍聚，花开花落，最美的相逢，恰恰都在最深的红尘里迷醉。

对人的那份痴，那份醉，合着如莲的心事，在冰晶里静静地开放。

——高1602　许可

3.1.5　以美立德　以戏育人

清华大学附属中学丰台学校　陈红　周爱民

中国戏曲艺术包含着华夏文明深厚的底蕴，凝聚着中国传统文化美学思想的精髓，清华附中丰台学校秉承戏曲国粹的美育精髓和清华附中“自强不息，厚德载物”的校训，在培养学生终身受益的习惯中渗透中国传统文化。我校一直致力于挖掘学科中的美育元素，在继承以往的“美育课程”建设成果基础上，融入了中国戏曲学院合作参与的“高参小”工作项目，开设了艺术类校本必修课程：戏曲唱腔、戏曲形体和戏曲美术，发展和创新了“求真立美”课程体系，实现人人会唱京剧，并在普及京剧教学的基础上培养国粹新蕾，加强学校艺术教育工作，力求更好地促进学生全面发展。经过三年的实践探索，戏曲教育为我校带来了勃勃生机，戏曲的艺术魅力在年少的学生心中生根发芽，为继承和弘扬民族艺术文化，汲取中国智慧，弘扬中国精神，传播中国价值，积蓄未来力量。

活动意义

民间有“高台教化”的说法，意思是“说书讲古劝人方”，说明戏曲是传承文化内涵和价值追求的。“高台教化”启发我们，戏曲是一种有效的育人方式。“以戏化人”，“以戏育人”，应当是项目的初心之一，也是我校为拓宽育人渠道选择项目的初心。

实施戏曲艺术教育是弘扬民族文化、丰富历史知识、了解中国艺术瑰宝的重要渠道。以戏曲艺术教育为依托，开展学校的美育实践，有利于把培育和践行社会主义核心价值观融入学校美育全过程，有利于学校美育工作根植中华优秀传统文化深厚土壤，从而引领学生树立正确的审美观念、陶冶高尚的道德情操、培育深厚的民族情感、激发想象力和创新意识。

一、戏曲教育发展了学生的艺术鉴赏能力

我校学生通过初学“五功”“四法”，置身于戏曲艺术的体验、熏陶之中，学会戏曲艺术鉴赏技能。在戏曲美术课上，教师通过剪纸、彩塑、脸谱面具等内容培养学生们的绘画兴趣，激发他们对戏曲艺术的喜爱，提高学生的艺术素养和审美水平。

二、戏曲教育培养了学生正确的价值观念

我校以京剧为载体，让学生学习传统文化，汲取戏曲文化中的精神力量，培养学生们的家国情怀与文化自信。比如，《锁麟囊》善良，《宝莲灯》孝敬，《古城会》忠诚，《杨家将》爱国，这些传统剧目都有着深刻的思想内涵和厚重的文化底蕴，为学生的思想道德教育提供了生动形象的活教材。

三、戏曲教育锻炼了学生的意志品质

在 2016 年北京戏曲文化周开幕仪式上，《千人唱京剧》压轴出场，我校二百多名学生以字正腔圆、抑扬顿挫的表演博得了现场阵阵热烈的掌声。这些一二年级的学生们不畏酷

暑，无惧疲惫，在一次次彩排和练习中展示了坚持不懈的精神与克服困难的勇气。

四、戏曲教育培养了学生的合作精神

我校学生有幸于 2017 年、2018 年连续两年参加了“戏曲晚会”的演出。在每次的集训中，参演学生都要经历一次次的重组、备选和淘汰，在磨炼中，孩子们学会了随时适应新组合，不断和新伙伴、新教师、新教练进行合作，学会了能上能下，学会了个人利益永远要服从集体利益的思维方式。

一、求真立美，以美立德

我校自承办“高参小”项目以来，在继承以往“立美文化”的基础上，主动融入清华“自强不息，厚德载物”的教育核心内涵，确立了“以美立德”的三级课程体系。探索实施“四进四艺”课程。其中艺术技艺类课程中的京剧、民乐就是借助“高参小”项目开设的课程。

“高参小”项目落户我校至今，一至四年级全体学生（约 560 人）均接受每周 3 课时的戏曲校本教学，开设《戏曲唱腔》《戏曲形体》《戏曲美术》等校本课程。设立戏曲类社团，其中包括美术、舞蹈、影视、唱腔（老生、老旦、武生、花旦），还有 9 种乐器的民乐社团，共 17 个社团，每周活动一个半小时。

“高参小”项目帮助我校完善了“以美立德”课程体系，社团让艺术方面有潜质的孩子得到发现与培养。师生在近距离欣赏国粹艺术，在领略民族文化精髓中提升了自身艺术素养。项目的普惠价值得以实现。

戏曲的美不仅在于外在的形式美，更在于对卓越圆满的精神追求。在项目与我校课程融合的过程中，让我校“以美立德”的教育有了抓手和路径。

二、高小并肩，协作育人

今年是我校与中戏合作的第四年，目前在我校授课的中戏教师大约 30 人，四年间，两所学校就协作育人达成了共识，建立了深厚的情谊。

我校无论是校本课程，还是社团活动，师资均为中戏专业教师，课程的内容由专业人员为我们定制；课程实施由双方教师合作完成，我校艺术教师在跟课学习中提升了自己的专业水平，中戏教师也逐步学会了对小学生的常规管理。在常规教学之外，双方在开展各类戏曲表演活动中进一步交流、融合，让教育的故事不断地续写。我校每年的六一儿童节艺术展演中，戏曲类节目总是压轴演出，精彩的节目呈现出中戏专业教师对我校学生倾注的心血。吴文雪教授四年来一直在我校任教戏曲美术课，大教授教小学生，吴老师不断探索适合小学低年级孩子的戏曲美术教学，不但在教学上取得了丰硕成果，而且和孩子们结下了深厚的师生情谊；任教我校戏曲唱腔课的商书月老师，在结婚典礼的前一天仍然坚守岗位，指导学生排练“千人唱”京剧；成立民乐团时，民乐系牛长虹老师专程到我校为家长答疑解惑；清华附中一体化运动会上我校学生京剧的精彩表演离不开姚志强老师的大力支持。四年来，两校教师并肩作战，孕育出了无数朵含苞待放的国粹新蕾，戏曲事业后继有人，我们感到无比欣慰。

三、家校携手，合力育人

在“戏曲进校园”初期，有些家长不理解开设戏曲课的做法。我们通过招募家长志愿者的方式让家长亲身参与活动，在不断地融合中，中戏教师的专业素养和双方教师的真诚付出打动了家长，家长的态度逐渐发生转变，如今很多家长不仅积极参加活动，还主动学戏曲化妆，孩子登台表演，家长承担了化妆、摄影等大部分服务工作。

此外，我校高度重视宣传工作，通过多种方式大力宣传戏曲艺术，让全体教师、学生及家长充分认识开展这项活动的重要意义，形成全社会关心支持“戏曲进校园”的良好氛围，同时利用活动准备过程教育学生，历练教师，培育家长，形成合力育人的长效机制。

活动片段

2015年以来，我校先后多次被评为北京市艺术特色校、丰台区戏曲特色校。我校“国粹新蕾”社团从2015年以来连续3年获“国戏杯”学生戏曲大赛二等奖、最佳组织奖等团体奖及多个个人奖项；在丰台区第十九届、二十届学生艺术节戏曲比赛中荣获三等奖。此外，我校戏曲社团受邀参加市教委组织的“北京市高等艺术院校交流”活动，在中央电视台“2017新年戏曲晚会”中进行现场演出，2017年8月受邀前往新加坡参加第五届“狮城杯”青少年戏曲文化交流演出，荣获最佳组织奖，受到与会领导、专家、来宾的一致好评。

一、2017年新年戏曲晚会

2017年新年戏曲晚会在国家大剧院举行，我校三年级的七名学生参加了晚会现场的录制和演出，党和国家领导人出席晚会。在中国戏曲学院的精心排练下，我校学生以零失误的出色表演圆满完成任务，其中六段唱腔赢得六段掌声，成为晚会的一大亮点。

我校作为中国戏曲学院“高参小”工作基地，校携手七所学校共同排演“少儿唱大戏”“长征在路上”，参加晚会演出。学校高度重视此次央视新年戏曲晚会的参演工作，从挑选学生演员、召开动员大会、落实班主任、与家长沟通、选派带队教师等方面进行了详尽周密的工作安排。在我校领导的关心和支持下，在中国戏曲学院专业教师的精心排练下，参演学生克服了种种困难，每天训练至晚上九点，有的学生带病坚持到现场参加排练，在一个月的集中训练中经历了一次次的备选和淘汰，直至最终上场，她们经历了艰难的考验，也收获了可贵的成长——首次登上国家大剧院的舞台进行演出，并获得了中国戏曲学院教师和晚会导演组的充分肯定。

二、第五届狮城青少年戏曲汇演

应新加坡传统艺术中心邀请，清华附中丰台学校小学部 14 名学生参演的京剧节目《大登殿》《红灯记》于 2017 年 8 月 16 日惊艳狮城，在新加坡第五届狮城青少年戏曲汇演中，向新加坡民众展示了来自中国京剧之乡的正宗唱腔，受到当地观众的盛赞，并获得新加坡教育部次长和中国驻新加坡大使馆文化参赞等众多嘉宾和新加坡社会各界的高度评价。

演出团出访当天，孩子们欢呼雀跃、兴奋不已，这些代表北京、代表中国参加国际汇演活动的“京剧娃娃们”将要在异国他乡展示中华民族传统京剧艺术的独特魅力。演出团从抵达新加坡的第二天起，全体师生便投入紧张的走台、彩排之中，小演员们每天都要经过多次走台、彩排来熟悉舞台、加工提高。

演出当天，全体师生从上午九点开始进行准备工作，分批在住地与剧场完成化妆和穿戴。教师与家长们分工合作、流水作业，无论是“俊扮”“勾脸”，还是“勒头”“穿衣”，每一道工序都一丝不苟、认真对待。下午三点，“新加坡第五届狮城青少年戏曲汇演”隆重开幕，来自中新两国各具特色的青少年戏曲节目陆续上演，生、旦、净、末、丑粉墨登场，唱、念、做、打尽展风华；两个国家、百余位青少年学生演员，联袂打造了一场富有童声童趣、青春活力的戏曲演出。

演出期间，中外教师、学生们不断互动，热情分享学习戏曲文化表演的心得体会，我校小演员们的精彩演出受到新加坡师生称赞的同时，也被对方在多元文化环境下一直热爱戏曲、坚持学习中国戏曲的精神所深深感动。

三、第八届“国戏杯”学生戏曲大赛

由北京市教育委员会主办，中国戏曲学院、北京学生管理中心承办的第八届“国戏杯”学生戏曲大赛于 2017 年 9 月至 12 月在京进行。本届戏曲大赛以“传承国粹艺术，弘扬民族精神”为主题，通过展现大、中、小学生的文化素养，展示了学校戏曲教育的优秀成果，营造了向真、向善、向美、向上的学校文化，推动了学校艺术教育的发展。清华附中丰台学校小学部积极参加比赛，获得了民族器乐类优秀组织奖、戏曲表演类优秀组织奖、戏曲美术类优秀组织奖，获得大赛评委会的一致好评。

2017 年 12 月 4 日晚，第八届“国戏杯”学生戏曲大赛颁奖晚会在中国戏曲学院大剧场成功举办。清华附中丰台学校小学部学生演唱了京剧唱段《坐宫》，唱、念、做、打、一颦一笑尽显专业从容。《坐宫》唱段更是荣获二等奖的喜人成绩，展现了我校戏曲特色发展以来的丰硕成果。

我校民乐团成立于 2015 年，成立仅有两年时间便首次亮相“国戏杯”民族器乐大赛。此次演出由王欣老师担任指挥，中国戏曲学院民乐专业教师也前来助阵，初次参赛的民乐团以《三十里铺》和《金蛇狂舞》两支乐曲获得了三等奖的优异成绩。

此次“国戏杯”学生戏曲大赛除了戏曲表演类、民族器乐类项目，还设有戏曲绘画类比赛，我校 18 名学生进入决赛，参加了现场命题绘画展示。凭借着深厚的功底、良好的心理素质，我校学生以 8 个一等奖、6 个二等奖、3 个三等奖的好成绩载誉而归。

活动素材

- 校本唱腔（男女生）
  - 一年级：《红灯记》《智取威虎山》
  - 二年级：《红娘》《甘露寺》
  - 三年级：《智斗》《三家店》
  - 四年级：《贵妃醉酒》《武家坡》
  - 五年级：《状元媒》《将相和》
- 戏曲社团
  - 老生：《甘露寺》
  - 花旦：《霸王别姬》
  - 老旦：《钓金龟》
  - 花脸：《铡美案》
- 戏曲形体社团
  - 男生：《单枪组合》
  - 女生：《单刀组合》

- 舞蹈社团：《我是小戏迷》
- 影视社团：《木偶奇遇记》
- 民乐团 9 个声部：《练习曲》《秧歌》《凤阳花鼓》
- 丰台区千人唱京剧活动
  - 男生：《铡美案》《我是中国人》
  - 女生：《红色娘子军》《我是中国人》

学 生 体 会

念念不忘，必有回响

四年前，当我踏入小学校门，便有幸成为“戏曲进校园”的受益者，在接受语、数、外等学科教育的同时，我的学习生涯，伴随着戏曲知识的学习和丰富多彩的活动。

学校为我们安排了与戏曲相关的各种课程，比如，唱腔课上，我们学习各种经典唱段；美术课上，我们描绘戏曲人物、脸谱；形体课上，我们练习戏曲中的一招一式。平时，学校还经常组织我们观看各种戏曲演出，通过身临其境的观摩、学习，提高我们对戏曲的兴趣，陶冶我们的情操。

学习戏曲后，我才真正体会到什么是“台上一分钟，台下十年功”。有时候一个眼神，一个动作，老师要带着我们不断地练习、纠正，一套曲目，从演唱、配乐，到动作的设计、走台，再到化妆、服装、道具等，都凝聚了老师和同学们台前幕后的辛苦付出。

从一年级开始，我便参加了学校的戏曲社团和民乐团，在学习戏曲及乐器的同时，参与了许多演出。比如，2017 年暑假在新加坡的戏曲汇演，2018 年新年戏曲晚会以及各届“国戏杯”戏曲和民乐的比赛。既开阔了视野，又锻炼了自己，增长了知识。

从初入学时的“戏曲小白”，到现在我已被这一中国传统文化所深深吸引，并参与其中。“戏曲进校园”活动为我揭开了戏曲的神秘面纱，把“国粹”送到我们面前，展示了它独特的魅力，生、旦、净、丑，唱、念、做、打，吸引着我们这一代的学生，在享受美的同时，也愿意把它发扬光大。

——五三班　黄厚霖

3.2 社会层面（自由、平等、公正、法治）

3.2.1 知行合一的考察课程

清华大学附属中学 杜毓贞

随着 21 世纪科学技术的日新月异，社会对创新型人才的需求不断增加。如何培养富有创新精神的新型人才，已经成为新形势下中学教育面临的主要问题之一。综合实践考察课程作为培养学生创新能力和拓展学生综合素质的重要载体，在培养创新意识、激发潜能、人格塑造等方面的作用越来越突出。经过多年的不断探索和发展，清华附中综合实践考察课程已经不仅仅是课堂教学的简单补充和延伸，也逐步发展成为培养中学生创新能力、提高中学生综合素质的重要舞台。

一、清华附中综合实践考察课程的目标及构建

（一）中学综合实践活动课程的理念及目标

教育部 2017 年 9 月 25 日印发的《中小学综合实践活动课程指导纲要》指出，综合实践活动是从学生的真实生活和发展需要出发，从生活情境中发现问题，转化为活动主题，通过探究、服务、制作、体验等方式，培养学生综合素质的跨学科实践性课程。其总目标是让学生能从个体生活、社会生活及与大自然的接触中获得丰富的实践经验，形成并逐步提升对自然、社会和自我之内在联系的整体认知，具有价值体认、责任担当、问题解决、创意物化等方面的意识和能力。①

（二）清华附中综合实践考察课程的目标及构建

清华附中综合实践考察课程的目标是以爱国主义教育、理想信念教育、行为习惯教育

① 参见教育部关于印发《中小学综合实践活动课程指导纲要》的通知，教材〔2017〕4 号，http://www.moe.edu.cn/srcsite/A26/s8001/201710/t20171017_316616.html?from=timeline。

为根本，从学生的实际情况和需求出发，设计出科学的、有机的、有层次的、有目标的、富有实效的、包含理论与实践的、学生乐于接纳的、以学生发展为最终目标的、将认知与行为技能相结合的课程与活动，从而帮助学生获得思想道德认识和行为的全面、综合的提升。

清华附中综合实践考察课程的构建，是在学校多年来开展的综合实践活动的基础上形成的深受学生欢迎的课程。该课程充分利用了丰富的社会资源，带领学生走出校园，接触社会、了解社会，从而增加学生对社会的生活积累，并获得对社会物质文化、精神文化和制度文化的认知、理解、体验和感悟。综合实践考察课程作为学校教育的拓展和延伸，在学校教育的基础上，注重对学生进行素质教育的培养，在课程设置上，比较重视学科课程与活动课程的结合。

清华附中的学生发展需求多样，学生之间的个性化差异也比较大。为了能满足不同发展倾向的学生的需求，清华附中早在 20 世纪 80 年代，就在高中开展“野外地学考察活动”“劳技课”等社会实践课程，始终注重培养学生综合运用各学科知识，认识、分析和解决问题的能力，注重引导学生在与社会、自然的接触中建立学习与生活的有机联系，培养学生的实际动手能力，这些课程一直深受学生欢迎。近年来，更是在认真分析学生年龄特点和需求的基础上，充分利用各种社会资源，开展了针对不同年级、不同特点、不同需求的学生设计组织的多种多样的社会实践活动课程，这些课程有机融合科技、国防、劳动、法制、环保、生态环境、历史、文化等各方面的教育，旨在促使学生关心社会和科技进步，关心地球和生存环境，并在活动课程中获得直接感受和问题解决的经验；培养学生认识社会、探究社会问题的基本能力，形成综合思考问题的能力，养成良好的劳动观念、掌握一般的劳动技能；培养学生的人际交流能力、协作能力、组织能力和操作能力及适应环境的能力。更重要的是，通过社会实践活动，培养学生的组织纪律性，培养学生的参与意识、创新意识和勤于实践、勇于探索、精诚合作的精神。

学校还进一步利用周边大学、科研院所以及其他的社会资源，极大地丰富了社会实践课程的内容，神堂峪远足、库布齐沙漠考察、企业体验活动、参观中国原子能研究所、养老院公益服务、科学名家讲座、学生业余党校、微公益活动、学生支教活动、文化嘉年华、学生节、微电影拍摄等丰富的活动不仅让学生提前接触到了社会、提高了学生的动手参与能力、激发了学生对社会问题的思考、提高了学生的综合素质，最为关键的是，它实现了“贴近学生、贴近实际、贴近生活”的富有时代特色的德育教育目标。

“不闻不若闻之，闻之不若见之，见之不若知之，知之不若行之。”任何教育如果不能落实在实践上，就难免脱离实际。在 2007 年北京新课程改革方案中，研究性学习、社区服务、社会实践成为必修课程，学生必须获得 23 学分，这项规定为德育教育生活化提供了政策保证和实现的机遇。《中共中央关于加强和改进未成年思想道德建设的意见》中也强调，学校德育必须贴近学生、贴近实际、贴近生活，必须加强社会实践活动。经过多年的实践，清华附中已经形成了体现“生活即教育、社会即学校、教学做合一”的常态化的、丰富的综合社会实践课程，进一步丰富了原有的综合社会实践课程目标，这些社会实践课程目标也符合教育部《中小学综合实践活动课程指导纲要》提出的课程目标的要求。

二、清华附中综合实践考察课程的实践

（一）清华附中校外考察课程的类型

清华附中立足长期的教育教学实践，根据学生的兴趣爱好、专业特长等特征开设了三类综合实践考察课程，分别是面向全体学生的、面向部分学生的和面向有特长、有潜力学生的综合实践考察课程。创造育人大舞台，让所有的学生都能登上这个舞台，开阔眼界，拓宽视野，产生好奇，产生梦想。

1. 面向全体学生的综合实践考察课程。

本课程旨在面向学生完整的生活世界，引导学生从日常学习生活、社会生活或与大自然的接触中提出具有教育意义的活动主题，使学生获得关于自我、社会、自然的真实体验，建立学习与生活的有机联系。在清华附中，每学期学校都要针对不同年级、不同年龄阶段以及学生不同的兴趣爱好进行课程设计，让学生自主选择。选择课程后，全部学生都要走出校园，参加各类社会实践，我们称为校外考察课程。学生通过走进田间地头，参观各类博物馆、科技馆、艺术馆，观看演出、体育赛事等多种多样的校外考察活动形式，接触社会现实，参与社会活动，理解社会意识形态、了解人们的生活模式，体验社会生活，积累社会经验，从而不断提升自己的思想素质、心理素质、劳动素质。

面向全体学生的综合实践考察课程以班级为单位，各班选择考察线路后，由年级统筹安排。这种全年级的综合实践活动，清华附中从 1988 年就在高中开始了：高一军训、高二农训、高三集中思想教育。2009 年，在继承已有活动的基础上，清华附中进一步创新了综合实践活动的形式和内容，同时开始了部分班级的校外考察课程。2013 年至今，清华附中在每个年级都开设了综合实践考察课程，深受学生欢迎。这种课程实现了形式上由“点（班级）—线（年级）—面（学部）”，内容上由表及里、由浅入深的变化。

例如，组织学生参加的“做一日农民”的考察活动：高一年级的学生走入稻田，挥动镰刀，亲手体验收割稻穗的辛劳，感受收获的快乐。初三年级的学生走进农田，亲手挖出平时自己吃到的粗粮——红薯。高三年级的学生进入苹果园，三五成群，通力合作，力图摘到全园最红、最大的苹果。课程结束后，同学们虽然累得腰酸背痛，出了很多汗，但是没有叫苦叫累，反而个个都是一脸发自肺腑的快乐。同学们脸上，不时能见到一道道泥浆

样的痕迹，那是沾了泥土的手擦汗时留在脸上的“艺术品”。孙墨君同学在采摘中感受了生命的真谛，“采摘富有农家情趣，许多人都纷纷上树摘果，苹果品质好坏都是次要的，更重要的是体验了爬树的乐趣。生命即是如此，有苦有乐，有泪有笑，一切滋味终成甜美。做人便要这样：入梦自由，如天坚强，无论身在何方，我心飞翔”！张宁远同学在收割水稻的过程中体会了劳动的艰辛，“回家在网上查了一下，那一地的稻子甚至远不够我们全校同学吃两顿，可是要种出这一地稻子，却要一年的日积月累”。

又如，近五年每年清华附中都会组织即将进入高三的学生走出校园开展为期一周的综合实践考察课程。每年均有高三全体师生近 500 人参加活动。活动旨在建设和谐的年级、有凝聚力的班集体，帮助学生树立远大理想，培养良好心态，改进学习方法。内容包括：团队建设、学农、山地穿越、沙漠穿越、野外生存、露营、长途骑行等。“经过我们同学的共同努力，我们终于在这乡间开辟出了自己的一片泥土，带着虔诚和信念种下了一片红小豆，也种下了心中的理想，祈祷这理想能够长出美丽的枝丫。”“这几天带给我们的除了变黑的皮肤、身上的灰尘外，还有什么呢？那些情、那些景、那些念，就好像一种无言的身教，比任何讲台上的演讲、我们喊的口号和长辈的教诲都要深刻，从内心发出的思想，是任何外界来的东西都无法取代的。”我们的学生总能从我们组织的教育活动中得到我们预想之外的收获，这些收获，就是我们工作的乐趣，也是我们工作的伟大之处！

2. 面向部分学生的综合实践考察课程。

本课程鼓励学生从自身成长需要出发，选择活动主题，主动参与并亲身经历实践过程，体验并践行价值信念。

面向部分学生的综合实践考察课程主要是针对一个具体明确的活动主题而展开的。主题的确定结合了学校情况、学生所在的年级及学生的年龄特点和认知发展的阶段特征。经过筛选的主题应有一定的针对性，必须是学生感兴趣并能通过活动完成的实践活动。当然主题的确定适当地增加难度，让感兴趣的学生、能力强的学生去完成。

昆山科技园考察课程就是一个很好的例子。本次考察课程有三大主题：一是参观拙政园、虎丘、寒山寺等名胜古迹，体味江南城市文化的魅力和苏州园林的典雅秀美。二是在昆山经济技术开发区参观交流，了解开发区发展历程和现状。三是参观古色古香的江南小镇——周庄古镇和甪直古镇，感受江南水乡的古典气息，体验独特的古镇文化。在课程考察中，同学们结合自己的亲身经历，运用所学的地理知识，对比了南北园林的异同，谢尔贵同学指出：“作为皇家之首，颐和园的建筑特点可以用高大、宽广来概括，整座山、整片林、宫殿庙宇，能大就大。而苏州园林则不同，作为私人园林，继承了南方人‘富人不露富’的传统。小，又要好，怎么办呢？就在精致上下功夫，把一片小园修紧凑，有假山有绿树有清泉，不能倚山建林，那就移步换景，让主人虽身处几亩之园却能体味百亩之趣。”李承丰同学用“创新”一词总结了昆山科技园高速发展的原因，他说：“创新所带来的经济效益是不容小觑的，但其带来的精神上的推动作用比十几亿元 GDP 更重要。一件事在许多人看来开发到尽头了，没有什么继续可以创新的必要价值，但在昆山这里，我却听到‘创新永远不会迟到’，于是我懂得了只要不断创新，时间就不会褪色。”

3. 面向有特长、有潜力学生的综合实践考察课程。

对于已经在某些方面具备了潜力和特长的学生，综合实践考察课程不仅要保护学生的这种潜力和特长，更要提供发展的平台，为其未来成为拔尖创新人才奠定基础。这类校外考察课程，强调学生的亲身经历，注重学生主动建构知识，要求学生在“做”“考察”“探究”“创作”等一系列的活动中发现问题和解决问题。

比如，清华附中利用寒暑假组织学生参加每年的中国和美国的中学生模拟联合国课程。在第七届复旦大学国际中学生模拟联合国大会上，清华附中的 8 名学生代表参与到“联合国会议”当中，分别在联合国系统会场，1939 年英、法、苏、德四方谈判会场，新闻业管理与改革听证会场，Wall Street 2008 会场中扮演外交官，面对国际社会的现实中存在的巨大冲突和危机，在联合国的程序和背景下参与激烈的辩论和斡旋。在总结中，杨润萱同学写道：“在模拟联合国中，我们代表的是一个个国家的颜面，模拟的不仅仅是唇枪舌剑的技巧和运筹帷幄的快感，更是压在肩上的无上的责任和义务。”周美辰同学提道：“‘模联’的本质本应是最干净的公民教育，这里并不只是强者绽放的舞台，而是许许多多的人努力拼搏成长的地方，回首一年之前，回想还在颤抖着拿着发言稿上台发言的我们，我们的成长才是带给‘模联’最大的感动，模拟联合国，是只要有热情，哪怕曾经被人耻笑永远不可能站上舞台的孩子都可以做好的地方，为了推动会议的进程，每个人的努力都必不可少。”

（二）清华附中综合实践考察课程的实施

1. 清华附中综合实践考察课程的具体做法。

（1）第一阶段：确定综合实践考察课程的主题。

每次考察活动都有明确的主题和目的。指导教师根据计划和要求，启发和引导学生确定考察活动大的方向和选题范围，并为学生考察活动的开展做一定的知识储备，激发学生探索的愿望。学生则根据自身的兴趣与能力，确定具体的实践活动与主题。

（2）第二阶段：制订综合实践考察课程的计划。

综合实践考察课程绝不是让学生在社会上随心所欲，放出去就可以了，必须加强计划性。确定实践活动的主题之后，师生共同制订好个人或集体活动的具体计划，包括课程的管理、方法、进程和预期效果等。课程计划的制订都在教师的指导下进行，师生们还一起进行调查研究，增强计划的可行性。

如假期组织的赴香港中文大学参加的校外考察课程，以“领导力”为主题，分别从“全球意识”“认识自我”和“领导能力”三个方面展开，并在此基础上制订了详细的课程计划（见下表）。

香港领导力考察课程计划

日期	主题	时间	课 程 内 容
2月17日	全球意识	白天	（1）百人村庄：从全球角度审视自身的处境，以互动形式了解全球议题，如卫生、贫穷、医疗、教育及财富分配等。 （2）环球之旅：来自世界不同国家的导师利用不同的媒体、传统服饰、食品、实物等介绍当地文化，拓宽全球视野。 （3）文化体验：通过音乐、击鼓等活动体验非洲的传统文化。 （4）模拟公平贸易：以模拟活动体验第三世界的社区生活，在小组里与导师共同完成学习及任务，利用本地及世界的真实例子激励学生积极推动社会进步
		晚上	前往铜锣湾：了解香港文化的多样性
2月18日	认识自我	白天	（1）团队合作：利用有趣的活动建立合作精神，在短时间内完成团队策划及任务。 （2）技巧：来自牛津的导师教授如何组织资料，建立论据和巩固论点，鼓励学生表达个人观点和意见。 （3）发挥：以新颖的游戏和活动启发创意，认识自身思考的盲点，了解并把创意运用到生活中。 （4）技巧：从 DISC 的个性分析活动中，了解自己的沟通模式，明白与不同性格的人相处及有效表达意见的技巧。 （5）技巧：介绍不同类型的演讲风格及技巧，学生参与小组汇报任务，让导师为学生做出评估及提供实用的改善建议
		晚上	前往旺角——体验香港人眼中的香港饮食文化
2月19日	领导能力	白天	（1）香港大学：听港大学生分享港大生活及高中阶段应为申请大学做哪些准备；熟悉招生要求，感受各学系学科的多样性及多彩的大学生活。 （2）技巧：整合学到的思考技巧、沟通技巧和表达技巧，通过团体合作统合意见，辩论全球议题。 （3）探论：从升学、职业和国际化的视野中得到灵感，设想自己的未来，设定挑战性目标和个人承诺。 （4）设定与梦想：通过“踏圈活动”反思过去、现在和未来的生活，启发学生发挥最大潜能，实践和创造更远大的梦想。 （5）演讲及闭幕式：以演讲汇报的方式巩固知识，分享在学习中感受到的乐趣
		晚上	定下地点和目标，与大学生畅游香港，寻找“我最中意的香港元素”

（3）第三阶段：开展综合实践考察课程。

课程实施是考察课程中的核心和主体部分。学生在教师的指导下，对所确定的考察内容进行直接操作和直观体验，获得初步结论。在组织考察的过程中，学校注意充分利用校内外一切教育资源，如图书馆资源、网络资源等，建立如博物馆和名胜古迹等课程实践基地，聘请由社会知名人士如学术专家、优秀企业家等组成的考察课程辅导员，充分地挖掘周围的教育资源。

（4）第四阶段：撰写考察课程总结。

在整个考察活动过程中，每个学生每天都要在自己的考察课程手册上做记录，完成当天的课程作业，随队教师每天批改学生的手册，提出意见和建议供学生参考；考察实践活动结束后，学生要将自己的实践成果进行归纳、整理和总结，并与考察计划进行对比。学生的考察总结有调查报告、心得体会、研究论文等，也有研讨会、交流会、刊物、墙报等形式。但无论哪种考察总结，都要紧紧围绕着实践主题展开，并从理论认识上加以提高，达到课程的教学目的，并为以后的考察活动提供经验。

2. 清华附中综合实践考察课程的评价。

课程评价主张多元评价和综合考察，要求突出评价对学生的发展价值，充分肯定学生活动方式和问题解决策略的多样性，鼓励学生自我评价、同伴间的合作交流和经验分享。提倡多采用质性评价方式，避免将评价简化为分数或等级。要将学生在综合实践活动中的各种表现和活动成果作为分析考察课程实施状况与学生发展状况的重要依据，对学生的活动过程和结果进行综合评价。学生也可将自己考察过程中的活动内容上传到清华附中综合素质评价平台。

对学生的校外考察课程的评价方式是与其课程本质特征相适应的，突出自主性和开放性的特点。该评价方式还体现了以下三个特点。

（1）评价体现过程性原则。课程的考核不能单纯注重考核结果，更要注重对学生在实践过程中表现出来的理想、信念、智慧、能力、合作等，要做出综合性的评价。

（2）评价内容全面。评价的内容主要包括品德修养、团队精神、综合能力、创新精神等。这几部分互相渗透又互相制约，形成一个有机的评价整体，共处于学生全面发展的统一体中。

（3）评价的方式注重多样性。任何单一的评价方式都难以达到客观和公正。在考核评价的实践中，不仅有教师对学生的评价，还有学生之间的相互评价、个体评价、校内外相结合的评价、团队评价等，注重了多种评价方式的综合运用。

（三）清华附中综合实践考察课程的特点

1. 自主性。

新课程的核心理念是“一切为了每一位学生的发展”，强调关注学生，关注学生的主体性。在综合实践考察课程建设中，第一，坚持从学生实际出发，尊重学生的年龄、身心特点、兴趣爱好，学生有自由自愿地选择参加活动的权利。第二，注重人的个性品质的培养，综合实践考察课程将学生的兴趣、气质、性格等视为一种教育资源而加以开发，使每个学生都能在原有基础上得到个性化的发展。第三，把学生看作活动的主人，在活动设计和组织中，主动放手让学生参与，使学生在动脑、动手中完成，在这个过程中实现自我教育。

2. 开放性。

从教育目标、活动内容和方式上看，综合实践考察课程体现出开放性的态势。第一，课程要求学生走出教室和校园，投身社会生活。课程面向每一个学生的个性发展，尊重每一个学生的发展需要，其课程对象具有开放性。第二，课程内容广泛，从远古的文明到现代的科技革新成果，都可作为综合实践考察课程的主题。第三，课程关注学生在课程过程中所产生的丰富多彩的学习体验和个性化的创造性表现，其评价标准具有多元性，因而其课程过程与结果均具有开放性。

3. 综合性。

综合实践考察课程强调学生综合运用各学科知识，认识、分析和解决现实问题，提升综合素质，着力发展核心素养，特别是社会责任感、创新精神和实践能力，以适应快速变化的社会生活、职业世界和个人自主发展的需要，迎接信息时代和知识社会的挑战。

综合实践考察课程的教育目标，既可以体现在认知发展、技能形成方面，也可以体现在情感体验、品德与态度的确立等方面。学生参与活动中，既可以受到社会实践经验方面的教育，也可以进行智育、体育、美育、劳动技术教育和心理教育等多方面的学习，进而达成综合而不是单一的学习目标。从深化素质教育的实效性上看，综合实践考察课程是落实素质教育的重要途径，对学生的整体素质及全面发展有着重要作用。

总之，清华附中综合实践考察课程从传统的“一项活动”到教学系统的“一门课程”的转变，不仅有效地促进了中学德育工作的长效发展，还成为学校教育体系中不可或缺的一个环节，为高素质人才的全面培养发挥了重要作用。通过综合实践文化考察课程，学生在实践中建立历史视角，拓宽文化视野，提高综合素养；加深对中华优秀传统文化的理解；感受祖国山河之美，了解丰富的历史文化，增强国家认同；增强学生自主学习、独立探索的能力；增进师生交流沟通，培养和谐的师生关系。

3.2.2 “莘莘致远 尊师孝亲 冠笄惟国”国子监传统成人礼

清华大学附属中学朝阳学校 秦洪明 张晓宁 王颖

中国自古就是礼仪之邦，成人礼不仅是华夏民族重要的礼仪之一，更是古时成人者必不可缺的重要仪式。它在历史上，对于个体成员成长的激励和鼓舞作用非常大。这个传统从西周一直延续到明朝。古时成人礼是指冠礼和笄礼，男子满20岁时行冠礼，即加冠，表示其已成人，被族群承认，之后可以娶妻。女子则是在满15岁后行笄礼，及笄之后可以嫁人。

国子监是中国古代隋朝以后的中央官学，为中国古代教育体系中的最高学府，又称国子学或国子寺。仪礼是我们中华民族优秀的传统文化。通过举办成人礼活动，传承了中华民族优秀传统儒家礼教文化，培养学生心怀感恩、铭记历史、胸怀天下、勇于奉献、珍惜友谊的优秀品格，使学生受益终身，并加深对中华传统文化的认识和感悟。

我校通过传统的成人礼这种宝贵人文遗产形式，以仪式为一次文化溯源的体验，激励和鼓舞学生传承优秀传统文化，做一名出彩的中国人，承担起传播、弘扬中华优秀传统文化的历史使命，使之与现实文化相融相通。

活动意义

成人礼自古有之，是表示一个人从心理到生理都趋向成熟，可以独自承担起社会和家庭所赋予的权利与义务时所举行的仪式，是孩童向成年人过渡的一个重要里程碑。对于一个即将以完全行为能力人的身份步入社会的孩子来说，举办成人礼，也是正式昭告天下，孩子已经长大成人了。从另一个角度来说，也是在提醒孩子，你已经是一个大人，不可以再依偎在父母的臂膀下，要独自承担生活的风风雨雨了。

通过举办成人礼活动，弘扬和传承中华民族优秀传统儒家礼教文化，培养心怀感恩、铭记历史、胸怀天下、勇于奉献、珍惜友谊的优秀品格，并加深自己对中华传统文化的认识和感悟。

活动过程

介绍主办、承办方及到场的主要嘉宾。

宣读诰文。

第一篇章：敬师·修身。

教师朗诵《独立之精神，仁德之灵魂》。

成人者向教师行拜礼。

第二篇章：孝亲·齐家。

成人者加礼：男子加冠、女子加笄。

父母寄语。

成人者向父母行叩首礼。

成人者背诵《孝经》。

为成人者佩戴“至德要道”铭志牌。

家长代表发表感言。

第三篇章：立誓·报国。

成人者朗读《大学》。

主宾讲话。

成人者宣誓。

行四拜礼。

活动片段

清华附中朝阳学校承办的“莘莘致远　尊师孝亲　冠笄惟国”2016届高三成人礼大典，在孔庙和国子监博物馆隆重举行。

本次传统成人礼分为开礼、“敬师·修身”“孝亲·齐家”“立誓·报国”四个部分。

一、序幕：开礼

成人礼在庄严的礼乐声中拉开序幕。莞尔韶华，奕奕容光，高三学子身着红、黑色调汉服，在司礼官的引导下，向圣贤先师孔子像行四拜礼，而后，徐徐迈过大成门立于大成殿前。司礼官宣布开礼，校领导庄重地宣读了成人诰文：“时维公元2016年4月27日，孔历2567年春，有清华附中朝阳学校学子于孔庙行成人礼……”

二、第一篇章：敬师·修身

大屏幕上《程门立雪》的水墨动画开启了“敬师·修身”篇。教师代表饱含深情地朗诵了诗歌《独立之精神，仁德之灵魂》，向学子表达了殷切的期望。同时，学子向师长行拜礼，表达其对教师深深的感激之情。

三、第二篇章：孝亲·齐家

大屏幕上《二十四孝之鹿乳奉亲》的水墨动画开启了“孝亲·齐家”篇。子女向父母行跪拜礼，诵读《孝经》，感谢父母的养育之恩。父母为子女行加冠、加笄礼，子女与父母互换书信，将多年藏于心中想要表达的情感寄语于信笺上，而后，父母为子女佩戴“至德要道”铭志牌。最后，家长代表发表了题为《只希望你做一个健康、快乐、高尚的人》的讲话，表达了所有父母的慈爱之心。

四、第三篇章：立誓·报国

大屏幕上《满江红》的水墨动画开启了“立誓·报国”篇。在学子齐诵《大学》后，校领导张晓宁发表了《心怀感恩，敬畏当下，憧憬未来》的致辞，寄语学子：在“敬师·修身、孝亲·齐家、立誓·报国”的路上，越走越好、越飞越高！

最后，在高三年级主任带领下，学子仰望大成殿，立下成人誓言：“弱冠既加，如之栋梁；中华复兴，神州梦圆；厚德载物，行胜于言……”成人礼在铿锵有力的誓言回荡声中庄严结束。

本次活动，以成人礼为一次文化溯源的体验，鼓励同学们传承优秀传统文化，激发了高三学子们练好本领展翅高飞、扬起风帆奋进远航的斗志。学子纷纷表示，在今后的人生道路中，定要践行誓言，报答父母养育之恩，铭记老师谆谆教诲，做一名合格的中华人民共和国公民，为实现中国梦而不懈努力！

活动素材

一、《孝经》片段

身体发肤，受之父母，
不敢毁伤，孝之始也。
立身行道，扬名于后世，
以显父母，孝之终也。
夫孝，始于事亲，

中于事君，终于立身。

二、《大学》片段

古之欲明明德于天下者，先治其国；
欲治其国者，先齐其家；
欲齐其家者，先修其身；
欲修其身者，先正其心；
欲正其心者，先诚其意；
欲诚其意者，先致其知。
致知在格物。
物格而后知致，知致而后意诚，
意诚而后心正，心正而后身修，
身修而后家齐，家齐而后国治，
国治而后天下平。

三、教师朗诵

独立之精神　仁德之灵魂

尔等今日成人，为师有数言相赠，
题曰“独立之精神，仁德之灵魂”：
人格独立，方能自立；
学术独立，方能自强。
生命独立，方能自信；
精神独立，方能自由！
少年强则国强，少年智则国智，少年独立则中国独立。
大学之道，在明明德，
亲民至善，定静而安。
以仁为魂，以德为心，
有斐君子，穆穆肝胆！
仁德为先，方能齐家治国平天下！
君成年，悯叮嘱。
师者心，尽在此。
行无疆之野，渡沧浪之滨，勿忘此言：

独立之精神，仁德之灵魂！

四、《成人礼誓词》

领：清华附中，莘莘学子。

合：莞尔韶华，奕奕容光。

弱冠既加，如之栋梁。

道义不辞，大任始承。

领：今且生逢盛世，

合：中华复兴，神州梦圆。

赤子安在，吾辈既征。

领：吾将修身，一日不怠。

合：申大义，慎明志，安于道，达于仁。

孝亲恭俭，感念吾师。

厚德载物，行胜于言。

领：吾将齐家，一日不怠。

合：爱老幼，谐邻里，倡友善，树新风。

不独己身，博爱兼施。

领：吾将治国怀天下，一日不怠。

合：行天下大道，求天下为公。

明礼惟新，中华气度。

华夏四海，有吾一擎。

今之明誓，天地为证。

五、家长发言

只希望你做一个健康、快乐、高尚的人
——2016 成人礼家长代表发言

尊敬的各位领导、老师，亲爱的同学们：

我是高三一班学生的家长，今天作为学生家长被邀请来到国子监，参加孩子们 18 岁成人礼仪式，感到非常激动与荣幸，感谢学校、老师给予孩子们这样一个隆重有意义的终身难忘的成人仪式。

18 年前呱呱坠地、牙牙学语到今天加冠礼，见证成长，我想每一位父母都和我一样，眼里满满的都是激动、欣喜，心里都是满满的殷殷期望和细细的叮嘱，但又不知如何对孩

子们表达，如何与孩子们诉说。今天，作为一名家长，我代表清华附中高三年级所有家长对和我女儿一样在场的所有的孩子们说几句话。

孩子，18 岁是成熟的标志，也是成人的起点，你已经是一个可以担当、有着责任感的成人了。18 岁，什么事情不能再靠父母，应该真正地去独立、去生活，也要为你将来的生活打基础。也许成年对你来讲更多的是无奈，对过去的不舍和即将失去的依恋。成年就意味着你长大了，你更不可以随心所欲地做事情了，你的肩上多了一份责任，对自己的责任、对家庭的责任以及对社会的责任。而且，与其他同龄人一样，你现在处在学知识的关键时期，下一步还要进入高等院校深造，走向社会。

今天，我想说，希望你们做懂感恩知回报的善良人：首先要感恩学校为你们举行的这次成人礼，学校领导总在想着如何把你们培养成有用的人才；其次要感恩老师对你们的谆谆教导和深深关怀，关心着你成长的点点滴滴；最后就是要感恩周围每一个关心你的亲人和朋友，是他们在你们成长的路上给你们鼓励和支持！投之以桃，报之以李，你们要学会感恩，用善良来回报这个社会，“奉献、帮助”应成为今后生命的主题词。不一定每一个人都能成为科学家，但每一个人都可以成为一个善良的人——给别人带去快乐，因而自己也快乐。马克思说过：“良心是由人的知识和全部生活方式来决定的。”要养成好的习惯，做善良的人，做对社会有用的人！

今天，我想说，希望你们做勤奋有志的情怀人：作为公民，你们心中充满爱，你们爱家人，爱朋友，爱周围的人，爱学校，爱社会，爱祖国，因为爱，所以有责任，有梦想，有担当，那就是让这一切因为你们变得越来越美好，这就是生活的希望与梦想，这就是生活的情怀与激情。不管是学习，还是生活中的任何事情，都要做到勤奋用功！爱因斯坦说过，天才等于百分之九十九的汗水加百分之一的灵感。只要你勤奋努力了，不管结果如何，所有的人都会为你鼓掌！天上掉不下馅饼，一切成果都是由劳动创造出来的。要知道，学无止境，爱无止境，勤奋是通往成功的阶梯。

今天，我想说，希望你们做健康自信的快乐人：18 岁，应该学会爱自己，把健康放在第一位。身体是你自己的，也是爸爸妈妈给你的，也是这个社会的，没有健康的身体，怎么有快乐高尚的人生，怎么为祖国工作五十年，谈什么都没有用，你们一定要注意身体，把身体锻炼好，养成锻炼身体的好习惯。孩子，拥有健康身体的同时，还要有健康的人格。多读书，读好书，学好知识，保持开朗的心境，学会控制和调节自己的情绪，建立积极、健康、自信的情绪状态，养成良好的生活习惯，保持积极乐观向上的生活态度。

孩子们，18 岁，标志着你已经由一个无民事行为能力、半民事行为能力的儿童少年变成一个具有完全民事行为能力的青年，也就是俗话说的能够一人做事一人担了。此时此刻，场下所有的爸爸妈妈们和我一样，要对你说的话太多太多，千言万语，归结为一句话：只希望你们拥有健康、快乐、幸福、高尚的人生！

18 岁成人，这只是人生的一个台阶，迈上这个台阶，还有更多的台阶在前面等着你，还需要用你的青春和责任去走好人生的每一步。再过一个多月你们就要走向高考的考场，相信你们会在知识上、身体上、心理上做好充分的准备迎来人生的一大考验，实现自己的青春梦想。孩子们，请记住，在你前行的人生道路上，你们的老师和父母们永远在你们身后和你们同行。

最后，祝孩子们金榜题名，梦想成真！每个孩子都考上理想的大学！

祝各位领导和老师们身体健康，万事顺意。谢谢你们对孩子们的无私付出！

谢谢大家！

2016 年 4 月 27 日

学 生 体 会

中国自古讲君子要修身、齐家、治国、平天下，我作为一个女孩却通过这次成人礼感受到了我身上的责任。因为父母亲人的关爱，所以乐于承担家庭的重担，同时也因为对家国热爱，敢于立身于社会有所作为。

在这次活动中，我的母亲为我加笄，互读信件的时候感情还可以抑制，但与母亲拥抱的一瞬间泪水就涌了出来，感觉彼此之间有了更多的理解和牵系。作为一名即将高考的学生，将近一年的滚动式复习使我感到疲惫不堪，但经过这次成人礼，在响亮的宣誓声中我又获得了更多的动力支持我走过后面的路程。

——清华附中朝阳学校学生　张安迪

我今天参加这次国子监成人仪式，感受很多。最让我感动的就是我们身着汉服，恭恭敬敬地跪地叩首，给父母行汉礼的时候。我之前从未给父母如此恭敬地行过叩首礼，过年时磕头也就是意思意思，这次是真的发自肺腑地想要感谢父母。

之后在与妈妈交换信件的时候，了解到了父母的良苦用心以及他们有多么不容易，以前从未想过自己一句玩笑或者不走心的话，父母居然记得那么清楚。现在想来做父母的真不容易，自己以后一定要多孝敬他们。

这次活动是在国子监，身着汉服，行汉礼，无论是整体成人仪式典礼的形式，还是我们集体背诵《孝经》《大学》的内容，无不洋溢着中华传统文化的气息。我觉得这种传承中华文明，敬师尊长的意识，会一直扎根在我们心中。

总之，今天的这次活动让我收获很多，感谢学校为我们提供如此难得的机会，使我们经历了如此肃穆庄重而难忘的成人仪式。

——清华附中朝阳学校学生　郭子童

3.2.3　科技点亮生活　创新就在你我

——清华附中奥森校区科技节

清华大学附属中学　朱建宏　杨晓彤

翻开人类的发展史，从远古的钻木取火到新型能源的充分利用，从古代的“烽火连三月，家书抵万金”到现在的相隔千里却近在咫尺的地球村，从古代的风餐露宿、日夜兼程到现在高速快捷的地铁、高铁与飞机……人类所取得的每一点进步，无不得益于对未知世界的探索，无不得益于对科学技术的掌握。可以说，是人类造就了科技，科技也成全了人类，人类和科技是相互依存的。为培养青少年的创新精神和实践能力，积极开展青少年科普教育活动，清华附中奥森校区整合学校、家庭、社会资源，举办了以“科技点亮生活，创新就在你我”为主题的科技节，活动分为四个篇章，包含十一项活动。四个篇章分别为“拼！合作之乐”“观！万物之妙”“做！碰撞之奇”“赏！科技之美”。清华附中奥森校区科技节所策划的系列活动旨在培养学生的创新能力、协作精神、动手操作能力及工匠精神。

活动意义

习近平总书记强调指出：“科技创新、科学普及是实现创新发展的两翼，要把科学普及放在与科技创新同等重要的位置。”举办学生科技节，是提升中小学生的创新意识、实施素质教育的重要途径，有利于培养学生良好的科学素养，促进社会主义精神文明建设，对于实施“科教兴国”战略具有深远意义。同时，活动也培养了学生对科学的兴趣和志向，促进了学生实验动手能力的提高，把课堂知识与生活实践相结合，促进了学校学科教学质量的提高，使学生感受到掌握知识的力量，在此基础上进一步激发同学们的求知欲望和创造性思维。

活动过程

一、活动准备

（1）校学生发展中心提起倡议。

（2）学生会学科部成员策划科技节主题及篇章。

（3）学科组（数学、物理、化学、生物和通用技术）提交各自方案。

（4）学生会整合科技节方案。

（5）学生会新媒体部与年级组联合宣传动员。

（6）组织各班报名与培训。

二、活动开展

（一）第一篇章：拼！合作之乐

活动 1：力量与激情——纸箱车承重赛。

活动 2：尖叫的鸡蛋。

活动 3：举高高。

活动 4：进击的胡萝卜。

此篇章在科技节开幕式上作为竞技项目展开比赛，为科技增加趣味，为科技节拉开帷幕营造氛围。

（二）第二篇章：观！万物之妙

活动 5：走入航天、触摸太空——光电院、航天员训练中心科普考察。

利用周末时间带领同学们走进光电院和航天员训练中心，利用二者得天独厚的高端、稀缺科教资源，全方位地学习感受航天知识。

（三）第三篇章：做！碰撞之奇

活动 6：生机 Plus——树枝树叶的创新玩法。

活动 7：书叶香——叶脉书签制作。

活动 8：化学的呵护——手工皂、护手霜制作。

活动 9：热爱生活，体验物理——物理学系列实验体验。

与学科教研组深入合作，把生活带入实验室，也把知识应用于社会。

（四）第四篇章：赏！科技之美

活动 10：指尖上的北京——3D 北京地标拼建活动。

活动 11：《漫谈人类文明——科学与艺术交汇》讲座。（严加安教授主讲）

将文人情怀与科技魅力相结合，塑造学生全方位的良好素养。

三、活动评价

（1）竞技性项目聘请专业教练打分评价。

（2）实验项目由学科教师进行过程与结果评价。

（3）科技节主题班会总结。

活动片段

科技节鼓励学生在活动中分享科技知识、在比赛中碰撞思维火花、在体验中大胆创新，充分体验学习、创造、动手、动脑的乐趣。每一位同学都至少参与两项科技节活动，做到了高一、高二年级的全员参与。

一、拼！合作之乐

师生们首先展示了各自历时一周精心制作的纸箱车。学生组的战车从造型到涂饰都各有风格。一场别开生面的纸箱车承重赛一触即发。有的团队的战车不但承重能力强，而且运行速度十分快。有的纸箱车则在出发伊始就不幸塌陷。欢笑与加油声飘荡在活动场中。

在纸箱车大赛后，同学们进行了其他三项十分有趣的团队比赛，分别是“举高高”“进击的胡萝卜”和“尖叫的鸡蛋”。“尖叫的鸡蛋”是指参与活动的组在规定时间内制作一个稳定可靠的结构，并将生鸡蛋固定在该结构中，在高空抛出该结构后保证落地时鸡蛋完好无损。同学们集思广益，设计出许多种稳定结构，在不断的实验中一次次刷新挑战高度。

“进击的胡萝卜”是指对胡萝卜进行改造，用牙签连接起来做成塔状，最终挑战胡萝卜塔能够在 30 秒内不倒且塔高最高者获胜。同学们积极商讨研究，有的切块，有的切片，有的切丝……搭得不亦乐乎。

二、观！万物之妙

清华附中奥森校区科技节还走出校园，深入光电院和航天员训练中心开展以“走入航天·触摸太空”为主题的科普实践活动。该活动充分利用了光电院和航天员训练中心高端且稀缺的科教资源，使同学们了解了浮空器的分类以及各种浮空器的实际用途，近距离观察了航天员仓外训练基地以及以“年”为单位制造、多达20多层、重达120千克的宇航服。在参观中同学们感悟到航天员以及科技工作者的艰辛与伟大，更感悟到改革开放四十年来我国航天事业取得的宏伟成就。

三、做！碰撞之奇

生物、化学和物理学科组设计了一系列生动有趣的学科实验活动：教师和同学们把树叶的生机续写进书页间；在高级脂肪酸的盐析中感受化学的呵护；在绳拉大巴和飞起的网球等物理实验中体会了物理的趣味。

生物教研组开展了叶脉书签的制作活动。恰逢金秋时节，落叶缤纷，同学们在教师的指导下以校园内自己收集的落叶为原料制作了精巧的叶脉书签。同学把叶片的美长久留在身边，并且融入了自己的创造和审美。叶脉书签的制作中，首先使用氢氧化钠溶液浸泡煮沸使叶肉松散，随后同学们细心地将叶肉一点一点从叶脉上刷掉，剩下的就是清晰的叶脉纹路了。随后同学们用颜料将叶脉染色，经过压平、风干和封膜之后，精美的叶脉书签就做成了。通过此次活动，同学们培养了审美情趣，体会到了科学与美学的交织。

化学组为全校师生展示了什么叫作来自化学的呵护——制作手工皂和护手霜。同学们用日常的油脂——猪油，加入碱、酒精和蒸馏水进行加热。等油脂皂化完全以后通过盐析的方法收集生成肥皂主要成分。之后同学又加入了各种香精、香料和色素，倒入之前准备好的模具中，制成各种颜色和香味的精美小肥皂。此项活动的主旨在于唤起学生对化学的热爱。同学们通过动手参与，感受化学的神奇力量，从而树立爱科学、学科学的理念。

物理组则举办了一系列的实验展示活动。许多新奇实验首次亮相——一根绳子、一个人，就能拉动十几吨重的大巴车；双手摩擦青铜鱼洗的把手，水面上会出现一圈圈规则的波纹；把网球放在篮球上与之一起竖直下落，反弹高度竟达到原先的十倍之多；向水杯中的吸管吹气，管口不仅能喷出细密水雾，还会产生神奇的音调……其中，最引人注目的还是静摩擦力拔河比赛。随着两边拔河人数的增加，道具上的木头都拽开了，但是靠静摩擦力合在一起的两本书还是没有被拽开。它到底能承受多大的力量？同学们通过此项实验可以体验到所有纸张“团结在一起”的强大力量！

四、赏！科技之美

此次科技节，我校邀请到中国科学院院士、著名概率论与随机分析学家严加安教授来到清华附中奥森校区。严加安教授做了“谈谈我心目中的科学与艺术”的讲座，从古今中外的经典文献和艺术作品入手，深入浅出地联系到数学、物理等自然科学知识，对科学与艺术之间“大道至简、大美天成”的本质联结做了精彩阐释。严加安教授的讲座极大地拓宽了同学们的视野，让同学们品鉴到科学技术中蕴含的独特之美。

除此之外，清华附中奥森校区还打造了微观装配实验室（Fab Lab），教会同学进行概念设计并将模型转换为实体。同学们在通用技术教师的指导下制作形态各异的小台灯、精美的北京 3D 建筑模型等。在 Fab Lab 模式下，同学们所学的物理和化学将不再是传统而单一的学科，而是进一步综合了动手能力、合作能力以及审美能力的综合性课程。

学生体会

同学们通过这些精彩有趣的学科活动，真正体验到动手的乐趣与科学的魅力。在这些综合性活动课程中，学生的沟通力、合作力、创新力和审辨性思维得到了综合的锻炼与提升。真正实现了从书本知识走向生活实践，然后带着好奇和兴趣回归课堂。希望同学们努力用科学知识充实自我，培养科学精神，增强创新意识，努力成长为新时代的优秀公民。

科技节开幕式的几项比赛既有趣又可以增长知识。比如，在高空坠蛋项目中，我们利用物理知识构思了不同的受力模型，并论证哪种才可以更好地保护鸡蛋。最后我们通过实验验证了不同方案的有效性。在这个过程中我们深刻感受到物理知识的实用性。其次我们也感受到团队合作的重要性，在这个过程中有的同学擅长分析，有的擅长操作，我们分工明确，各取所长，最终取得了很棒的成绩。

——高 1803　陈昱彤

我们有幸在学校科技节期间参观了航天员训练中心。在这里我了解到了许多平时根本接触不到的事情。航天员的太空服并不是简简单单制成的。它耗费最多的并不是金钱，而是成百上千名研究人员的精力与时间。一件 120 千克的纯白色衣服，竟会以“年”为单位铸就。航天服内部有近 20 层的结构，每一层都有着至关重要、关乎航天员生命安全的作用。除此之外，我们也领略到了中国航天事业的强大。我们只用三年半时间就成为一个拥有领先浮空器技术的国家，而别的国家用了 15 年。中国之大，已经不仅在面积上体现，而是综合国力的强盛。这里面凝结了无数人的付出。我为我们的祖国母亲感到骄傲、自豪！

——高 1802　黄楚轩

3.2.4 “法律与我同行”全国宪法日团队主题活动

清华大学附属中学朝阳学校 秦洪明 张晓宁 王颖

2014 年 11 月 1 日，第十二届全国人民代表大会常务委员会第十一次会议通过设立国家宪法日。具体时间是每年的 12 月 4 日。从此，12 月 4 日将重点开展宪法宣传活动，也称为“宪法宣传日”。

为贯彻落实《教育部关于在国家宪法日深入开展宪法学习宣传教育活动的通知》精神，开展好国家宪法日宣传教育活动，清华附中朝阳学校在德育处、校团委、学生会的组织下，在全国宪法日 12 月 4 日开展清华附中朝阳学校公民法制教育之“法律与我同行”全国宪法日主题活动。

通过举行“国家宪法日”系列教育活动，在全体师生中掀起了学习宪法基本知识的高潮，认识到宪法是我国的基本法，其他法律制定要以宪法为基准，不能违背宪法规定。

我校为培养学生学法、知法、守法、护法的法治意识，营造校园法治宣传氛围，进一步把学校法制教育工作推上一个新的台阶，全国宪法日期间，学校以“法律与我同行”为主题组织全校师生深入开展了一系列全国宪法日主题活动。在全校大力宣传法制精神，进一步提升全校师生的遵纪守法意识。全面推进我校普法、学法、守法工作的开展，切实加强校园法制教育，健全学校法制宣传教育长效机制，促进学生健康成长。通过学习和参与调动学生的思维，全方位地去参与学习法律、体验辩论，使同学们对法律有了新的认识，提高法律意识，提高学习法律的兴趣，提高自主学习能力。

活动意义

以首个宪法日为契机开展公民法制教育团队主题活动，通过同学们身边可能会发生的具有现实意义的案例，引发话题，学生自己收集整理法律知识，研究案例，立论并准备论证，思则清，辩则明，通过辩论主动思考，从而调动学生的思维，全方位地去参与学习法律、体验辩论，使同学们对法律有了新的认识，提高法律意识，提高学习法律的兴趣，提高自主学习能力，对今后的生活和进一步学习有很大的帮助。在学法课程上做出有益的探索研究。

活动过程

整个活动主要分为以下几个方面。

一、法律词典

通过知识问答的形式明确不良行为、违法、犯罪的界定，以具体的行为进行测试，让同学们知道如何去界定各种行为是否合法。为观众同学普及法律基础知识，同时为观看情景剧及辩论提供法律知识铺垫。

二、情景剧

录制、编排法制情景剧《手机风波》，选取剧中情景，确定“学生趁人不备撬锁取走手机构不构成盗窃罪”为法制辩论辩题。

编排方式：同学自编、自导、自演、自拍、播放。有关部门教师指导。

三、法制辩论

辩题：学生趁人不备撬锁取走手机构不构成盗窃罪。

经各团支部推荐后，学习部组织初赛确定最终正反方辩论选手各 4 名。

辩前准备：

（1）组织正反方观看情景剧。

（2）正反方分别以情景剧和辩题为根据，收集有关法律知识和判据。

（3）正反方分组讨论辩论策略。

辩论：活动时在主持人的组织下进行辩论。

负责部门：学习部（演讲社）。（具体内容附后）

指导教师：政治组，负责指导辩论初赛、内容；语文组，负责指导辩论方法与技巧。

四、专家点评

（1）对这个案例法律问题进行了定性判定和解释。

（2）评价学生表现。

（3）对学生提出寄语。

五、法制文艺：《法制三句半》

辩论赛后同学们还通过表演自编自演的《法制三句半》文艺节目，引发了大家对法律进一步的思考。

六、知法守法宣誓

由主持人带领全体同学宣誓。

“从我做起，从现在做起，提高法制意识，遵守法律校纪，告别不良行为，远离违法行为。做一个合格中学生，做一个文明北京人，为社会和谐贡献力量。”

七、配套展开系列活动

法制讲座、法制征文评选、法制手抄报展览、法制辩论赛、法制宣传小报。

活动片段

与会领导、教师评价如下。

市教委政策法规处负责人充分肯定了这次法制活动取得的效果并与同学们合影留念，他深有感触地表示通过学生身边的案例，学生自己收集整理法律知识，然后去辩论，这种参与式、体验式的学法课程，清华附中朝阳学校做了有益的探索研究。同时，他高度赞扬我校学生自主组织活动能力和综合素质，希望同学们认真学法，守法，将所了解到的、学习到的法律知识传递给身边的人，做一名普法志愿者。

学校政治教师认为，这类案例在我们身边可能会发生，具有现实意义，通过辩论，使同学们对法律有了新的认识，提高了法律意识，学到了很多知识，对今后的生活和学习有很大的帮助，作为一名教师，不仅要认真学习法律知识，更应该在知法懂法的基础上，维护好学生和教师的合法权益。

活动素材

一、法律词典

不良行为：泛指与《中学生守则》《中学生日常行为规范》、公众道德相悖的一些行为以及心理障碍的总和。

违法：违反法律规定，危害国家、社会和公民利益，依法应当承担法律责任的行为。通常表现为对正常社会秩序的破坏、对公民人身权利和公私财产等合法权益的侵犯。

犯罪：严重危害社会，触犯刑法，应当受到刑罚处罚的行为。

小测试：

（1）旷课、夜不归宿、抽烟、喝酒。——不良行为

（2）扰乱学校正常的教学秩序，妨碍教学活动的顺利进行。——违法

（3）进入法律、法规规定未成年人不适宜进入的营业性歌舞厅等场所。——不良行为

（4）故意杀人、故意伤害致人重伤。——犯罪

二、法制三句半

我们四人台上站，说段法制三句半，关乎你我身边事，请看。

党的领导代代传，理想信念星火燃，小康社会法治梦，靠咱。

四中全会领航向，依法治国号角亮，梦想连着你我他，希望。

宪法维稳是法宝，安定社会缺不了。公民权利与义务，记牢。

民法守护咱大家，方方面面都不差，维护公平止纠纷，不怕。

刑法编织保护网，降妖除魔神通广，警惕雷区与禁区，勿闯。

生活百态皆有法，触犯法律遭严打，细小行为大环境，守法。

矛盾解决找方法，莫要冲动去打架，伤了和气且不说，犯法。

在外交往要谨慎，莫要随便与人混，结交不良家长忧，悔恨。

偷盗赌博更别说，千千万万不能做，伤人伤己伤大家，遭唾。

现代社会正形成，法治理念信心恒，从小就做护法者，准绳。

青年承载家国梦，法治文明树新风，中华巨龙方昂首，飞腾！

学生体会

活动后对学生发放调查问卷，结果显示，98%的学生认为，此次活动形式新颖、互动性强，愿意积极参加，并希望以后经常举行。问卷活动“收获”一栏显示，89%的学生认为，通过活动，原本被认为枯燥、遥不可及的法律就在身边，同时也感受到学习法律的乐趣。

——清华附中朝阳学校　王颖

学校开展的一系列活动让我们受益匪浅，以前感觉宪法离我们很远，现在感觉宪法就在我们身边，真切感受到了宪法的崇高和庄严，领会了宪法在国家政治经济和社会生活中的重要地位，培养了对宪法的认同和尊重情感，也进一步增强了法制观念，加强了中国特色社会主义法治理论的学习与传承。以后，我们一定要多学习法律知识，维护自己的合法权益，做一名学法、懂法、遵法、守法的新时代公民。

3.2.5 在与世界的对话中体验程序的力量

——清华附中“模拟联合国”活动

清华大学附属中学 杜毓贞 邱磊

模拟联合国（简称MUN）活动对于当今中学生并不陌生：青年学生模拟（扮演）各国驻联合国外交官，以联合国大会及联合国其他多边会议模式为流程，以当今国际热点为议题，通过阐述观点、政策辩论、投票表决、做出决议等亲身经历熟悉联合国的议事规则的学生论坛。

同学们看似“游戏”般模拟的议事规则无不改编自实际的《联合国大会议事规则》——正是在规则的熟悉与践行中，参与者形成对程序的认同与尊重，当整个会期在规则下向合作与妥协发展时，参与者获得更多的，是体验到以程序为主题的“民主”的魅力。

“模拟联合国”活动的魅力还在于它能使每一位参与者用更独特的视角来观察世界，用更广泛的空间去思考问题，用更严密的逻辑去阐述观点，用更灵活的方式去解决问题。它不仅仅意味着短短几天的模拟联合国会议，更意味着从第一次接触的那一刻起，这一门综合性“课程”，已经在开始向参加“模拟联合国”活动的教师和同学们提供阶段性抑或长期的支持，以帮助来自不同国家的年轻人进一步发展重要的技能和洞察力，来形成全球性思维。

活动意义

当今的中学生是将来世界的决策人，培养他们的全面综合素质，有助于为中国培养未来的世界领袖。“模拟联合国”活动对学生领袖才能的培养以及为学校开展主题教育活动提供了很好的借鉴。通过创设情境，提供探究体验的平台，通过模拟不同角色的体验，培养学生的责任感、社会适应能力和管理组织能力，以及团结合作、平等交流、追求完美的学术精神。

多数参加者渴望通过参加这个项目锻炼自己，提升自己的管理能力。从这一点来讲，提示我们的学校主题教育活动，首先要考虑到学生的智能需求，根据学生的需求组织相应活动。例如，在拓展训练中培养学生的合作意识，在成人仪式和志愿者活动中培养学生的公民意识，在对外交往中培养学生的国家意识和世界公民意识。其次要努力创设更丰富的情境和体验平台，让学生在体验中成长。丰富的社会实践和主题教育活动将促进学生全面素质的提高。最后要注意反思性表达和反思性调整，也就是总结和点评升华环节也是十分重要的，理性思维的引导对于形成正确的观念和能力具有不可或缺的作用。

各种组织、机构举办的模联会议，流程不尽相同，这里选取被普遍采用的美式传统模拟联合国规则为例。

一、点名

主席将根据点名确定简单多数（simple majority）和 2/3 多数（two-thirds majority）。

二、设定议程

设定议程仅在委员会设置多议题时使用，当委员会的议题超过 1 个时，与会代表必须表决，决定首先讨论的议题。

本次大会由赞成首先讨论议题 A 和赞成首先讨论 B 的双方各出 3 个国家，陈述为何首先讨论该议题。发言国家由主席在发言的国家中随机点出。双方轮流发言。待 6 国代表发言完毕后，大会进行表决，简单多数通过。

三、正式辩论

（一）设定发言名单（speakers list）

待主席宣布正式辩论开始后，欲发言的代表举国家牌，主席随机点出发言国国名，大会发言顺序依主席所点顺序进行。

每个代表发言不超过 2 分钟。主席会在时间剩余 30 秒的时候提醒代表。

代表发言完毕剩余时间可以让渡（yield time to）：

（1）给评论（comments）。主席将请需要评论的代表举牌并随机点出代表进行评论，而发言代表则没有机会再在剩余时间内进行观点陈述或对评论进行辩论。

（2）给主席。等同于放弃时间。

（3）给其他国家（other countries）。该国不可二次让渡。

（4）给问题（questions）。欲提问的国家举牌，由大会主席决定发言国家（提问时间不计入代表发言时间）。

（5）给主席（chair）。在代表没有其他发言或要求时直接让渡给主席，由主席决定时间处置，主席可以点取在场代表进行相关发言，也可以直接跳过，进入下一流程。

（二）提出问题（points）或动议（motions）

在一国代表发言结束后，其他代表可以提出问题或动议。

1. 问题（points）。

（1）程序性问题（point of order）。当大会的进程与既定规则不符时，代表可以提出程序性问题，该问题可在大会任何时候提出，发言的代表将被打断，主席首先解决该问题。

（2）咨询性问题（point of inquiry）。代表对大会任何流程和规则不清楚时，可提出咨询性问题。

（3）个人特权问题（point of personal privilege）。代表有合理的特别需求之时，可提出个人特权问题，比如，需要会场开关空调、调整屏幕显示字体大小等。这类问题不需要表决，由主席直接解决。

2. 动议（motions）。

除问题以外，代表需要采取其他的一切行动，都要提出动议。

（1）动议有组织核心磋商（moderated caucus）。即发言名单和发言的主体暂时游离到正式辩论之外，具体步骤如下。

步骤 1：代表动议中止正式辩论并开展有组织核心磋商，动议中必须包含所磋商的主题。磋商时间，以及每位代表发言时间。

步骤 2：在主席认可后对该动议进行投票表决，如果得到简单多数同意则通过，开始有组织核心磋商。

步骤 3：主席请需要就这一问题发言的代表举牌，并随机点取一名代表上台发言。

（2）自由磋商（unmoderated caucus）。自由磋商允许代表们离开座位，自由走动进行交谈。代表们可以结成小组进行专门问题的讨论，或者一起起草工作文件、决议草案或修正案。由于毫无限制，代表们往往在自由磋商的过程中进行更密切的交流以更有效地解决纷争。提出自由磋商动议的代表仅需在动议中说明磋商时间，在主席认可后即可进行投票表决。

（3）调整发言时间（change the speaking time）。如果代表认为发言时间过长或过短，可动议更改发言时间，然后进行投票表决。

（4）中止辩论（suspend the meeting）。中止辩论旨在结束该节（session）的辩论，例如，由于午餐、晚餐等原因。该动议需要立即进行投票。

（5）结束辩论（close the debate）。如果代表认为他 / 她的国家立场已经明确阐述，且已有足够多的决议草案被提出，且其他代表也同样准备好，这个动议可以将会议推入对决议草案进行投票表决的阶段。这需要反对该动议的两名代表陈述反对观点，随后进行投票。

动议皆需要表决，一般动议简单多数（50%+1 个国家）通过，结束辩论的动议需与会代表 2/3 多数通过。

（三）意向条（pages）

代表有任何问题，或者需要进行游说、沟通，都可以通过传条的方式向其他代表或者主席表达。

四、非正式辩论

代表可对动议进行磋商。

（1）有组织核心磋商。

（2）自由磋商。

五、决议草案

起草决议的代表须征集到与会代表国 20% 的签名，才可向大会主席递交决议草案起草国（sponsors，起草该草案的国家，在一次会议中，一个草案可由多个国家的代表一起起草）、附议国（signatories，部分赞同该草案的内容，不一定反对该草案，但认为该草案值得讨论）申请。

六、修正案

代表可对决议草案提出修正案（amendment），原决议草案的起草国不可签署修正案，附议国可以签署修正案。

1. 友好修正案（friendly amendment）。

当修正案由一国或多国提出时，主席将现场询问起草国是否同意加入该修正案，如果在场没有起草国反对，则作为友好修正案加入决议草案（draft resolution）。

2. 非友好修正案（unfriendly amendment）。

在主席询问起草国意见时，如果出现分歧，则将进入投票环节，点名（rollcall）之后主席一一询问起草国意见，一般来说，如果同意国家达到绝对多数，即总起草国人数的 2/3，则该修正案作为非友好修正案加入决议草案。

七、结束辩论

代表在适当时候可提出动议，结束辩论，对决议草案进行表决。该动议须由与会国2/3多数通过。

对决议草案或修正案进行表决，须由与会国2/3多数通过。决议草案通过，即成为决议（resolution），整个会议结束。

活动片段

2017年11月18日、19日，清华附中举办了第七届模拟联合国（以下简称模联）校际交流会（QHFZMUN2017）。会议筹办历时四个月，邀请到来自清华附中模联社团、清华附中将台路校区及其他北京市范围内高中学生共计111名“国家代表”和19名“主席团成员”参加。

开幕式于18日上午举行。在随后的分组会议中，参会同学们分别作为联合国安全理事会、欧洲理事会、国际原子能机构（International Atomic Energy Agency，IAEA）的代表进行了包括安全、人权与发展等不同方向的学术性模拟。其中联合国安全理事会的议题为“伊拉克局势（2017年10月）”；欧洲理事会的议题为“欧洲难民问题的协同应对”；国际原子能机构的议题为“核废料的管理”（The Management of Nuclear Waste），该委员会也是本次会议中设立的一个英文会场。这些议题充分贴合新闻时事，让同学们拥有更开阔的视野。

在五个会期13个小时的会议进程中，代表们体验到作为一名外交官所肩负的责任，为解决问题共同努力，达成共识。以联合国安全理事会会场为例，代表们关注到反恐、库尔德问题以及战后重建工作等不同的角度，群策群力、各抒己见地进行辩论与磋商。最终三个会场形成的决议草案均获通过，取得圆满成功。

在19日下午的闭幕式上，中文学术总监对学术情况进行总结发言，他最后提道“不忘初心，方得始终；但行好事，莫问前程”，激励着全场代表在未来的模联活动与学习生活中保持充沛的热情。

活动素材

一、立场文件范例（Sample of Position Paper）

Delegate: Zhang San, Wang Wu

School: Beijing No.1 Middle School

Country: The United Kingdom of Great Britain and Northern Ireland

Committee: ECOSOC

Topic: International Migration

International Migration has become a world focus, for it has close relationship to many other important issues. On one hand, migration is contributive to global culture and economic communication. On the other, migration touches on numbers of sharp problems, inclusive of human rights, refugees, public education, healthcare, racial and gender discrimination. As a developed country in west Europe, UK is evidently facing the problem of international migration. According to the UK National Bureau of Statistics, the number of migrants in UK is about 5 million, which forms 10% of the nation's population. As the former Prime Minister Tony Blare has stated, migrants has become a strong contributive power in UK economy.

The international community has long paid attention to the problem of migration. In 2003, the Global Commission on International Migration was created to study ways that governments and UN agencies can work together to address migration issues. The Office of the United Nations High Commissioner of Human Rights is also working on important human rights issue in international migration. There have also been a number of international documents produced which affect the treatment of migrants, such as the 1990 International Convention on the Protection of the Rights of all Migrant Workers and Members of their Families.

The UK government is always making effort in many aspects to provide better treatment to legal migrants and prevent illegal migration. UK is always working to constitute better social environment for legal migrants. For instance, UK put forward the new bill on migration in March 2006, which includes fine evaluation criteria for migrants and standardizes migration to some extent.

UK affirms its intention of cooperating with other countries on the issue of international migration. UK would like to utilize the power of international legislation to standardize migration. UK would also like to optimize the information-exchange system among countries to provide more efficiency in solving migration issues. Moreover, UK is willing to establish stable cooperation on migration issues with third-world countries. In details, UK intends to establish express gateways to welcome legal migrants and work with third-world countries on preventing illegal migrants. To sum up, UK is convinced that with the cooperation among countries, international migration will contribute more to the world and cause less trouble.

二、工作文件范例（Sample of Working Paper）

WORKING PAPER 1.1

UN Conference on Trade and Development

Generalized System of Preferences

Sponsors: Bolivia, Peru, and Ecuador

Bolivia, Peru, and Ecuador believe that a GSP should be set up so that lesser-Developed Countries（LDCs）receive preferential treatment from Developed Countries（DCs）. To that end we propose:

（1）Each DC reduces their tariffs to the lowest level possible. This level will be determined by the below created subcommittee.

（2）Bilateral trade agreements should be pursued for further reductions in tariffs.

（3）Trade preferences should be granted in the following areas: Agriculture, Manufactures, Semi-manufactures, Raw materials.

（4）Decisions on product coverage by preference giving nations must be made in consultation with the affected LDC. Annual re-evaluation of coverage shall take place with the LDC with disputed going to the below-created subcommittee.

三、决议草案

联合国安全理事会

朝鲜核问题

起草国：英国、美国

附议国：中国、法国、俄罗斯

安全理事会：

回顾其以往各项相关决议，包括第 825（1993）号决议、第 1540（2004）号决议、尤其是第 1695（2006）号决议，以及 2006 年 10 月 6 日的主席声明（S/PRST/2006/41）；

重申核、生物和化学武器及其运载工具的扩散对国际和平与安全构成威胁；

严重关切朝鲜民主主义人民共和国（朝鲜）声称已于 2006 年 10 月 9 日进行一次核武器试验，这一试验对《不扩散核武器条约》和旨在加强防止核武器扩散全球机制的国际努力构成的挑战，以及对该区域内外的和平与稳定造成的危险；

表示坚信应该维护防止核武器扩散的国际机制，并回顾，根据《不扩散核武器条约》，朝鲜不能具有核武器国家的地位；

痛惜朝鲜宣布退出《不扩散核武器条约》并谋求发展核武器；

还痛惜朝鲜已拒绝无条件地重返六方会谈；

认可中国、朝鲜、日本、韩国、俄罗斯联邦和美国于2005年9月19日发表的《共同声明》；

根据《联合国宪章》第七章采取行动，并根据第四十一条采取措施。

第一条　谴责朝鲜声称于2006年10月9日进行的核试验，朝鲜公然无视联合国安全理事会各项相关决议，尤其是第1695（2006）号决议和2006年10月6日的主席声明（S/PRST/2006/41），其中包括这一试验将招致国际社会的普遍谴责并将明显威胁国际和平与安全；

第二条　要求朝鲜不再进行任何核试验或发射弹道导弹；

第三条　要求朝鲜立即收回其退出《不扩散核武器条约》的宣告；

第四条　还要求朝鲜重返《不扩散核武器条约》和国际原子能机构（原子能机构）的保障监督，并强调《不扩散核武器条约》所有缔约国都需要继续履行其条约义务；

第五条　决定朝鲜应以完全、可核查和不可逆的方式放弃所有核武器与现有核计划，严格按照《不扩散核武器条约》对缔约方适用的义务和国际原子能机构（原子能机构）保障监督协定的条款和条件（IAEAINFCIRC/403）行事，并向国际原子能机构（原子能机构）提供超出这些规定范围的透明措施，包括让原子能机构接触它要求和认为需要接触的人员、文件、设备和设施；

第六条　又决定朝鲜应以完全、可核查和不可逆的方式放弃现有的其他所有大规模杀伤性武器和弹道导弹计划；

第七条　决定所有会员国应防止经由本国领土或本国国民，或使用悬挂本国国旗的船只或飞机，直接或间接向朝鲜提供、销售或转让下列物项①，不论它们是否源于本国领土；

第八条　吁请所有会员国自本决议通过之日起三十天内向联合国安全理事会报告为有效执行上文规定而采取的步骤；

第九条　吁请朝鲜立即无条件地重返六方会谈，努力迅速落实中国、朝鲜、日本、韩国、俄罗斯联邦和美国于2005年9月19日发表的《共同声明》；

第十条　决定继续积极处理此案。

四、修正案范例（Sample of Amendment）

AMENDMENT 1.1.1

Security Council

Reactivating the Peace Talks Process Concerning Palestinian and Israeli Situation

Sponsors: India, Thailand

① 物项略。

Signatories: Togo, Fiji, Antigua and Barbuda, Kuwait, Argentina, Indonesia, Poland, Uganda, Nigeria

（1）Change the word “immediately” to “gradually” in operative clauses, No. 6.

（2）Delete the operative clause No. 7.

（3）Add as the final operative clause: Decides to remain seized of the matter.

学 生 体 会

4个月的训练和准备，最后换来的只是两天半的成功，记得最后的那几个星期，常常是半夜睡眼惺忪地从电脑旁边离开，躺几个小时再去学校。成绩早就顾不得了，看着那比原先低了好多的名次，我无语……这样付出真的值得吗？不是为了名利，也不是为了荣誉，其实我一直奇怪，随着一头雾水到逐步成熟的过程，大家也都不约而同、莫名其妙地爱上了这个活动，究竟是什么使我们选择了MUN呢？或许，完全是凭着对它那份执着夹着顽固的热情吧！

——高17级　卢汉潇

或许在会议结束时，一切都变得寂静以后，我摸着自己站酸了的小腿还会留恋着那时的喧闹。但我无比坚信的就是那个初来乍到的我，已经出落得更加霸气，在与人交涉的时候也会多多少少显现出王者风范。模联不是要求我们能够真正讨论出一份满意的DR，一份可以解决问题的方案，它更是一个媒介，一个让我们从它身上，从别人身上学到一种风度的组织。它让每一个感受过它的魅力的人都变得成熟许多，它所不知道的仅是多少曾经闭塞的思想都被它开掘得灿烂，像春天一样怒放。

——高16级　常竞兮

3.2.6　躬行致远的研学践履，没有围墙的友善教育

清华附中永丰学校　祁雯

“读万卷书，行万里路。”为了提升我校学生的综合素质及实践能力，立足于培养孩子们的友善品行，让他们感知友善，从而践行友善，引导他们与人为善，助人为乐，使他们

体会与人为善、快乐自己的乐趣，2018年6月25日至29日，清华附中永丰学校小学部即将毕业的六年级学生远赴山西省晋中市祁县开展为期5天的毕业文旅研学活动。这是清永小学部首次毕业文旅研学活动，也是清永小学部为毕业学生精心设计和实施的毕业课程之一。此次活动以祁县丰富的旅游资源为依托，力求在研学期间让学生全方位、多角度地感受以晋商文化为代表的中华传统文化以及根植于晋商文化的现代文明，以使学生建立民族自信。同时，这也是学校送给六年级毕业生的一份礼物，希望孩子们能以更为宽广的视野话别小学生活，以更加笃定、自信、友善的心态走向人生的另一个起点。

最美的风景在路上，最好的学习也在路上。本次研学旅行中，孩子们既对晋商文化、山西饮食文化、农耕文化以及现代化的工业文明有了更深入的认识，也亲自体验了极具特色的当地活动。在活动过程中，孩子们不仅学到了书本中没有的知识，更学会了集体生活和合作学习，学会了友善处世，增进了彼此间的友谊，增进了和山西兄弟学校同学们之间的感情。此外，本次研学旅行也延展了学生对我国传统文化的深入了解，孩子们在学习中加深了民族自豪感，得到了民族文化的熏陶，更加坚定了弘扬我国传统文化的决心，爱国之情也随之深入内心。

活动意义

教育的根本任务只有一个，那就是立德树人。本次的研学旅行意在让学生在游历中“感受中华传统美德，体会中国传统文化，感受中华传统处世之道”。从情感、态度与价值观的角度剖析，希望孩子们通过活动学会动手动脑，学会生存生活，学会谅解包容，学会做人做事。这一点恰恰暗合了陶行知先生倡导的“教学做合一”。最终，我们的目的是让孩子在研学旅行中实践、学习、成长，学会友善待人，逐步形成正确的世界观、人生观、价值观。

活动过程

本次毕业研学旅行是清永小学部首次开展研学活动，这是学校为毕业生精心设计的毕业课程之一。从设计到实施都紧密结合了学习的办学理念及特色课程，主要经历了以下几个环节。

一、结合核心素养设定研学主题及路线

研学主题与路线选定伊始，我们参照“六大核心素养”的总体培养目标，对一定区域

内一切可能用于研学旅行的各种资源、场景、条件进行广泛的思索，怎么样才能让研学达到它原本的意义？怎么样才能让同学们在游历中真正开阔眼界、增长知识，形成情感、态度与价值观？怎么样的研学有利于促进学生培养和践行社会主义核心价值观？我们多方考察、踩点设计了本次的山西研学路线。

二、结合核心价值观设定研学目标

依据社会主义核心价值观中对每个公民的规范需求及学校的教学理念，我们对本次的研学制定了以下目标。

亲近自然，增强体魄健康。结合我校“棉田课程”，带领学生到大自然里去游玩、去远足，是增强体魄、亲近土地的机会，也是和当地人增进感情的机会。

走近伙伴，学会友善交往。让学生通过自由组合、自由活动、自由交往，习得交往中的规则，培养同伴友谊和领导力。

了解文化，增强民族自信。小学生对人文与历史的兴趣远低于对自然现象的好奇，因此我们要在游历中有意识地加强学生人文素养的培养。让学生通过实践学习，加强对我国传统文化的了解，从而增强民族自信。

三、结合学校特色课程合理化设定活动内容

本次研学活动并不是一次独立的活动，为了让它能够真正地丰富起来，真正地作用于学生，我们还把此次活动和校内的特色课程有效地结合起来：首先，我们结合学校的“校园中的半亩棉田”特色实践课程，来到了我校的“乔家棉田”实践基地。让孩子们在对乡土乡情、农耕文化的交流与感悟中，学会交往，播下友情；其次，我们还与我校的毕业课程相结合，让孩子们在游历中话别小学生活和同学们，并在过程中深化友情。此外，游学还与传统文化课程相结合，让孩子们亲身体验我国的传统文化：剪纸、珠算、家书家训、饮食……这些无一不加深着孩子对祖国的爱。

四、结合研学实际情况合理化运用研学方案

在研学的过程中，教师们也在积极地思考怎样才能让我们活动的教育意义最大化。教师们在活动的过程中不断地观察、发现，寻找更好的契机并有效调整方案。例如，为了让孩子学会交往，学会沟通，提升表达能力，教师临时决定把在会议场所中举行的总结会搬到了当地小学并开展了丰富的交流分享活动，在尽情的畅想、交流、分享中，孩子们拥有了自信、建立了友谊、提高了沟通能力、学会了友善待人。

活动片段

第一天：寻醋香，叹科技。

第一天，同学们来到了闻名已久的山西最著名的醋业集团——水塔集团。还没有下车，同学们就被浓浓的醋香味儿吸引了，大家纷纷走下车寻找气味的源头，原来是上百个大醋缸。同学们不禁感叹，山西的陈醋果然名不虚传。在教师的带领下，同学们迫不及待地参观了酿醋的过程，在看到空旷的车间中只有几名工人在作业，其余全靠流水线完成时，同学们纷纷表示只有努力学习才能掌握先进的技术、适应现代化的今天，才能把我们的国家建设得更加强大，才能实现我们伟大的中国梦。

第二天：品文化，习珠算。

第二天，同学们来到了渠家大院，体验我国的传统文化——打珠算，有模有样地做起了小掌柜。课堂一开始，教师先给同学们介绍了珠算的发展历史，同学们在学习中了解到，珠算有着悠久的历史，被称为我国的“第五大发明”，由古代著名天文学家和数学家刘洪发明。接下来，就是令同学们激动的实践过程了，同学们在默默记下了珠算的使用规则和进制后，认真地练习起来，最后大家都顺利地拿到了通关印章，心里别提有多高兴了！最后，同学们还谈道，这次的珠算学习，让他们知道了认真的重要性，并且回去以后要不断练习，把我们国家的传统文化传承下去！

第三天：习家训，传家书。

第三天，体会到了乔家的治家之道及孝道后，同学们深有感触。他们纷纷把这几天的所见、所闻、所感，写到了信纸上，并装进信封，郑重地写上了爸爸妈妈的姓名，寄给了远方的父母。

第四天：感农趣，探棉田。

第四天，同学们在教师的带领下参观了葫芦小镇，这里以葫芦著名，有着悠久的历史。讲解完成后，同学们兴高采烈地摘起了蔬菜，今天晚上的蔬菜就全靠它们了，不一会儿就满载而归了！另外，同学们最牵挂的就是我们的活动实践基地——乔家棉田了，他们执意要带队的教师们带他们去棉田里走一走、看一看，以此来告别小学生活里令人难忘的“棉田时光”。

第五天：畅未来，结友谊。

第五天，我们来到了乔家堡小学，与在校师生进行交流。在场的教师们都把自己刚参加工作时的奋斗经历拿出来与同学们分享，希望以此激励同学们。同学们聆听着老师的成长故事，也纷纷畅想起了自己的未来，梦想虽然稚嫩，但依旧可期：有的同学希望自己将来可以把高科技发展到农业建设中，让农民伯伯不用那么辛苦就可以得到高产；有的同学希望自己可以制做出最尖端的机器人，让全世界都知道我们的厉害；有的同学觉得仰望星空之前，先要脚踏实地，希望做一个合格的平凡人……青春就是有无限的可能，希望大家在自己的努力下，都能实现自己的梦想。在对未来的畅想中，两校学生结下了深深的友谊。

活动素材

研学行程与通关评价

<table>
<tr><th>日期</th><th>时间</th><th>行　　程</th></tr>
<tr><td rowspan="3">第一天
6 月 25 日</td><td>14：00—15：00</td><td>开营仪式，营长介绍研学安排、布置研学任务、成立研学小组、学生代表发言、研学队员宣誓</td></tr>
<tr><td>15：00—18：00</td><td>参观大型室内景观旅游综合体千朝观园，铺呈而来的百家长卷、四季南果园、晋商民俗文化等众多景观，让同学们陶醉其中流连忘返</td></tr>
<tr><td>18：00—19：00</td><td>欢迎晚宴，品尝当地特色美食八碗八碟</td></tr>
<tr><td colspan="3">同学们，我们期待已久的研学旅行开始啦，把你今天的感受记录一下吧！</td></tr>
<tr><td rowspan="4">第二天
6 月 26 日</td><td>08：00—09：30</td><td>集体前往国家 AAAA 级景区渠家大院并参观</td></tr>
<tr><td>09：30—12：00</td><td>跟渠家掌柜学习打算盘
参加“通关算盘”的游戏活动</td></tr>
<tr><td>12：00—14：00</td><td>祁县午餐</td></tr>
<tr><td>14：00—16：30</td><td>参观祁县最大的红海玻璃文化园，欣赏远销海内外的一件件玻璃器皿，了解它们的独特制作工艺及丰富的文化内涵</td></tr>
<tr><td colspan="3">通关算盘。第一关：
第二关：
第三关：
第四关：</td></tr>
<tr><td rowspan="6">第三天
6 月 27 日</td><td>08：00—10：00</td><td>集体前往国家 AAAAA 级景区乔家大院并参观</td></tr>
<tr><td>10：00—12：00</td><td>跟掌柜学习乔家家风、商训，每人用毛笔书写一句自己最喜欢的（关于家风）警世名句</td></tr>
<tr><td>12：00—13：00</td><td>返回酒店用餐</td></tr>
<tr><td>13：00—15：00</td><td>酒店午休</td></tr>
<tr><td>15：00—16：00</td><td>结合甄选出家风名句，为亲人写“一封家书”</td></tr>
<tr><td>16：00—18：00</td><td>由祁县著名的民间艺人传授剪纸技艺，同学们可亲自动手操作，剪出一张漂亮的窗花</td></tr>
</table>

续表

从严以治家的家风家训中，品读乔家宝贵的“三观基石”，目的就是要让好的家风融入我们的生活中，沉淀在我们的品格里，最终成为我们自己家族最宝贵的财富。 书写你最喜欢的（关于家风的）警世名句：		
第四天 6月28日	08：00—11：30	参观乔家大院葫芦小镇，熟悉棉田内常见农作物；在农民伯伯的带领下为农作物锄草、浇水，采摘西红柿、黄瓜、豆角、水萝卜，为下午的托叶做准备
	11：30—12：30	酒店享用午餐
	12：30—15：00	酒店午休
	15：00—18：00	山西手工面食体验课，欣赏刀削面、拉面、龙须面、剔尖等面食表演，参加“巧手托叶大赛”
	18：00—19：00	品尝自己制作的托叶，发视频给家人分享
用你的画笔，描绘一幅美丽的田野。		
第五天 6月29日	07：00	起床
	07：30—08：00	酒店早餐
	08：00—11：00	北京、山西学生在乔家堡小学，进行研学交流，分享体会，总结心得，共同成长
研学总结：		

学生体会

今天，我们集体前往国家AAAA级景区渠家大院并参观。整座大院宏伟庄重，气象森然，散发出中国传统文化的精神、气质、神韵，令我们赞叹不已。紧接着，我们穿着古装参加“通关算盘”的游戏活动。经过渠家大掌柜精心授业，我们很快掌握了珠算的技巧，又提高了计算速度，并初步体验了珠心算。这次活动让我们了解了许多知识，让我们感受颇深，记忆犹新。

——小 1201　游思雨

我们中午乘车去了红海玻璃文化园，我们在那里吃饭，然后去观赏了由手工制作的玻璃，“这块玻璃好好看啊”“这块玻璃好漂亮啊”“哇，好精致啊，真的是手工做的吗？”同学们的赞美声络绎不绝。导游姐姐带着我们去了制作玻璃的工厂，她说，制作玻璃的最低温度是一千多摄氏度，“叔叔阿姨们好辛苦啊！”我在心里默默地说了一句！然后我们去了一个工厂，导游姐姐给我们拿了高脚杯让我们画画，同学们画得奇形怪状，有的画海洋，有的画蜡笔小新，有的写英语，之后老师给我们装起来了。今天一天我们都非常开心，因为我们既学到了知识，又收获了快乐！

——小 1201　多玉玲

今天是来山西的第二天，我们参观了国家 AAAA 级景区渠家大院。那里距今已有 2000 多年的历史了，进了大门后就有导游哥哥带着我们参观这里。在这期间，我们参观了很多地方，例如，来到了渠家大院许多祖辈的居住室，同样也看到了以前被日本入侵的时候修建的炮楼，炮楼的墙上依然可以看到从前日本在此留下的痕迹。最让我印象深刻的还是“通关算盘”，我们努力学习了关于算盘的一些知识，老师跟我们说了练算盘可以开发左右脑，提高记忆力，对学习非常有帮助，我们也彻彻底底当了一回“小掌柜”。这一次去渠家大院，真的是让我记忆深刻。下回有机会我一定还会来这里参观。

——小 1201　刘畅

今天我们去了渠家大院。阳光明媚万里无云，只不过天气非常热，但是这么热的天气也没能阻止我们激动的心，在那里我们了解到了渠家大院各个祖师爷和历史文化，这可真是一个活的博物馆。渠家大院以前被日军司令部占领过，所以那里还保留了原先日本兵留下来的炮楼，真的是让我们了解到了很多历史文化。之后我们还学习了打算盘，我觉得非常有意思。打算盘可以锻炼左右脑，可以增强记忆力，在此我还获得了一个纪念品。之后我们去了红海玻璃厂，在那里体会到了工作人员的辛勤劳动，做一枚玻璃需要高温，所以那个车间里面非常热，我非常佩服他们。今天让我收获了很多，渠家大院告诉我要学会吃亏，在玻璃厂我学会了要不怕吃苦、不要抱怨，这真是美好的一天。

——小 1201　田梦洋

今天早上天气非常炎热，可还是不能阻止我们去往渠家大院激动的心情，我们乘坐大巴车来到了渠家大院，导游带着我们参观了一下渠家大院并给我们讲解它的历史和来历。渠家大院在以前被日本人占领过，所以那里会留下弹孔。我们知道了渠家大院的每一代主管的历史，最后我们还了解到了如何才能熟练地运用算盘。下午我们去了红海玻璃文化园，了解到玻璃是如何制成的。我很敬佩那些工作人员能在那么炎热的环境下认真工作。最后我们还为我们的杯子绘制了美丽的图案。通过今天这次研学我了解到了要学着吃亏，还要不怕辛苦，今天的研学真是让我受益匪浅啊！

——小 1201　赵鹏程

今天早上我们去了国家 AAAAA 级景区乔家大院，这里有很多文物。比如，有三件镇家之宝，引起了我极大的兴趣。其中一件是九龙屏风，它原来是故宫里的一个屏风，因为八国联军侵华而流落民间，被乔家买了下来，以保文物不被再次伤害。听到这里本来嘻嘻哈哈的同学们都不说话，每一个人都在沉思，这是我们祖先给我们留下的宝贵财富，还有好多像这样的伟大艺术品被毁掉了，我们心中除了愤怒，还有一丝悲伤。

——小 1201　薛士伦

今天，我们去了乔家大院葫芦小镇熟悉常见农作物。我们在农民伯伯的带领下采摘黄瓜、豆角，过了一段时间后，我们感觉腰酸背痛，真是太不容易了。通过这件事我们想到农民伯伯的工作是多么不易啊，还让我知道了，每一粒粮食都是来之不易的，所以我们要好好珍惜，不要浪费，让农民伯伯减少一些疲劳。

——小 1201　纪文江

今天我们去了葫芦小镇摘黄瓜，途中经过了一片西瓜田，只见绿油油的一片西瓜叶，一个西瓜也没看见，我蹲下去一看：西瓜原来藏在叶子底下呢！西瓜叶像一道屏障，把西瓜遮得严严实实，只有几个长的大些的西瓜露在表面。我认真地观察了西瓜的生长，觉得它们的生命好神奇！

——小 1202　郭润芝

来到田地，我被眼前的情境惊呆啦：一个个黄瓜顶花带刺，像调皮的孩子——有的弯腰弓背，有的舒展身体，它们在瓜秧上荡来荡去，好像在荡秋千。我的兴致来了，大声喊："这还不好摘呀！保证一会儿完事！"说着动起手来。不料刚一摸黄瓜，手就被扎进了刺，我"哎呦"一声叫了起来。导游小姐姐见到，连忙说："小心点，黄瓜上有刺哦！"摘完了黄瓜，我迫不及待地洗了洗，把两头掰掉。我咬了一口，啊！果然是纯天然的黄瓜。一口下去，还有点儿甜。这次的活动让我感受到了农民大叔的辛苦。"谁知盘中餐，粒粒皆辛苦"，我们要珍惜每一粒粮食。

——小 1202　张佳

3.2.7　厚德自强，做博雅君子

——"自治文化促进学生行为习惯养成"的模式探索

清华大学附属中学　白雪峰

随着经济社会的发展，学校教育逐渐由原来的主要重视智育发展变为重视素质教育，德育在学校教育中的地位不断攀升，其中养成教育也日益受到重视。不同地方、不同学校都在探索合理有效的养成教育实施模式。有显性的方式如主题班会等，有隐性的方式如培育积极的校园文化与环境等。不管是显性的方式还是隐性的方式，更多的是借助外部力量来实施，而相对忽视了学生自身力量。智育中总是强调"教师主导与学生主体"，事实上养成教育中也应该充分发挥学生的主体作用。青少年处于从他律向自律发展的过渡阶段，这就意味着他们可以尝试而且能够做到更多的自律。青春期也是孩子们渴求更多自主的阶段，此时的他们会更加排斥外在的诸多约束，如此可以利用这种心理，创造更多的机会让青少年尝试自己管理自己。

清华大学附属中学一直秉承“让每一位学生都能以最适合自己的方式成长”的教育理念，在这所校园里，思想的新芽、创新的种子、张扬的个性都能得到充分的展示与发展。在行为习惯养成教育方面，在常规模式之外，清华附中也尝试探索更能发挥学生主观能动性的实践模式，即倡导“自治文化”，鼓励学生“厚德自强，做博雅君子”，从精神与心灵层面提升学生的心灵境界，涵养学生的品格修为，在学生习惯养成教育方面取得了较好的成效。

活动意义

相比学科教育，养成教育的挑战在于除了它需要更多的耐心之外，还更容易受外在因素的影响。实践中经常会看到“管得严了，学生表现会好一些；管得松了，学生表现就差了”的现象，这从一个侧面说明要想真正地养成良好的行为习惯，光靠外在约束是不行的，外因还必须通过内因起作用。学生自治就是在学校管理的相关领域，给学生更多的自主权，让他们尝试自己管理自己，真正地成为学校的“主人”，激发学生的主人翁意识，从而促使他们更自觉地培养良好的行为习惯。

在以往的养成教育模式中，更强调学校、社会或家庭的主导作用，养成教育面对的主要对象——青少年——在其中的作用却被忽视了，学生自治则可以在一定程度上弥补这一缺陷。学生通过自治，不仅锻炼了能力，还加强了认知，升华了情感，这将更有助于他们养成并保持良好的行为习惯。

活动过程

一、自治意识的唤醒

（一）紫荆文房的从无到有

三年前，学生公司社团的刘昊禹同学来找学校，说想以众筹的方式在学校开办一个小卖部，既方便同学们的生活，又能为同学提供创业实践的机会。学校觉得他的想法特别好，就让他去编写项目方案。几易其稿之后，他就带着项目方案到党政联席会上汇报了。半年后，他的小卖部如愿开张营业，店名叫作“紫荆文房”。三年的时间中，“文房”的运营团队达到近 90 人，经营方式从开始的文具售卖扩展到文创产品开发、格子铺出租、打印服务、图书交流、杂志出版、志愿服务等，每学年都能提交 5 篇左右有关文房经营的研究性学习论文。

紫荆文房的成立和运营体现出学生强烈的自主意识，展现出他们较强的自治能力。苏霍姆林斯基说，只有能激发学生去进行自我教育的教育，才是真正的教育。上面的事例说明，学生管理的高阶层次一定是学生的自我管理，学校要尽量多地为学生提供成长平台，教师要学会由台前转到幕后，从教育监督者转变为学生成长路上的引领者和陪伴者，让学生自己设计，自主探索，同侪互助，相伴成长。这样，好的教育就在潜移默化中发生了。

在清华附中，有近 90 个学生社团，运行方式都是采取学长管理的机制，与紫荆文房类似。这些社团成为学生交流能力、创新能力、合作能力和问题解决能力的锤炼平台，是学生领导力提升的训练场。

（二）自治班级的申报

自治意识的培养如种子的萌芽，需要土壤，更需要阳光的深情召唤。清华附中的《班级自治星级评定制度》就是为了唤醒学生的自治意识而制定的。

自治班级采取逐级申报制。班级有一项特色特别突出，可以认定为一星班级；有三项特色突出，可以认定为二星班级；通过一个月的考察，班主任在与不在，班级各项表现都特别突出，可以认定为三星班级；三星班级继续申报四星，要经过三个月的暗中考察，班主任和学校管理者不对班级运行进行主动干涉，班级各项表现都能保持优秀者，可以认定通过；四星班级申报五星，要考察六个月，要在两次大考中实现无人监考。

申报环节分为书面申请、资格认定、自治承诺三个步骤。学生发展中心接到班级申请后，结合该班级以往的表现和任课教师的初步评价，认定申报资格。获得申报资格的班级要在年级学生代表会上展示班级特色、宣读自治承诺并进行解读，一星和二星由学生代表现场投票，得票三分之二以上者当场认定。三星以上班级申报者则进入考察环节。由学生发展中心、年级组的师生代表组成考察小组，考察期结束后，申报班级依照班级承诺在评审会上汇报班级自治情况，考察组宣读考察意见，学生代表投票决定该班是否通过评审。

目前，全校已有超过一半的班级通过评审成为自治星级班级。

初 1511 同学在谈到为何申请自治四星班级时说："申请自治班级，不仅是对同学们三年来的团结一心、共同努力的认可，更是希望通过这件事情让同学们更加严格要求自己，以评促建，将班级建设上升到一个新的水平。在参与评审过程中，班级管理已顺利由教师管理、班委管理过渡到学生自己管理，做到教师在与不在一个样，真正体现自治的意义。教师的监管逐渐淡化，而转变为静待花开的从容，转变为对学生的信任。学生能够做到合理规划自己的时间，在初三忙碌的学习生活中做到井井有条，高效率地学习。"

陶行知在《学生自治问题之研究》中定义学生自治为："学生自治是学生结起团体来，

大家学习自己管理自己的手续。”从学校这方面说，就是“为学生预备种种机会，使学生能够大家组织起来，养成他们自己管理自己的能力”。清华附中班级自治星级评定制度，就是要让学生自己行动起来，主动地，而不是被动地发现问题和解决问题，在水中学会游泳，在管理自己的过程中积累经验、培养能力、提升修养。

二、自治行动的完善

（一）“水木行动”——从自律走向服务

习总书记在全国教育大会上强调：要在学生中弘扬劳动精神，教育引导学生崇尚劳动、尊重劳动，懂得劳动最光荣、劳动最崇高、劳动最伟大、劳动最美丽的道理，长大后能够辛勤劳动、诚实劳动、创造性劳动。清华附中的教育中就有崇尚劳动的传统，从早年的学生自己推土填坑，修建操场，到后来的每年举行一周的农训、每月的劳动大扫除、每周的值周，倡导学生承担力所能及的家务劳动、参加志愿服务活动等。这些活动有意义，也有不错的效果，但从总体上来说，学生是被动地、被安排地劳动。我们希望找到一种让学生自己规划、自主承担的劳动教育方式，“水木行动”就此诞生了。

“水木行动”以“让附中的美丽与我有关”为行动理念，是学生参与学校日常管理和服务工作、维持学校教育教学秩序、为学校建言献策、进而为社会服务贡献力量的一种志愿活动。原则上自治三星班级有资格申请参加“水木行动”。申报时要提交申请书和承诺书，申请书以班委员会名义上报，承诺书上要有全班同学签名。学生发展中心指导并检查“水木行动”的实施情况。学生在“水木行动”中承诺什么内容由学生说了算，工作规划、工作方法、工作效果也都由学生来把握，最后学生总结，评判自己的得失。

参加一周的“水木行动”且效果良好的班级，可以被认定为“志愿服务三星班”，参加累计达到两周的可认定为“四星班”，参加一个学期、累计达到四次校外志愿服务活动的班级可被认定为“志愿服务五星班”。

“水木行动”计划实施一年多来，全校已经有三分之一的班级承担过“水木行动”工作。学生在为学校服务的过程中，体会到学校管理的复杂、后勤服务的艰辛、活动组织的艰难。

张楷明同学总结时说：这次“水木行动”的实施相当有意义。通过此次活动，我成长了许多，变得大胆，开放了。在帮助同学的同时还提升了自我管理的水平，为学校做出了贡献。活动实施的困难有很多，需要我们一一克服，使我们在磨砺中成长。

不仅要自己做好，还要把我们的环境建设好，“水木行动”让学生从自律走向服务，在劳动的过程中体会奉献的意义，在责任承担的过程中生成强烈的社会责任感，在组织管理的过程中提升自己的领导力。

（二）"生声不息"学生提案制度

如果把"学生自治"仅仅理解为自身对于制度的遵守或主动维护现有秩序的运行，当然是肤浅和表面的。真正能够促进学生自我成长的自治应该是学生理解制度设立的初衷、制度运行的流程、制度实施的利弊，以便更好地运用制度或发展制度来发展自我，服务同学。

清华附中有很多学生自治组织，如"学生领袖训练营""学生党校""星火学生骨干培训营"；"学生会"则是各个学校都有的学生自治组织。为了提升学生的"自治"意识和"自治"热情，团委每年都会让学生会牵头组织学生提案活动，鼓励同学们参与学校管理，真正成为学校的主人。

学生提案大概包括学生活动、课程教学、住宿餐饮和环境设施等方面，每年收到的学生提案 100 份左右。每位提案由问题说明、解决方案及建议两个部分组成，学生会对提案进行精选梳理后，提交学校党政联席会，由分管校长负责书面答复。各部门答复时要承诺改进措施，不能改进的要说明理由。最后，提案答复要在学代会上宣读。

学生提案制度极大地激发了同学们参与学校管理的热情，这种平等、民主的氛围本身就是对学生最好的公民教育。

三、自治文化的经营

（一）"君子文化"让修养根植于内心

"天行健，君子以自强不息；地势坤，君子以厚德载物。"清华附中的校训，源于梁启超先生在清华做的题为"君子"的演讲。君子慎独，梁启超先生在演讲中强调君子要能够克己自强，要"责己甚厚，责人甚轻"，鼓励清华学子，"崇德修学，勉为真君子"。清华附中德育工作立足校训，在全校倡导"君子文化"，鼓励同学们"厚德自强，做博雅君子"。

附中重视中华传统优秀文化的教育。委托语文组教师精选传统文化中体现君子品格的名言警句推荐给学生，并在楼道内张贴。清明节开展的"心若澄澈，我自清明"——青春读书季活动；中秋节开展的"中秋诗会"活动，深受师生喜爱；元旦开展的春联撰写与书写大赛，为学生带来喜庆气氛的同时，也引导学生从内心深处认同并热爱自己的民族文化。语文课上，师生共读《论语》，让君子品格潜移默化于学生的心灵，每周一期的"学生素养提升周报"，引导学生自律自强，争做有文化的清华附中人。

怎样才能算"有文化的清华附中人"？我们引用梁晓声先生的四句话作为解读：根植于内心的修养，无须提醒的自觉，以约束为前提的自由，为别人着想的善良。倡导附中学生以这四句话为切入口，涵养自己的君子品格和情怀。附中的所有班级都围绕这四句话召开了弘扬“君子文化”的主题班会，制定班级共同遵守的行为规范，以“自治承诺”的方式将“文化”的内涵内化在具体的行动中。目前，“厚德自强，做博雅君子”的意识在清华附中已经深入人心。

（二）在服务社会的行动中培植正确的价值认同

清华附中每年都会组织“微公益 梦启航”——班级公益项目。学生申报的项目有阳光助残、邻里守望、文化宣传、环境保护、志愿服务、爱心义卖等很多类。同学们经历了自己选题、自主设计、项目筹备、项目实施、活动反思等环节后，自治能力得到提升，责任担当精神得到涵养。

“微公益 梦启航——中学生支教团”是年级项目。清华附中每年暑假组织高一学生赴国家级贫困县支教。课程从 4 月开始启动，每次都有上百位同学报名，经过书面考核和面试，最终确定 30 位主讲同学。这些同学要再经历教案撰写、修改、试讲、课程材料准备、公益募捐等环节，之后才能踏上支教的列车。在短短的 5 天授课过程中，每位同学除主讲 4 节课之外，还要给同学担任助教，全体支教同学要给当地孩子组织一场运动会和一台一个半小时的文艺晚会。时间紧、任务重，参与支教的每位同学都面临着严峻挑战，也正因为如此，在完成支教任务后，同学们的能力都得到了明显提升。支教团的课程宗旨是给别人一个梦想，给自己一份成长。不求轰轰烈烈，只道行胜于言，能给当地孩子打开生活的一扇窗，在他们心中播下一粒梦想的种子。于附中学生来说，支教让他们更了解了自己的祖国，结识了大山里的弟弟妹妹，从内心深处爱他们，在未来的时光里牵挂他们，这些感受已经足以诠释支教的意义，足够让支教同学们的心中生出强烈的爱国情感。

没有做过家务，没有为父母分过忧的孩子，何谈爱家？没有参与过“水木行动”，没有触摸过校园的角角落落，何谈爱校？没有关心过他人，没有为别人奉献过自己的汗水和智慧，又怎么会懂得鲁迅先生那句“无尽的远方，无数的人们，都和我有关”背后的忧心如焚？又怎么会读懂艾青先生的“为什么我的眼里常含泪水，因为我对这土地爱得深沉”？

学生行为习惯的养成离不开规矩的约束，更离不开对于规矩发自内心的认同。教育大师怀特海在《教育的目的》一书中指出：“学生是有血有肉的人，教育的目的是为了激发和引导他们的自我发展之路。”倡导“学生自治”，就是要激发学生自我管理的热情，提高他们自我发展的能力，让他们在自己制定规则、自觉维护规则的过程中，建立正确积极的价值体系，提升心灵境界，提高自身修养，形成完善人格。

初1611“水木行动”总结[①]

第一部分　我们班申请“水木行动”的理由

初1611一直是一个团结向上的班集体，在众多活动中集体表现优异，具有很强的班级凝聚力。在初一下学期获得了三星班级的称号。有了更高荣誉就意味着有了更多的责任。在上学期初二年级几个班申请参加了“水木行动”后，我们班认为我们也应当承担起这份责任。所以我们决定申请这一次的“水木行动”。

本次活动的意义十分丰富。对于学校来说，我们为我们自己的校园生活出了一份力，添了一份彩，让我们有了一个更好的校园环境。对于班级体来说，这是一次提升我们班级体凝聚力的很好的机会。在其中我们可以锻炼自我并且可以互相分工合作，可以体现出合作之美。

第二部分　“水木行动”主要分类

我们班的“水木行动”分为五大板块，如下图所示。

（1）早晨门口我负责。

（2）食堂文明我帮忙。

（3）上操秩序我调整。

（4）校园死角我清理。

（5）其他文明我建设。

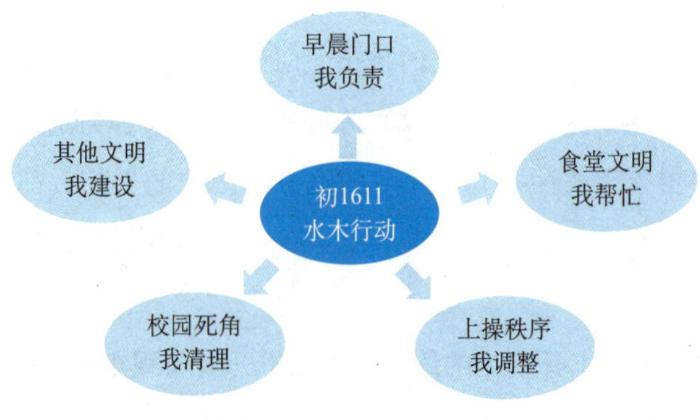

“水木行动”五大板块

① 篇幅有限，选取“水木行动”为例。

第三部分 “水木行动”的前期准备

准备 1　姜欣雨：提醒问好牌子和 A4 纸提示牌。

准备 2　姜欣雨：“请不要拥挤”手动提醒牌。

准备 3　何欣怡 + 孙悦淼：食堂 A2 海报，内容为有序不拥挤 + 请随手打起椅子 + 节约粮食。

准备 4　何欣怡 + 孙悦淼：公交站安全提示（A4 纸）。

准备 5　马茉菲：边走边吃（A4 纸）或 1/2 A4 纸漫画提醒。（最好是两种）

准备 6　马茉菲：垃圾桶分类提示（A4 纸）。

准备 7　王艺霏：上、下操提醒不要拥挤，分散快速进退场 A4 纸宣传。（贴在操场通道处）

准备 8　王艺霏：忘记开窗或者关电源的友情提示。（适当地方粘贴）

准备 9　王润婧：教学楼文明提示（A4 纸）。

准备 10　王润婧：卫生间文明提示（A4 纸）。

准备 11　即停即走牌子（A4 纸）（学校有）。

准备 12　记录迟到本。

准备 13　记录本（记录内容包括逃操、在合适天气未开窗通风、未关电器等）。

准备 14　①清扫工具（学校、班级）；②提示牌（类似立在小草上的那种）。

第四部分　具体活动内容

一、即停即走（难度：★★★　完成度：★★★★★）

在即停即走这个方面，同学们认为我们附中做得越来越好。这一项主要的目的是要让学校门口的交通变得井然有序。站岗的三名负责提醒的同学没有觉得有很大的困难，说明在这一项已经有了很大的进步。我们通过节选一名同学的感受呈现给大家。

每天早上站立半小时，让我有机会体验交通协警的工作，他们每天比我们多站几十分钟，而且需要时刻观察路上的交通，保持畅通，稍有拥堵就会上前指挥，让西门前的交通保持畅通，避免给一些车辆造成不必要的等候，他们的工作比我们要危险得多。在此，向所有的交通协警表达诚挚的敬意。

二、早晨门口问好难度（难度：★★★★★　完成度：★★★）

由于早晨问好这一项以前并没有单独作为一项活动，所以同学们可能觉得有些陌生，难度比较大。在具体的活动中可能会遇到各种各样的问题，需要站岗问好的同学首先自身做到微笑问好，因此还是有一定难度的。下面是我们的同学发现的一些问题。

通过这几天的站岗我观察到了一些关于问好的现象。分为几类同学。

（1）可以主动向老师问好。

（2）经提醒后向老师问好。

（3）老师先问好后答礼。

（4）老师问好后无答礼。

（5）嬉笑打闹。

人数方面主要是（2）、（3）类较多。可以看出，我们所做的提醒是很有必要的。礼貌是十分重要的，在学校中我们所学的不仅仅是知识，还有为人处世。

我们班的特色提示问好的活动是一项非常有必要并且有意义的活动。希望日后参与“水木行动”的班级可以延续这个活动。

三、提醒不要边走边吃（难度：★★★★★　完成度：★★★）

提醒不要边走边吃这一活动上学期12班的“水木行动”中就有。我们这次算是延续了这个活动。我们学习12班的方法，制作了一些提醒的小卡片。不过实施起来效果并没有预期得那么好。这一项也是我们最需要注意的。因为很多同学并没有认知到边走边吃这个习惯有什么不好的地方。希望同学们能够增强意识，最好自身可以做到；且就算没有完全改掉这个习惯也最好听从提醒的同学的建议。大部分同学可以做到在提醒之后就收起食物、水等。

不过活动中也有少部分同学非常不配合活动。首先是若无其事；其次是故意破坏活动（例如故意将大量提醒卡片扔入下水道）。这对于我们作提醒的同学内心也是一种伤害。希望以后同学们不要这么做，还是要多多配合。

因为这个项目的难度大，再加上各种各样的困难和尴尬，于是同学们的感受与收获就颇为深刻，尤其是在与同学交涉方面。

四、上操秩序管理（难度：★★★　完成度：★★★）

上操秩序管理主要是每几个门分配几名同学，负责举牌，提醒同学们不要拥挤。虽然学校操场有很多口，但是上下操时拥挤在一个口的现象严重，我们班主要是想缓解这一问题，于是我们开始了这个活动。下面是我们班一位同学分析本活动开展的重要性。

希望同学们上操的时候还是能抓紧时间赶快集合，最好不要边走边聊天。

上操的时候，人其实挺多的，经常在中间那两三个门洞一直堵着，导致有好多同学都被堵在门洞外，迟迟不能进场，还有一些人来得并不算晚，但是前面的人走不动，有些后面的同学就会迟到，我觉得疏散还是有必要的，但更多的还是需要同学们的配合和自觉，才能让上操变得更有秩序。

——初 1611 张佳怡

学生体会

高一时，学校的多种多样选修课让我受益匪浅。在选修课的启发下，我萌生了创办学生自主运营小卖部的想法。当时的我以为这只是个梦想，因为这个项目从来没有人尝试过。但我没有放弃希望，还是和老师交流了一番我的想法。没想到，老师对我的想法表示了认可，并向我提出了许多切实的改进措施，在整个项目的申请过程中一直帮助与指导我。5 个月后，我的梦想变为了现实。学校专门为紫荆文房建立了店面，并不断支持我的项目。这大大地触动与激励了我，使我下定决心一定要将这个项目做好，不辜负白校长和学校的一番苦心。在紫荆文房的经营中，销售上有扭亏为盈的案例；运营上有开除旧员工，上任新部长，“不破不立”的经历；设计上甚至一度没有灵感，最终创造出紫荆文房 Logo“紫荆树”的成功。这一个一个挫折，让我在未踏入社会大门之前便积累了经验，在未出校园前便赚到了人生“第一桶金”，更让我和我的团队的思想得到了提升。在这种实践中，我们学会了用严谨的逻辑思维发现问题，从更多维度思考问题，用经济学原理解决问题，这对于我们的高中生涯，甚至是之后的人生道路，都是受益匪浅的。

——紫荆文房创始人　高 1511　刘昊禹

申请自治四星班级，不仅是对同学们三年来的团结一心、共同努力的认可，更是希望能够通过这件事情让同学们更加严格要求自己，以评促建，将班级建设上升到一个新的水平。在参与评审过程中，班级管理已顺利由老师管理、班委管理过渡到学生自己管理自己，做到老师在与不在一个样，真正体现自治的意义。老师的监管逐渐淡化，而转变为静待花开的从容，转变为对学生的信任。学生能够做到合理规划自己的时间，在初三忙碌的学习生活中做到井井有条，高效率地学习。

——初 1511 申报“自治班级”感悟

这次“水木行动”的实施还是相当有意义的。通过此次活动，我成长了许多，变得更加大胆，开放。在帮助同学的同时还提升了自我的水平，为学校做出了贡献。活动实施的困难有很多，需要我们一一克服，使我们在磨砺中成长。我也懂得了不需要过分在意别人对自己的看法，走自己的路也是一种不错的选择。同样，礼貌待人更是为人的基础。在管理他人的同时，我们总是想着我们是管别人的人，自己更应该做好。正是因为这种观念，使我们自身的水平和修养也获得了提高。

——初 1611 张楷明参加“水木行动”感悟

在活动中我们体验到了作为校园管理者的身份。以这个身份站在校园中，我们十分好奇，十分认真，在工作过程中也遇到了许多困难，例如有很多班的同学存在不上操、逃操的情况，有很多班忘记关灯、开窗等。但我们至少尝试了去解决，换一个身份在校园里生活，换了一种新的体验，我们体会到了管理者的不容易，也会在今后的学校生活中更加遵守规则，不给同学、老师添麻烦。

——初 1611 姜欣雨参加“水木行动”感悟

3.3 个人层面（爱国、敬业、诚信、友善）

3.3.1 以评价促发展，育诚信接班人

清华大学附属中学 王殿军 杜毓贞 潘鑫

党的十九大报告中明确指出："要以培养担当民族复兴大任的时代新人为着眼点，强化教育引导、实践养成、制度保障，发挥社会主义核心价值观对国民教育、精神文明创建、精神文化产品创作生产传播的引领作用，把社会主义核心价值观融入社会发展各方面，转化为人们的情感认同和行为习惯。"总书记多次强调中国的诚信文化"不论过去还是现在，都有其鲜明的民族特色，都有其永不褪色的时代价值"。

清华大学附属中学（以下简称清华附中）一直以来牢记立德树人的教育使命，稳步推进德育工作。从"自强不息，厚德载物"的校训出发，注重对学生责任意识、关爱精神、家国情怀的塑造，立志于培养博雅君子。2010年以来，学校开始探索开发学生综合素质评价体系，并于2012年开始清华附中学生综合素质评价系统（以下简称综评系统）的试运行。以国务院、教育部的相关通知精神和基础教育课程改革理念为指导，以学生的实际表现为依据，力求真实反映和评价学生的综合素质状况与个性特长，形成了以育人导向、过程记录、多元评价、动态调整为特色的综评系统，以客观真实的记录、结合仲裁复议机制，保证综评系统的客观性、公正性。以评价促发展，将诚实守信的文化传统融入学生的行为、精神，真正做到以诚信创造未来，帮助学生全面发展、健康成长，促进中学教育优质均衡发展，形成实施素质教育的长效机制。

活动意义

2014年9月，国务院印发《关于深化考试招生制度改革的实施意见》，提出到2020年基本建立中国特色现代教育考试招生制度，形成分类考试、综合评价、多元录取

的考试招生模式，健全促进公平、科学选才，监督有力的体制机制。同年 12 月，《关于加强和改进普通高中学生综合素质评价的意见》作为重要配套政策，对综合素质评价的内容、程序、材料使用等工作提出具体规定，同时明确要求各地结合实际，研究制定实施办法。2016 年 9 月，教育部《关于进一步推进高中阶段学校考试招生制度改革的指导意见》要求根据义务教育的性质、学生年龄特点，结合教育教学实际，细化和完善学生综合素质评价内容与要求，并改革招生录取办法，积极探索基于初中学业水平考试成绩、结合综合素质评价的招生录取模式。

招生考试改革方案中，虽然明确了学生综合素质发展的目标和对综合素质的评价要求，但仍存在着素养目标难以表述、培养过程难以考量、达成情况难以评价等难题，这导致综合素质评价在招生过程中基本处于“软挂钩”的形式主义境地，录取的公平性、科学性难以保证。在新的历史时期，尤其是信息技术飞速发展的背景下，只有充分利用信息技术的学生综合素质生成性评价系统，才能真正对接政策实施的“最后一公里”。

从 2009 年开始，清华附中梳理了学生在校期间的教育行为，通过聚类分析和相关性分析总结学生在校期间的高影响力活动。结合 20 世纪 50 年代以来的优秀教育理论，采取自下而上的方式对学生各个方面进行观察、记录、分析，构建了学生综合素质生成性评价模型；并利用大数据分析技术，开发学生综合素质生成性评价系统。该系统全面记录学生校内外的成长轨迹，从中挖掘学生未来发展潜能和倾向，为每一个学生的个性、自主、健康和全面发展创造条件。2012 年起，清华附中研发了学生综合素质生成性评价系统的实验版，在清华大学计算机系、软件学院的帮助下完成了系统模型的构建，首次实现了云计算、大数据与综合素质评价相结合，利用信息技术深度挖掘教育数据价值，充分发挥“评价过程”的影响力。之后不断对系统进行完善升级，现已更新至 3.0 版本。

清华附中综评系统强调“以发展的眼光看学生”，而不是以结果来评价学生，从而实现三个“统一”：非预期的结果，将学校培养目标与学生发展目标相统一；注重学生发展的增量，将关注“结果优秀”与鼓励“进步明显”相统一；注重“诊断”而非“结论”，将给出结论与给出建议相统一。通过对学生行为数据的实时记录，深度挖掘纵向数据，可以实现勾勒学生发展轨迹、预测学生发展趋向、对学生进行个性化指导和帮助的功能。未来，学生综评系统将建立起“小学—初中—高中—后高中时代”的应用链，为优秀人才培养发展的长期追踪奠定基础，为学生的学业、升学与生涯规划提供帮助，为中国教育的实证研究积累最完备的大数据，通过对大数据的挖掘开展更深层次的教育应用，激发出更大的教育活力。

活动过程

清华附中学生综评系统是对学生全面发展状况的观察、记录和分析，是培育学生良好品行、发展个性特长的重要手段，是深入推进素质教育的一项重要制度。

一、完善的诚信保障机制

综评系统中，除学业成绩等隐私性较强的记录可按需设置不公开外，其他所有记录均可在同学圈进行公开，接受全校师生的监督。由学生添加的记录除个别维度可设置为隐私外，其他记录均会公开，以方便师生在同学圈浏览、评价记录并进行评论。所有公开记录均可被质疑、复议，满足《教育部关于加强和改进中学生综合素质评价的意见》中关于评价程序的全部要求。记录的不实提交与无据质疑均可设定相应扣分，失信记录将记入诚信档案。高度诚信与严厉惩罚并存，使非诚信行为的后果大于可能获得的潜在利益，从而以诚信记录助推育人工作，促进社会诚信体系不断完善，有利于社会诚信文化的构建。

二、全面的成长过程记录

坚持以学生行为作为评价依据，着眼于学生的成长规律与学习生活轨迹。以此为依据设立五大模块和 54 个维度，在实际的使用过程中，还可因地制宜地进行调整。评价模块全部维度可进行赋分量化，学生的行为记录“即完成、即提交”，以即时的记录和观察为基础，发现学生的个性特长，帮助学生真实地了解自我，并在过程中不断改进提升，发展自我。

三、科学的多元评价方式

系统使用过程当中，学生、教育主管部门、教师、家长和社会组织等多元主体共同参与。各参与主体对学生信息进行分散填写，化整为零，在减少各方工作量的同时，可将信息完整地呈现给各方。另外，学生对自身的评价与他人对学生的评价往往存在出入，多元评价主体的评价内容可帮助学生通过评价的差异全面地认知自己，实事求是地评价自己，明晰自己与周围人们相处的关系、自己在集体中的位置与作用等，从而更深层次地进行自我调节与人格完善。

活动片段

清华附中根据《教育部关于进一步推进高中阶段学校考试招生制度改革的指导意见》的有关要求，结合学生年龄特点和教育教学实际，确定从思想品德、学业水平、身心健康、艺术素养、社会实践五个方面评价学生全面发展情况和个性特长。在此基础上，通过对大量优秀学生案例的聚类性和相关性分析，确定了“高影响力”活动类型，并进行总结和归类，形成了综合素质评价的基本内容。

一、思想品德模块

思想品德模块主要考查学生在校内及社会上的思想和道德方面的表现，下设 11 个记录维度。

思想品德包括诚信道德奖励、失信扣分、处分、社会公益及志愿服务、班级值日、课程班值日、文明礼仪、集会表现、党团活动、感动感悟与交流沟通方面。以对学生的思想和道德活动做尽可能全面的记录、考查。

二、学业成就模块

学业成就模块主要考查学生在学业成绩及课堂表现、课后自主学习等方面的表现，下设 17 个记录维度。

学业成就包括学业成绩、作业表现、课堂表现、课堂考勤、学业奖励、创新成果、学术志趣及偏好发展、阶段小结与个人反思、自我陈述报告、学生学期评价、学生毕业评价、研究性学习等方面。其中，学业成绩又划分为百分制成绩，五级制成绩（优秀、良好、中等、及格、不及格），二级制成绩（合格、不合格），对于新中高考改革后以等级进行评价的学业考试等起到了良好适配作用。

三、身心健康模块

身心健康模块主要考查学生在体育锻炼及心理健康方面的情况，下设 8 个记录维度。

身心健康包括《国家学生体质健康标准》的全部内容以及体育奖励、身体机能、运动技能、体质健康与体育锻炼、应对困难与挫折表现、体育类实践活动等方面。全方位考查学生的健康生活方式、心理健康情况。

四、艺术素养模块

艺术素养模块主要考查学生在艺术素养及才艺特长方面的情况，下设 4 个维度。

艺术素养包括才艺奖励、艺术成果展示、艺术素养及专长培养、艺术类实践活动 / 其他等。关注学生对艺术的审美感受、理解、鉴赏和表现的能力。基于学生对艺术课程的修习，在音乐、美术、舞蹈、戏剧、戏曲、影视、书法等方面表现出来的艺术素养和兴趣特长，参加艺术活动的成果等，成为考查的关键。

五、社会实践模块

社会实践模块考查学生在校内外的活动实践情况及收获等，下设 14 个维度。

社会实践包括活动实践奖励、社团活动、生产劳动、勤工俭学、参观学习、社会调查、班内任职、校团委学生会任职、学校社团任职、社会工作、班集体奖励、社团集体奖励、实习经历、游学经历 / 其他等。

所有模块与维度可动态调整，在保证国家统一要求的基础模块与维度的同时，凸显区域与学校特色，促进学校素质教育开展。

活动素材——真实记录

一、真实记录，证据支撑

清华附中多名同学在第三届“登峰杯全国中学生学术科技创新大赛”决赛中取得优异成绩，将相关成绩信息录入综评系统。

活动名称：第三届“登峰杯全国中学生学术科技创新大赛”一等奖。

内容说明：参加第三届“登峰杯全国中学生学术科技创新大赛”决赛，荣获一等奖。

得分：15 分。

时间：2018.8.26。

证明材料：新闻链接 http://www.qhfz.edu.cn/xinwen/6574.html。

2018 年 8 月 26 日，第三届“登峰杯全国中学生学术科技创新大赛”决赛成绩公布，清华附中八位同学组建的三支比赛队伍在“登峰杯”全国中学生学术作品竞赛中获得一个一等奖与两个二等奖的佳绩。

一等奖作品《基于无人机遥感的森林蓄积量估算研究——以北京市昌平区老君堂村为例》，该项目利用无人机遥感进行蓄积量计算的方法，使用数学“平均”思想整合已有模型，在多树种区域分类采样，放大单位面积蓄积量进行测算，使用该方法测算出遥感图像覆盖区域的森林蓄积量，实现中等面积林区的蓄积量测量。

二等奖作品《可达性分析在北京电动汽车充电桩布局研究中的应用》通过 ArcMap 软件上的网络分析（Network Analysis）功能对北京市昌平、延庆、怀柔三个区的电动汽车充电桩进行可达性分析，获得图像与数据，从而发现研究区域内存在充电桩数量不足和充电设施布局不合理的实际问题，并给出初步解决方案，同时也验证了可达性分析在电动汽车充电桩布局研究中的可行性。

《低空旋翼无人机遥感的图像获取及处理方法——以昌平区老君堂村土地利用研究为例》项目围绕老君堂村土地利用项目展开，在北京市昌平区老君堂村进行实地考察，研究了将获得的数据进行相关图像处理的方法。

二、有效监督，确保公正

除学业成绩记录可设置为隐私外，其他记录均公开可见。记录提交后，在同学圈内进行实时公示，可被点评和质疑，有申诉、复议和仲裁机制，有完善的诚信记录。记录一旦被裁决为虚假记录，记录提交者将因失信被扣分，失信记录永远存在系统中。

记录数据的公开、透明，保障综评的真实、公平、公正，确保综评可信、可用。

学生体会

综评系统使用感悟：诚信记录，助力未来

距离老师动员我们使用综评系统已经过去了一个学年，通过这个系统，我们可以上传自己的收获、总结和感受。在学年结束后，我拿到了自己这一学年的综评报告，报告中对我参加的活动、取得的成绩和感悟都有完整、详尽的总结。而我对综评系统也有一些自己的感受。

综评系统一共分为五个大的模块，包括思想品德、学业成就、身心健康、艺术素养、社会实践。通过综评报告的总结，我发现自己这一学年中，在各方面都获得了一定的进步。思想品德方面，我努力提升自己的思想政治觉悟，向党组织递交了入党申请书。作为班长，我能以身作则，严于律己，在同学中树立了好榜样，并能团结好班委，处理好班级的事务，成为老师的得力助手。学业成就方面，我保持了较好的自学能力，勤于钻研，肯思考，合理安排好学习时间，不断摸索适合自己的学习方法，脚踏实地，精益求精，保持了优异的成绩，并在学科竞赛中小有收获，这与我利用课余时间经常在网络上关注科学技术动态也是分不开的。我积极参加体育锻炼，乒乓球成为我的爱好。同时，我们班级被评为优秀班级，这是全班同学共同努力的结果，我为能在这样一个集体中生活、学习而自豪。

在这一学年的综评系统使用过程中，除了在持续的过程记录中见证自身发展，系统的诚信保障机制也带给我很大触动。

首先，系统的每一项记录都是真实可查的。我们可以随时通过登录系统平台添加评价记录来自行完成评价，每一项活动结束后，第一时间的感悟都是最深刻的，即时记录帮助我们最大限度地留存了每一项活动的感受。重要奖励记录在提交后需要特定的老师审核，这就避免了在奖励记录中出现虚假提交的情况，保证了综合素质评价的公平、公正。而部分重要记录比如学业成绩等，由专门的教育部门直接导入，且成绩不公开。这样不仅保证成绩的真实可靠，也能在我们考试成绩不理想时保护我们的自尊心，避免了成绩攀比。

其次，同学间能够互相监督。除了学业成绩等隐私性较强的记录可设置为不公开，其他所有添加的记录均要公示，接受全校师生的监督。综评系统还像微信“朋友圈”一样，设置了“同学圈”，并附有评论功能。所有的老师和同学都可以便捷地在同学圈浏览、评价记录并进行评论，对于有疑问的记录可通过质疑选项启动复议仲裁程序，从而促进公平、公正。

老师们还可以在同学圈对可评级的记录给出中肯的星级评价，不同的星级按实际情况设有相应的额外加分，对我们无疑又是一次鼓励，引导我们更多地参加有意义、有价值的活动。

综评系统的诚信记录也为我们升学带来了许多帮助。步入高二，许多同学开始为以后的升学深造做准备。我们学校与国内其他几所优秀的中学一起，建立了高中诚信联盟，与国外知名高校对接，保证我们递交的材料真实可信，帮助我们走向世界，去见识更广阔的天地。综评系统的记录全面而真实，这为我们省去了准备申请材料过程中的困扰，为我们出国深造提供了真实的保障。当然，出国深造的目的不只在于学习，也在于学有所成以报效祖国，爱国同样是综合素质的重要环节。

正如社会主义核心价值观要求的那样，“倡导爱国、敬业、诚信、友善”，综评系统不仅记录着我们的行为是否诚信，更时刻警醒着我们要信守诚信、践行诚信！

——高 15 级 ×××

3.3.2 半亩棉田润童心 和谐校园育全人

清华附中永丰学校 孟卫东 杨莹

和谐，作为社会主义核心价值观的重要组成部分，具体内容包括人与人的和谐，人与自然的和谐。学校，作为育人的摇篮，如何将社会主义和谐观与学校文化有机融合，是教育者义不容辞的责任与担当。2016 年，清华附中永丰学校接管原海淀区丰联小学，使其成为9年一贯12年完全学校的小学部。通过对学生的观察与校情的深入了解，学校于2017年3月春分开始，把校园西南角原本由工人师傅打理种植的半亩土地赋予一定的课程属性还给学生。两年来，学校打破围墙的壁垒，以“校园中的半亩棉田”为育人载体，积极营造学校、家庭、社会三位一体的和谐育人氛围，自然、生态、和谐的校园文化，使学生们在光阴的四季轮回中，在“半亩棉田”里经历人与人、人与自然的和谐发展。作为全国第一所提出将“自然与人文有机结合、大学与小学携手共建、非遗传承与现代文创同入课程”等理念扎实落地的和谐校园，以劳树德、以劳增智、以劳强体、以劳育美的特色育人模式已经成为学校文化属性的重要组成部分。

活动意义

《国家中长期教育改革和发展规划纲要（2010—2020年）》提出：“把育人为本作为教育工作的根本要求”“核心是解决好培养什么人，怎样培养人的重大问题……着力提高勇于探索的创新精神、善于解决问题的实践能力”。学校一草一木皆课程，充分挖掘自身的教育资源，开发富有地域特色的教育项目或校本课程，将社会主义核心价值观融入学生在校的日常生活，促进学校办学质量提升、办学特色形成。“校园中的半亩棉田”种的虽然是棉花，但收获的不仅仅是棉花。学校在课程建设方面总结出了“全员参与，共同关注；深度学习，多重体验；学科融合，整体育人”的宝贵经验，学生们在劳动中收获快乐、在传承中感悟魅力、在创造中激发灵感；当传统的“耕织文化”与“学校课程”相遇，因地制宜的校本化加工设计，使传统文化与学校发展有机融合，“校园中的半亩棉田”从“一粒棉籽”到“土布书皮”的华丽转身，使自然教育与人文教育在孩子们身上共生共长。

活动过程

两年来，学校在如何围绕实际充分挖掘本土教育资源，开发富有地域特色的校本课程，依托校本课程的实施促进学校办学质量的提升、办学特色的形成等方面，进行了积极的实践与探索。

一、缘起与初衷

学校的西南角有半亩地，这块土地以前由学校保安进行日常管理，原来多用于种植蔬菜，学生们偶尔在教师的带领下到田间进行观察。2017年5月的某一天，我透过办公室的窗户，看到三五成群的学生在课间十分钟跑到菜地旁，这些学生中有好几位全校知名的“淘气包”，但是他们并没有在菜地“搞破坏”，而是把自己从家里带来的种子，和小朋友一起挖坑种了下去。后来，他们还会隔三岔五地来浇水。

“土地”有如此强大的效力，可以激发孩子们的好奇心、想象力，用一种无声的力量引导孩子们在自然中发现真善美、热爱生活、尊重生命……孩子们对土地的热爱，使我强烈地意识到要把这片地还给孩子们，让它成为孩子们自由成长的实践沃土。

二、思考与分析

把土地还给学生很简单，但是种什么？如何种？怎样发挥土地的育人功能，使它具有教育属性，形成特色？这就迫使我们必须站在课程建设的高度进行思考。

2017 年 3 月新学期开学典礼上，我校开展了非遗手艺及传统文化“土布书皮进校园”活动，对土布及纺织活动的体验不仅激发了孩子们的学习热情，更使我们联想到了从“一粒棉籽”到“土布书皮”的华丽转身的完整、动态课程的实践与探索。

我校秉承“自强不息、厚德载物”的校训，以育人为中心、以学生为主体，为了每一个学生个性自由全面发展的理念。提出以下课程育人目标。

（1）关注年龄阶段差异和不同发展倾向，构建多样化、多重体验、综合性的课程结构，为学生体验式学习提供理想的课程环境，以适应学生全面而有个性的发展。

（2）将课程内容与自然规律、与传统文化结合，丰富学生的自然、人文知识。

（3）促进学习方式的多样化，发展学生自主获取知识的愿望和能力。

（4）激发学生的民族自豪感，培养创造精神。

校本课程以发展学生核心素养为目标，初步形成了以季节为线索的“校园中的半亩棉田”课程体系建构。学生是有血有肉的人，教育的目的是为了激发和引导他们自我发展。因此，关于课程评价，我们改变了指向结果的纸笔测试，更注重学生兴趣、自主选择、团队合作等指向核心素养的过程性及表现性评价。

三、实践与探索

2017 年，孩子们用整整一年的时间，与棉田一起成长。回首孩子们走过的路，我们发现这不仅仅是在校园里种了“半亩棉田”，孩子们收获的也不仅仅是“棉花”。

（一）劳动中收获快乐

伴随着棉花的成长，孩子们在半亩地的劳作中真正体会到了劳动带来的快乐，这种感悟是远远超越教师、家长、书本、课堂言语教化的深刻理解。

一年中，孩子们亲手翻挖土地、播种覆盖、放苗扎孔、浇水灌溉、间苗护理、除虫拔草、棉花采摘、棉秆收割、棉花纺线、染色、织布、缝书皮，经历了从“一粒棉籽”到“土布书皮”的华丽转身。虽然在过程中，他们的手受过伤，在太阳下流过汗，但是那种“一分耕耘一分收获”的劳动快乐根植于心。

（二）传承中感悟魅力

2014 年，从教育部印发《完善中华优秀传统文化教育指导纲要》开始，我们就一直在思考如何针对小学生的认知特点，使传统文化教育从“小”抓起。中华民族五千年的文化血脉，使每一个中国人都有着传统文化的基因，但如何使孩子们从小就了解传统文化，感受其魅力，从而形成传承与发展的文化自觉，是学校教育的责任与使命。

伴随着“校园中的半亩棉田”的自然教育，我们同时开启了人文教育之旅。环保书皮进校园活动、土布纺织技艺的活动体验、非遗传承人进校园授课让传统文化与孩子们的生活“亲近了”。于是，孩子们会对传统文化有新的“领悟”，原来传统文化并不是一种“古书”“落伍”或“久远”，而可以是他们生活中、他们身边的智慧与美。

（三）创造中激发灵感

艺术源于生活，创造源于热爱。对校园棉田的呵护与热爱，使孩子们于无形中加深了对土地的理解、对自然的热爱、对传统的关注、对生活的珍惜、对理想的坚守。棉花的枝、叶、茎、花、絮在他们眼里充满灵性，在他们手中都可以成为艺术。

他们用仿诗经古体诗抒发情怀：“棉兮，籽兮，种于心兮。棉兮，芽兮，耕吾手兮。棉兮，蕾兮，结于汗兮。棉兮，花兮，开吾智兮。”他们用优美的歌词表达情感：“翻开那天的日记，我看到了自然的神奇。打开我的绘画本，我尝到了收获的甜蜜。亲手播下一颗种子，呵护它长出了果实。采下洁白的小棉花，添上我彩色梦想。啊，半亩棉田，我的乐园。啊，可爱校园，我的童年。啊，半亩棉田，陪伴我成长。啊，美丽清永，成就我梦想。”

四、成效与启示

关于“校园中的半亩棉田”课程，我们在实践中边做边思考，其体系还有待继续完善。但是，一年来，关于棉田与孩子们的故事却引发了各界的广泛关注，新华社、搜狐网、凤凰网等媒体争相发文，《北京青年报》整版进行了报道。反思整个过程，有以下几点启示。

（一）全员参与，共同关注

“校园中的半亩棉田”作为学校的课程载体，面向全校师生自由开放，所有学生都有机会到棉田劳动、观察，所有教师都可以把它当作教学资源、户外教室，引领孩子们在自然中生动学习。这样就形成了一种高效能的学习场，它召唤孩子们走出教室、走向劳作、走向探索与挑战。教与学的方式在这里也从课堂延伸到了自然，从学科知识延伸到了多维领域，从享用成果延伸到了创造发现。

（二）深度学习，多重体验

对于棉花的学习认知，我们的课程设计理念不仅是显性的自然生长过程，更有后续与纺、织、染等传统手工艺的人文对接；不仅有对校园棉田的关注，更有对棉花历史背景、全球视角的文化认知；不仅有田间劳作体验，更有文学创作、艺术加工、舞台表现。多角度、全方位的感知与理解，不仅促进了学生对所学内容的深入理解，更有了对深度学习可迁移的经验借鉴。

（三）学科融合，整体育人

“校园中的半亩棉田”为学科自然融合创造了有利条件。例如，围绕统计与测量的学习，数学与科学教师走到了一起；围绕棉田单词识记，英语与美术共同备课；围绕文学创作，语文与音乐相互启发……总之，聚焦半亩棉田，教师们创造性地将学生的生活世界和学习世界进行了有机融合，开展了跨学科综合学习、主题化学习及系列的实践活动，秉承“整体育人”的基本理念，有效地促进了学生全面、和谐和可持续发展。

“校园中的半亩棉田”课程历经四季寒暑，在全校师生共同耕耘与见证下结出丰硕成果。当传统的“耕织文化”与“学校课程”相遇，因地制宜的校本化加工设计，使传统文化与学校发展有机融合，从“一粒棉籽”到“土布书皮”的华丽转身，使自然教育与人文教育在孩子们身上共生共长。

活动片段

“校园中的半亩棉田”课程体系如下表所示。

季节	内容	学段	教育主题	实施方式
春	（1）春分“开荒翻地”	高年级	节气知识普及、宣讲了解土地，劳动教育	语文课了解节气，利用班队会时间进行知识分享、制作校园海报；劳动体验
	（2）谷雨“播种节”	中年级	了解节气，了解种子；播种劳动；观察探索，扎孔	语文课了解节气，背节气歌；科学课认识种子；班队会进行播种活动
	（3）出苗“细观察”	低年级	放气	课间鼓励学生自由观察出苗情况；班队会组织学生集体为小苗地膜扎孔放气

续表

季节	内容	学段	教育主题	实施方式
夏	（1）立夏“观苗作画”	低年级	了解节气，观察幼苗，田间作画	语文课了解节气；美术课田间观察、画画
	（2）芒种“花蕾初现”	高年级	节气知识普及宣讲；棉花文化及生长周期的调查	语文课了解节气知识；广播时间进行宣讲；科学课完成对棉花文化及生长周期调查报告
	（3）观测“数据、花色”	中年级	观察花色一日变化、测量植株生长高度，进行数据分析	科学课与美术课整合，对花色变化进行观测讲解和绘画；科学课和数学课进行整合，进行棉苗的一周观察测量，并进行数据分析，解决问题
秋	（1）劳动“除虫、除草”	高年级	田间劳动，除虫、除草	班队会毕业课程
	（2）立秋“棉桃吐絮”	低年级	了解节气，田间观察绘画	班会课了解、分享立秋的传统；语文课朗读立秋的诗歌；美术课田间观察，画画
	（3）秋分“丰收节”	中年级、高年级	棉花采摘，棉艺设计与制作，棉田情景剧排演，棉田歌曲创作	中午、班队会时间进行棉花采摘；美术课进行棉花创意制作；音乐课歌曲创编演唱；语文课情景剧编排
冬	（1）霜降“棉田落幕”	低年级	了解节气，观察棉田	语文课了解节气与棉花的关系；美术课观察棉田进行绘画
	（2）立冬“棉田建造”	高年级	棉秆收割，设计加工	班队会进行劳动收割棉秆；美术课与数学课整合进行棉秆建造的设计与制作
	（3）小雪“纺、织、染”	中年级	体验棉花的纺线、染色、织布	班队会、美术课进行体验活动；语文课写活动感悟

学 生 体 会

棉 田

三月春到十月秋，

棉宝牵挂在心头。

风吹雨打坚挺拔，

累累硕果暖心头。

——小 13 级　郭冉

种　棉

棉兮，籽兮，种于心兮。

棉兮，芽兮，耘吾手兮。

棉兮，蕾兮，结于汗兮。

棉兮，花兮，开吾智兮。

——小 11 级　周芳雯

棉　花

洁白的棉花，

三三两两，

肃立在田地，

丝丝缕缕，

像一缕缕纯净的魂魄。

默默地开放，

等你看它第二次开放。

所有人都走了，

掠走了热闹与温暖，

只剩下凄凉。

它还等你来看它第二次开放，

“啪”，“啪”，

下雨了，你头顶着书，

冒着雨来看它，它立在田地，

像一个从天而降的精灵，

碧绿的身体，在风雨中舞动。

脸颊上还有似有似无的一丝腮红。

你把它托在手上，
静静观赏。
它好似一缕阳光，
温暖你的心间。

——小 13 级　刘洋

棉田小诗

啊！校园里的半亩棉田。
春天，我们将你播种入土。
夏天，我们为你除草、捉虫。
秋天，我们期盼已久的棉花啊！
你终于来到我们的眼前，生机勃发！
校园里的半亩棉田！
一眼望去，你是那样洁白。
你穿着一身绿油油的礼服。
还长着一头雪白的卷发。
校园里的半亩棉田！
你的作用真大，
变沙发，变枕头，变衣服……
这些根本难不倒你！
啊！校园里的半亩棉田！
你是我们的好朋友。
让我们用心呵护你，
用爱滋润你吧！

——小 13 级　陈雨虹

我觉得自从有了半亩棉田之后我们的活动更丰富了，像制作标本、棉布书皮等活动我们都很喜欢。有了半亩棉田后，我觉得上学就特别轻松。每一次心情不好的时候，我就会去那里走走，走走就感觉特别舒服。而且我亲手种过棉花，每次看到一个个、一朵朵棉花长出来，心里就特别有成就感。学校还有用棉花来画画的活动，我们把棉花籽剥出来，然后把棉花粘在画上，这就是一幅美妙的画了。有了半亩棉田，校园变得自然了，变得清新了，所以我觉得开展半亩棉田活动是一个好想法。

——小 13 级　陈子茹

我觉得学校的半亩棉田可以促进同学们的观察、探索、思考的各项能力，让同学们可以发挥自己的想象力和好奇心。半亩棉田是一个可以提高大家各方面能力的地方，希望可以增加更多关于棉田的活动。

——小 13 级　宋思绮

附 1：清华附中永丰学校（小学部）棉田校本短剧演出案例。

《棉田记忆》校本剧本

第一幕　棉 籽 笑 谈

（A、B、C、D 四位一、二年级学生和教师）

A：（招呼）快来看！我发现了好多糖豆！

B：这糖豆怎么都是紫色的？

A：也许是葡萄味的吧……

B、C、D 合：我要吃我要吃！

师：停停停！你们几个！可让我好找……谁许你们拿我的棉花种子的！

A：这是棉花种子啊？（互相看）

B：不可能！棉花是白色的，种子怎么会是紫色的？这分明就是糖豆。

A：傻孩子呀，这外面的紫色是为了保护种子不生虫而涂的药呀。

B、C、D 合：啊……

D：可是我想吃糖豆呢。

（B、C 师笑）

师：这样吧，帮我种完这些种子我请你们吃糖豆！

A、B、C、D：（欢呼）好好！

D：种棉花咯。

（播放种植、长出幼苗的照片）

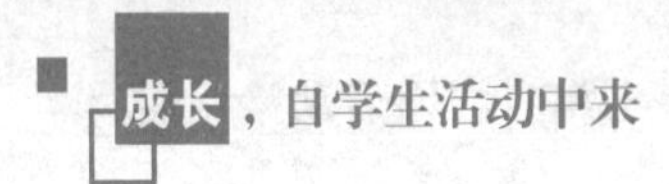

第二幕　棉 田 初 耘

（老师、华教授、ABCD 等八名三四年级学生，EFG 棉蕾社三名学生）

师：同学们，经过我们精心的照顾，棉花已经长成了矮矮的一丛，今天咱们科学课要观察棉田，并填写观察记录单。

（分小组活动，教师指导）

A:（带领小组）老师，老师，我忽然发现一个问题！

师:（颇有兴趣）哦？你有什么发现？

A：我发现，棉花上的蚜虫都只在叶子下面活动，不会到叶片上面来。

师:（惊喜）这真的是一个很棒的发现！那究竟是为什么呢？

B：我想到了！会不会是因为它们怕光？躲在叶子背面能为它们遮阴。

C：不可能！怕光可以晚上出来活动啊！我觉得它们一定是想躲避天敌，你想啊，趴在叶子正面岂不是很容易就被鸟啊、蜻蜓啊看见啦？

D：我猜是它们喜欢吃的东西在叶子背面。

A：杨老师，杨老师，我们猜的到底对不对啊？

师：如何验证我们说得对不对，我们可以查查资料或者请教华教授，相信他会给我们一个科学的回答。

（华教授带棉蕾社学生上）

华：同学们，今天咱们棉蕾社活动要画一画棉花开花的图。

A：华教授，华教授（挥手），我们在观察棉田的时候发现蚜虫都只在叶片下活动，我们讨论了好多答案，但是都不满意，您能告诉我们原因吗？

华：哈哈，孩子们，你们真棒啊！是这样的，蚜虫通过刺吸口器吸食汁液，插入叶片背面或者嫩头更容易；而且叶表面温度相对较高，会抑制蚜虫的繁殖，同时叶表面的雨水和粉尘都会抑制蚜虫的生长，所以它们才会选择叶子背面活动啊。

生全：哦！（点头）

A：原来是这样，谢谢华教授！

华:（摆手）你们这是在上什么课呢？

B：我们在上科学课，观察棉花。

C：我们刚刚上英语课，还在棉田里制作了英语绘本，接下来还要展出呢。

E：真有意思，我们昨天语文课也来棉田写了小诗，我给你们读读：棉兮，籽兮，种于心兮。棉兮，芽兮，耘吾手兮。棉兮，蕾兮，结于汗兮。棉兮，花兮，开吾智兮。

F：要说有意思，还得说美术课，乔老师带我们做了棉花生长的动画小本子。

G：我也有，我也有，我们数学课走进了棉田，每天观察棉花能长多高，测量并记录，最后我们学会了画统计图。

E：音乐课上，我们编了首歌，你们听听："棉田还能长多高，我们牵挂在心头。"

B1：快别聊天了，蚜虫会吸食棉花的汁液，影响棉花的生长，快让我们帮棉花除虫吧！

A1：看我把你们都抹下去！

B1：我可以用今天写字课的毛笔刷下去。

C1：你们这样太费劲了，我去接水，用水直接冲掉这些害虫！

D1：老师，我可不可以放新鲜的菜叶把蚜虫吸引下来呀？

A1：这哪儿行啊，它们才不听你的呢！要我看就用它们的天敌来对付它们最好。

C1：对，对，我去抓蚂蚁！我发现有蚜虫的地方就有蚂蚁和瓢虫，瓢虫少见，可是蚂蚁多呀！

B1：哎，我怎么说你啊，你都不读书的吗？书上说了蚂蚁不仅不吃蚜虫，还保护蚜虫。因为它喜欢吃蚜虫的分泌物。

A1、C1、D1：（疑惑）啊？真的啊？

师：我们不妨现在就来查查资料啊。（拿出 iPad，同学们围过来）

A1：还真的是啊……

D1：都怪你瞎出主意，弄不好今年我们就种不出棉花了！

C1：那……我也是好心呀……

师：所以，孩子们，科学的事情是严谨的，容不得半点儿马虎。（孩子们点头）那究竟谁才是吃蚜虫的天敌呢？

B：老师我查到了，是草蛉虫！

A：老师我见过！就在那边呢！快跟我来！（学生都下）

第三幕　丰收齐乐

（教师、毕业学生 A 和 B、所有演员）

A：老师，我们回来啦！我们想再看一眼校园，再看看我们的棉田。也不知现在棉田长得多高了，我们走的时候我记得是齐腰高吧？毕业典礼那天我们还最后为棉田除了一次草、最后为母校做了一件事。如今也不知道棉田怎么样了？那可是我们一碗水一碗水精心呵护、看着长起来的，被哪个班接管了？照顾得好不好？

B：开花了没有？长出棉花了吗？记得上学期开学初，我们种下希望的种子，捧着碗浇水，守着它们长芽，我们在校园中成长，棉田也一天天长大，我们从不懂事的孩子变成了有责任、有担当的学哥、学姐，棉田……却不知道变成了什么样。有时候我真觉得，与其说是我们见证了棉田的成长，倒不如说，棉田陪伴我们成长，我们在照料棉田中求知、成长。老师，您再带我们去看一次棉田吧！（抓衣角摇）

师：好啦好啦，带你们去。

（之前的演员捧棉花上）

小演员合：哥哥姐姐们好！咱们的棉花丰收啦！（跳，笑，送给 AB）

听！我们自己编制的校园歌曲唱起来啦！

（音乐起，送棉花到台下）

附 2：清华附中永丰学校（小学部）棉田歌曲案例。

《印象棉田》原创歌曲

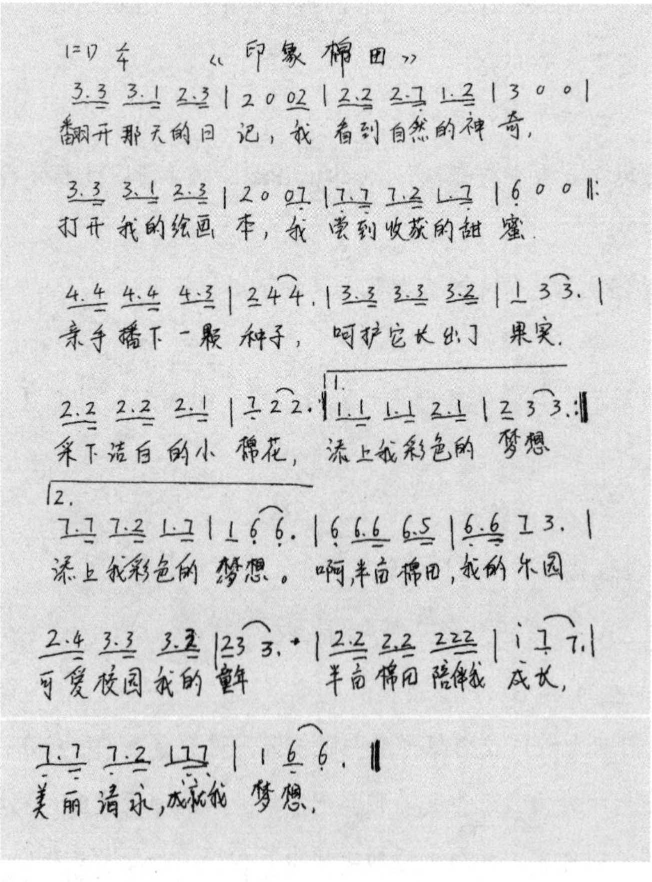

1=D 4/4 《印象棉田》

3.3 3.1 2.3 | 2 0 0 2 | 2.2 2.7 1.2 | 3 0 0 |
翻开那天的日记，我看到自然的神奇，

3.3 3.1 2.3 | 2 0 0 7 | 7.7 7.2 1.7 | 6 0 0 :||
打开我的绘画本，我尝到收获的甜蜜。

4.4 4.4 4.3 | 2 4 4. | 3.3 3.3 3.2 | 1 3 3. |
亲手播下一颗种子，呵护它长出了果实。

2.2 2.2 2.1 | 7 2 2. | 1. 1.1 1.1 2.1 | 2 3 3. :||
采下洁白的小棉花，添上我彩色的梦想

2. 7.7 7.2 1.7 | 1 6 6. | 6 6.6 6.5 | 6.6 7 3. |
添上我彩色的梦想。啊，半亩棉田，我的乐园

2.4 3.3 3.2 | 2 3 3. | 2.2 2.2 2 2 2 | 1 7 7. |
可爱校园我的童年 半亩棉田陪伴我成长，

7.7 7.2 1 7 7 | 1 6 6. ||
美丽洁白，成就我梦想。

3.3.3　文明学子顺口溜　弘扬美德遵规范

清华附中朝阳学校　史晓雨

清华附中朝阳学校“文明学子弟子规”创编于2013年暑假，当时的创编目的是希望用一种既让学生容易理解又简单上口的类似“顺口溜”式的语言，将社会主义核心价值观内容、清华校训、《中学生守则》《中学生日常行为规范》的一些内容融入其中，从而使学生牢记这些内容，并在日常的学习和生活中身体力行。

以下是《清华附中朝阳学校“文明学子弟子规”》(以下简称《文明学子弟子规》)的内容。

清华附中朝阳学校“文明学子弟子规”

国无德不兴，人无德不立。
做人讲诚信，做事要勤奋。
礼仪行三百，收益有三千。

路遇师长辈，让行先施礼。
礼多人不怪，衣冠要整洁。
言不说粗口，发型有规矩。

读书师不催，作业母不陪。
自助己生活，节俭是美德。
对人常微笑，自己心情好。

受了人恩惠，忠谢有回报。
长幼懂尊卑，进退皆有度。
自我管理好，厚德清华人。

活动意义

培育和践行社会主义核心价值观、弘扬中华优秀传统文化、遵守《中学生守则》和《中学生日常行为规范》一直是学校德育教育的主要任务。但在实际工作中，如何让学生熟练地记住并理解守则和规范的诸多条目，一直是学校德育工作的一个难题，正是基于此问题，清华附中朝阳学校创编了《文明学子弟子规》。以践行社会主义核心价值观为顶层设计，配上朗朗上口的词句、生动易懂的内容，不仅使学生们很喜爱并记得快，且更容易使学生理解其内容的教育意义。

活动过程

《文明学子弟子规》的创编是由学校德育处和语文教研组合力完成的，在听取教师、学生、家长的意见后进一步修改、最终定稿，并作为学校文化、学校养成教育的一部分，也是学校日常管理的有效抓手。

一、创编过程

创编之初，学校希望通过一种简单、易记、易懂的语言形式，让新入学的学生能知晓学校的理念和相关要求，且要符合学校的文化，即清华文化。学校德育处与语文组同时想到了中国传统文化中的《弟子规》。《弟子规》是清代教育家李毓秀依据孔子教诲编成的学童生活规范，形式为三字韵语，核心思想是儒家的孝悌仁爱，具有重要的文化价值和教育价值。教师们在仔细研究中国传统《弟子规》后，发现其中很多内容已经不大适合当今的社会环境和教育要求，所以不能具体继承，只能抽象地继承和提炼一些适合当今学生发展和行为习惯的内容，并结合清华校训，最终形成了《文明学子弟子规》。

二、《文明学子弟子规》对社会主义核心价值观的体现以及对清华校训的诠释

1914 年，梁启超先生在清华大学任教时，曾给当时的清华学子作了《论君子》的演讲，他在演讲中希望清华学子们都能继承中华传统美德，并引用了《易经》上的“自强不息”“厚德载物”等话语来激励清华学子。此后，清华人便把“自强不息，厚德载物”八个字写进了清华校规，后来又逐渐演变成为清华校训。“天行健，君子以自强不息”“地势坤，君子以厚德载物”两句意谓：天（即自然）的运动刚强劲健，相应于此，君子处世，应像天一样，自我力求进步，刚毅坚卓，发愤图强，永不停息；大地的气势厚实和顺，君子应增厚美德，容载万物。译为：君子应该像天宇一样运行不息，即使颠沛流离，也不屈

不挠；如果你是君子，接物度量要像大地一样，没有任何东西不能承载。

“自强不息”主要体现在个人对自己的严格要求、对真理的追求上，“厚德载物”则体现个人对他人、对社会、对大自然的一种博大的情怀。结合这样的关系，《文明学子弟子规》第一段：

国无德不兴，人无德不立。
做人讲诚信，做事要勤奋。
礼仪行三百，收益有三千。

这一段主要体现一个国家、一个民族要有德行才能持续发展，做人也应如此。思想道德方面首先要诚实守信，以诚信为本，行动上要勤奋努力，勤奋是成事之基。同时待人接物要有礼仪，所谓做人做事先学礼。

第二、三段：

路遇师长辈，让行先施礼。
礼多人不怪，衣冠要整洁。
言不说粗口，发型有规矩。

读书师不催，作业母不陪。
自助已生活，节俭是美德。
对人常微笑，自己心情好。

这两段主要体现个人修养、个人自律的一些要求，能充分体现社会主义核心价值观的价值要素，以及中华优秀传统文化的内涵，更是对清华校训“自强不息”的诠释。

第四段：

受了人恩惠，忠谢有回报。
长幼懂尊卑，进退皆有度。
自我管理好，厚德清华人。

这一段主要体现个人对外界、对他人的态度，学会感恩、尊老爱幼不仅是中华民族的传统美德，更是对清华校训“厚德载物”的体现。

理念是魂，校训是魄，清华附中朝阳学校正是把握住了这种“清华”的魂魄，继承和发扬了百年的“清华”精神。用“自强不息，厚德载物”的立身之法、修身之道去执着追求我们的教育梦、中国梦。《文明学子弟子规》的创编与教育应用，不仅弘扬了“清华”精神，更体现了社会主义核心价值观，并得到了学生、教师、家长的一致认可。

活动素材

“牢记《文明学子弟子规》——做文明有礼的清华人”主题班会

初一（1）班宋丹

一、班会主题

牢记《文明学子弟子规》——做文明有礼的清华人。

二、班会内容

（1）通过看录像、阅读材料、讨论等系列活动，使学生懂得我们中华民族是世界闻名的“礼仪之邦”，讲文明、懂礼貌是中华民族的优良传统，是做人的美德，更是一个现代文明人必须具备的美德。

（2）通过主题班会活动，使学生继承优良传统美德，增强爱国情感，从小养成良好的行为习惯，初步树立社会责任感。

（3）把礼仪常规贯穿到歌谣、小品、朗诵等各种表演形式之中，让学生受到情趣的熏陶和思想品德的教育，懂得礼仪对于每个学生成长的重要性。

（4）作为一名清华学子，我们要牢记《文明学子弟子规》，并用实际行动做一名文明有礼的清华人。

三、班会准备

（1）开班会前，做好前期铺垫：收集中华文明礼仪的故事等资料；调查争做文明学生的做法。

（2）关于中学生礼仪的音像、文字材料。

（3）环境布置（黑板、场地等）。

（4）组织学生准备有关节目。

四、活动过程

1. 活动导入（班主任）

中国自古以来就是礼仪之邦，文明礼貌是中华民族的优良传统，作为新一代的中学生，我们更不能忘记传统，应该力争做一个讲文明、懂礼貌的好学生，让文明之花常开心中，把文明之美到处传播！我宣布：“牢记《文明学子弟子规》——做文明有礼的清华人”主题班会现在开始。

2. 活动开始

（1）家庭文明礼仪

老师：中国是一个有着几千年文明历史的古国，文化源远流长。作为礼仪之邦，中国历史上有很多故事至今仍深深地教育着我们，下面请听历史故事：《孔融让梨》《黄香诚心敬父母》。

孔融小时候聪明好学，才思敏捷，巧言妙答，大家都夸他是奇童。4岁时，他已能背诵许多诗赋，并且懂得礼节，父母亲非常喜爱他。一日，父亲买了一些梨子，特地拣了一个最大的梨子给孔融，孔融摇摇头，却另拣了一个最小的梨子说："我年纪最小，应该吃小的梨，你那个梨就给哥哥吧。"父亲听后十分惊喜。孔融让梨的故事，很快传遍了曲阜，并且一直流传下来，成了许多父母教育子女的好例子。

汉朝时，有一个叫黄香的孩子，是江夏人。他九岁时，已经懂得了服侍父母的道理。每次当炎炎夏日到来的时候，就给父母的蚊帐扇风，让枕头和席子清凉爽快，把吸人血的小虫和蚊子扇开，让父母好好睡觉；到了寒冷的冬天，就用自己的体温暖和父母的被子，让父母睡得暖和。黄香的事迹流传到了京城，号称"天下无双，江夏黄香"。

老师：看到这两个小故事，同学们觉得在生活中我们应该怎么对待我们的父母和兄弟姐妹？（小组讨论）学生自由发言。（表演结束）

老师：通过这个小品，大家认为该如何与同伴相处？

学生自由发言。

老师：如果家里来了客人我们应该怎么做呢？下面请欣赏小品《家里来客了》。

（2）校园文明礼仪

老师：中国是一个有着几千年文明历史的古国，文化源远流长。"礼学"是中国文化的重要组成部分。在中国，自古以来讲究做人要懂得礼貌谦让，因此中国被称为"文章华国，诗礼传家"，被称为"文明礼仪之邦"。

中国古代的礼仪规范不断发展改革，形成了我们的现代文明礼仪，在校园这个既庄严又活泼、既紧张又文明的环境中，我们不仅要学好文化知识，还要自觉加强道德修养，讲礼貌、懂礼仪，做一个文明有礼的清华学子。礼仪举止包含了许多内容，你知道哪些校园礼仪？谁愿意说给大家听？

学生自由发言。

老师：规范的校园礼仪是怎样的呢？下面请欣赏孟芮伊表演的几种最基本的礼仪形式。

表演校园礼仪：正确的走姿、正确的站姿、正确的坐姿、交往礼仪、课堂礼仪、课间礼仪、递物与接物。

老师：这是我们常用的校园礼仪，对于我们中学生来说，《中学生日常行为规范》也提出了明确的要求。

《中学生日常行为规范》课件出示。

老师：我们共同生活在这所美丽的校园里，我们应该和谐相处。在前段日子里，我们班里出现了几幕这样的情境，请看小品《课间活动》。

（表演结束）

老师：同学们对这种现象有什么看法？我们应该怎么做？

学生自由发言。

（发言结束）老师：最后请同学们再一次背诵清华附中朝阳学校《文明学子弟子规》。（学生齐背）让我们用其中的每一条去规范自己的行为，做真正的厚德清华人。

3. 活动总结

老师：同学们，今天我们学习了很多礼仪方面的知识，作为一名中学生，我们要做到遇到师长、来宾，主动敬礼问好；上下楼梯，人多拥挤，注意谦让，靠右行走，保障畅通；讲究卫生，不乱扔果皮，见到纸屑随时捡；爱护公共财物，不乱写乱画，严格遵守学校规章制度，相互监督，共同促进，争做一个讲文明、懂礼貌的中学生。

4. 班主任讲话

亲爱的同学们，文明礼貌是一粒最有生命力的种子，作为一名中学生，作为中华民族的后代，我们有义务、有责任弘扬我们的礼仪传统，树立良好的自身形象。只要心里播下这粒种子，它就会在我们的精神世界里生根、发芽、开花、结果，那么我们的社会就会更美好！希望通过这次班会活动，让我们真正理解文明礼仪的重要性，让我们把文明的种子撒遍生活的每一个角落，让文明之花越开越盛，开遍家庭、校园、社会！最后希望同学们能用实际行动去践行社会主义核心价值观，认真遵守《中学生守则》和《中学生日常行为规范》，牢记《文明学子弟子规》，真正的做一名自强、厚德的清华学子。

5. 活动结束

文明礼仪使有礼貌的人喜悦，也使那些受人礼遇的人们喜悦。那么就让我们每个人都从小事做起，从我做起，让文明礼仪与我们同行！

老师：“牢记《文明学子弟子规》——做文明有礼的清华人”主题班会到此结束。

学 生 体 会

在开学典礼上，校有校纪，家有家规，进入清华附中朝阳学校，我们就拿到了学校的弟子规：A4纸上，工工整整，条理清晰，大声朗读，发现带着丝丝韵味，别有一番情趣……

“生活节俭是美德”，这句话令人印象最深刻，因为这两句在入学实践活动期间简直可以说得上无时无刻不在我身边体现。仿佛每一件事都围绕这句话进行，整理床铺，自己下楼打水，刷牙、洗脸等，弟子规已经成为生活中不可缺少的定律。我们做厚德清华人，提倡生活简朴，发扬传承节俭美德。

——初一（6）班　张熙原

我清晰地记得，大会第二项，老师让我们大声背出《文明学子弟子规》，第一次集体朗读，感到非常震撼，听到同伴的声音很大，我也更加自豪地大声背出。我想学校为了让我们先熟悉背诵规矩，再努力做到吧，我一定行！

——初一（1）班　李泓萱

刚刚开学，负责的班主任老师带着我们把《文明学子弟子规》的每一句话都理解了一遍。开学典礼上，郑重其事地背了一遍。我知道，这是学校寄予我们的厚望，承载着这份厚望，我们踏上了初一的旅程，也严格地去践行社会主义核心价值观和《文明学子弟子规》的各项规定。

——初一（6）班　王奇琦

在入学实践活动的闭营式上，我们又一次背诵我校的“弟子规”，也又一次被深深震撼。两天半的入学实践活动，使我抹去了暑假中的懒惰和不良习惯。《文明学子弟子规》中的每一句话，指引我一路向前，成为开启我生活的华丽乐章。我要用自己的双手为我的初中生活画下浓墨重彩的一笔。“礼仪行三百，收益有三千”强调了礼仪的重要性，它是我们中华民族的传统美德，我们要更好地继承它，发扬光大。

——初一（1）班　刘虹均

“弟子规”中有一句，“言不说粗口”。对于这一条，我相信很多男生都没有做到，说粗口是一个很不好的习惯，我记得我小学的时候玩电子游戏，老说一些脏话，都成了一种习惯，平时在家控制得还不错，但每到游戏输了，或跟同学吵架了，就会习惯性地骂上几句，读了几遍“弟子规”，“言不说粗口”好像印在了脑子里，一遍遍地强化了记忆，终于有所改正。

——初一（1）班　姚奕晟

“路遇师长辈，让行先施礼”是中华民族的传统美德，尊重长辈向老师问好，是我们应该做的。“对人常微笑，自己心情好。”“弟子规”中这句话，让我想到操场上遇到同学，微微一笑，对方心领神会，自己的心情也有了很大的改变。尊重老师同学，微微一笑，哪怕在紧张的环境下，也能做到心灵相通。用微笑的方式去迎接每一天，这是我读“弟子规”的心得体会。

——初一（5）班　杨宇淇

3.3.4　翰墨凝香传颂经典，重道弘德奠基人生

——清华附中春联创作系列活动传统文化育人路径初探

清华大学附属中学　张悦　白雪峰

上善若水，大象无形。真正的德育教育，应该是汲取千年中华文明之水，润物无声，滴水穿石。在学校德育中，把视角落在对优秀民族传统文化的继承及新时代背景下主流价值导向的把握、对传统文化在现实社会中的发扬和实践，对人的终身成长和幸福的关注，就显得尤其有意义。

清华附中注重打造全过程、全方位、全员化的全新育人模式，坚持以社会主义核心价值观为核心导向的德育理念，开展充分融入爱国主义、集体主义教育的德育教育，通过多种多样的德育活动培养学生的健全人格，使学生拥有正确的世界观、人生观、价值观，成为文明附中人。新时代背景下，如何将传统文化与时代意义有机统一，清华附中一直在思考与创新。每一个传统节日，清华附中都会组织学生开展主题教育活动，如诗词、书法、对联、手抄报等，在校园内营造一种浓郁的传统文化气息。清华附中的传统活动“春联创作与书写大赛”正是道德教育很好的活动载体，一副副学生亲自创作和书写的对联，传扬着泱泱华夏的文化神韵，营造着浓郁的春节氛围，给学生一个徜徉其中，享受美感，潜移默化地学习、实践、体验生命幸福成长的文化环境。

活动意义

一、打造立德树人精品载体，继承弘扬优秀传统文化

2018 年，中共中央办公厅、国务院办公厅印发了《关于实施中华优秀传统文化传承发展工程的意见》提出：要围绕立德树人根本任务，遵循学生认知规律和教育教学规律，按照一体化、分学段、有序推进的原则，把中华优秀传统文化全方位融入思想道德教育、文化知识教育、艺术体育教育、社会实践教育各环节……开展“少年传承中华传统美德”系列教育活动，丰富拓展校园文化，推进戏曲、书法、高雅艺术、传统体育等进校园。

清华附中秉承清华大学自强不息、厚德载物的文化底蕴，扎根于传统文化之中，不断从中汲取学校发展和育人的文化营养，通过多种形式提高学生的文化素养。楹联作为中华民族独有的文学形式，包含着厚重的传统文化精髓。以楹联活动为载体，每年元旦前夕，清华附中学生发展中心都会组织开展"春联创作与书写大赛"，以营造欢乐喜庆的新春氛围，弘扬中华优秀传统文化。

二、时代价值追求导向凸显，传统文化育人成效显著

对联可以表达心声、寄寓理想、讴歌时代精神风貌，在中国的文化传承中发挥了巨大作用。学校有责任和义务来传承国粹，历练品德。在校园开展对联活动，可以说是践行"传承中华文化"、倡导"培养学生自主学习的能力"、提升"学生道德素养和人格魅力"的具体德育活动形式，是贯彻落实《完善中华优秀传统文化教育指导纲要》、丰富学生素质中的"中国元素"的具体行动。

将学校德育、核心价值观教育渗透于对联活动中，是我校的成功做法之一。自2012年起，我校每年都举行春联大赛，这项活动的开展，吸引了学生踊跃参加，涌现了许多颇具匠心和学校特色的对联，我们把其中的若干副对联于春节期间贴于学校的各个角落，形成了一道亮丽的风景线，许多学生、家长来校时都驻足欣赏。这一副副新颖别致、富有创意的对联不仅美化、诗化了校园，更重要的是让社会主义核心价值观教育触摸更具温度、融入生活更加亲和，充分发挥出环境育人的导向作用。

学生学习对联、欣赏对联、创作对联、书写对联的过程，是自主学习、深化认知、丰富实践的过程，也是道德情操和思想修养不断提升的过程。这体现了新课程改革强调的"主动学习""自主探究"。开展对联活动能够激发学生兴趣、符合学生心智发展规律，让学生在探究、合作、展示中增强学习兴趣，激发学生了解学校、热爱学校、赞美学校，对学生的学习有明显的促进作用，扩大了学生的文学知识视野，培育和践行了社会主义核心价值观，让学生将文学才情与时代追求融合，增强了学生的主人翁意识。

活动过程

一、紧扣时代脉搏，设置特色主题

清华附中"春联创作与书写大赛"自2012年起至今已连续开展了八届。每次活动都会确定一个主题。主题的确定有两个原则，一是育人性原则，学校开展所有活动的核心要求就是育人，要符合师生的认知特点和心理需求，充分发挥育人功能，体现社会主义核心价值观；二是紧跟时代特色，紧扣时代脉搏，让学生在传承传统文化的同时具有现代思维

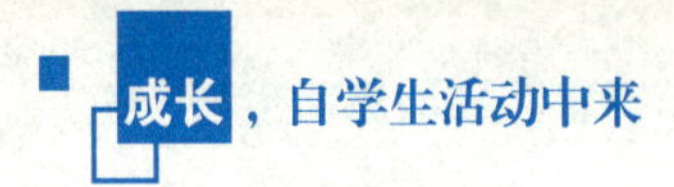

和文化素养。

社会主义核心价值观是社会主义核心价值体系最深层的精神内核，活动引导学生从生活出发创作作品，力求在国家、社会、个人不同层面建功青春、修身立德。近几年的主题有“新时代、新目标、新征程”；“厚德自强，做博雅君子”；“明德修身，心系家国”；鲜明的主题可以引导学生以楹联歌颂真、善、美，抒情写意，进而净化心灵、提升人文素养和家国情怀。

二、教学融入德育，品味感受传统

我们将创作春联的知识点融入语文课堂中，由语文教师讲解对联创作的相关知识，如对联的历史，对联的形式、类型、特点、结构等，让同学们了解如何创作对联。为了让同学们真正地感悟对联的精妙，感受对联所蕴含的语言美、韵律美和意境美，语文教师在课堂上会引导同学们诵读对联，品味对联，让同学们在感知对联如何创作的同时焕发同学们对祖国语言文字的热爱。

接下来组织同学进行春联创作。春联内容全部由学生自己创作，活动得到了各班同学的积极参与。创作春联，是对语文知识的整合运用，既能培养和提高学生的语言乐感与鉴赏能力，又能增加学生对文字的驾驭能力和感知能力，提高学生的语言运用能力，提升学生的文化品位。

三、创作书香春联，校园墨香四溢

书法是中国特有的一种传统文化及艺术。当代的教师与学生，有义务和责任去弘扬中华民族优秀传统文化，传承书法文化艺术。手写春联作为书法的一种形式，对传承书法艺术发挥着重要作用。

学生中一些书法爱好者非常珍惜此次施展才华、展现自我的机会，大家在紧张的学习中抽出时间，静下心来，为同学、教师书写春联。有的同学为了写好春联上的每一个字，要在草稿纸上练十几遍。等到这个字练熟了，结构写好看了，胸有成竹了，才会写到春联纸上。学生们的书写作品展现了扎实的书法功底，笔下的字笔酣墨饱，书体有楷书、隶书、行书、篆书等，或端庄秀丽，或浑厚苍劲，或古朴高雅，或灵动潇洒。社会主义核心价值观从公民观角度对学生们提出全新要求，而同学们创作寓意吉祥的对联字字寄托着附中学子道德修养之志，心系家国之情，这既让社会主义核心价值观教育落细、落小、落实，也让国粹书法艺术在青少年身上得到传承和发扬。

四、广泛调动参与，集思楹联对句

为了更好地普及楹联文化，活动中特增设了“对句”环节。“欢乐对句，喜庆迎春；

集思广益，附中有你！”楹联对句活动受到了来自学生、教师、家长的广泛参与和喜爱，师生及家长各尽其才，佳联妙对。通过现场收集与微信平台征集，每年收到千余条对句，语文教研组优中选优，挑选出楹联对句最佳作品。

五、张贴春联迎新，营造文化氛围

“贴春联、迎新年”是中华民族的传统习俗。在辞旧迎新之际，清华附中同学们自愿报名参与张贴春联的活动。他们将饱含学子美好祝愿的春联张贴至学校各楼及班级门前，翰墨飘香的春联，为清华附中带来了一派喜庆吉祥，同时这些传统与时代价值追求紧密结合的春联将在学生的心中扎下深根，使他们践行社会主义核心价值观的方向更明确，脚步也更有力。

师生体会

我觉得“春联大赛”是个很好的抓手，不仅可以督促学生深入了解中华传统文化，还给爱好并擅长书法的同学搭建了展示自我的平台，同时激发了不少家长的参与热情。我也是诗词曲赋的爱好者，借着这样的机会，也学习了不少东西。

去年比赛期间，某天早餐遇到谢玄老师，谢老师教了我一些关于春联的知识，我一时兴起，牛刀小试了一把。又到一年比赛时，某一天半夜醒来，想到本人对化学专业的理解与担任班主任的艰辛，灵感不期而至：过滤洗涤萃取分液，通通可除杂净物；读书练字值日跑操，样样能养性修身。上联是教学、下联是教育，把对学生的希望融在了里面。第二天课间操给向玉艳老师看，得到了向老师的肯定，她顺便给我写了横批。我觉得写春联很好玩，前几天给（10）班某才子答完疑，跟他切磋春联写作，又受到新的启发。看来，我今后不仅要雕琢辞藻，更要在“意境”上下功夫。

——化学组　白建娥老师

汉字是世界上最美的文字，每个汉字本身就是一幅充满意蕴的画，形、音、义三个层面的美是任何拼写语言都难以企及的。笔墨建构的多维立体世界中，文人雅士透过无声的笔墨呐喊着自己的志向和态度。横平竖直，疏密有致，和谐统一，无一不透露着为人处世之道。中国书法是综合全面的高雅艺术，是中华民族的文化瑰宝和国粹之首，在国际上也享有盛名。著名画家毕加索曾经感慨，如果生在中国，他一定会做书法家而不是画家。然而电子化时代容易让人们淡忘执笔书写的美好体验，继承和发扬它十分必要。清华附中“春联创作与书写大赛”是很好的活动，希望这样的活动能够一直办下去，并且越来越好。

——英语组　李靖萍老师

在本次春联创作活动中，我的获奖离不开恩师向老师的帮助和指导。向老师平时注重经典，注重积累，常常带我们读《四书章句集注》，还和我们讲对联的基本格式，这些都对我这次春联创作有很大的帮助。这次，我用了《大学》里的一些内容创作春联，就是读了《四书章句集注》后受到的启发。通过这次活动，我对对联有了更多的了解，也体验了对联创作的快乐；同时，我感受到了附中“明德修身，心系家国”的深厚情怀。我的作品还有很多不足，以后我要更加努力学习传统文化，学以致用，不断提高自我。

——初 1804　杨丁睿

习总书记指出，“提高国家文化软实力，要努力展示中华文化独特魅力”，鲁迅先生说：“饰文字为观美，华夏所独。”中国书法是汉文字形象美独特的艺术。

春节是我们的传统节日，书法又是传统艺术中的典型代表，附中每年一度的春联创作书写大赛把两者结合起来，既让同学们感受到了年味，又体会到了传统艺术的魅力，意义非凡。

在今年的书写大赛中，承蒙各位评委老师认可，我有幸获得了一等奖，这更坚定了我对书法的热爱，我不但要一直写下去，而且要不断深入探索书法文化的内涵。“文以化人，文以载道。”无论将来在世界哪个角落，我都希望有能力通过书法艺术展示中华民族的“软实力”！

祝清华附中的春联创作书写大赛更上一层楼！

——初 1705　崔时君

春联创作大赛活动十分有意义。创作对联可感受传统文化的魅力、感受古人的智慧与那份流传至今的对生活的热爱；对对联可享受推敲文字的快乐，与同伴彼此难为彼此成就；写对联可用铁画银钩劲骨支撑对来年的祝愿。奖状和那一副副张贴在校园中的对联作品，不仅仅展现了清华附中学子的风采，当我们为之叹为观止时，更是在斩钉截铁地告诉我们，中华民族的文化情怀未变。

——初 1802　吴晓雨

这次参加了清华附中以“明德修身，心系家国”为主题的 2019 新年春联创作大赛，感受很深、收获满满。这是一次中华民族优秀传统文化的精神洗礼，这是一次弘扬国粹的盛宴。这次活动的主体虽然是青少年学生，但也调动了家长、家人们的积极性。这次活动是立体的，也是全方位的，有深度，更有广度。其对联无论是出句还是对句，正如习主席所说，都是“有温度、有筋骨、有道德的优秀作品”，释放出满满的正能量。真正起到了“启智”“立德”“燃情”“育美”“健心”的作用。赋诗一首以纪之：

联韵清华翰墨香，爷孙携手共登堂。

盎然春意毫端涌，国粹传承引兴长。

——初 1801　胡乔一爷爷

我参加了“明德修身，心系家国”的春联创作，感触很深。我很荣幸获得这次奖励，其中也离不开向东佳老师平时对我的指导。同时，很多同学的对联也是十分优秀的。以“明德修身，心系家国”为主题，让我们自由发挥，从精神上得到了极大的提高。这次活动，让我感到了新春活动的快乐，中华传统的精深、有趣。希望以后还可以举行传统文化的活动。赋诗一首以纪之：

清华园里贺新岁，诗风词韵真国粹。

红福金帖似家归，墨香意久迎春荟。

——初 1801　胡乔一

“格物致知诚意正心，修身齐家治国平天下”出自《大学》，古代想要在天下有所作为的人，有志于弘扬光明正大品德。心正而后身修，身修而后家齐，家齐而后国治，国治而后天下平。至于未来在社会中所处的位置，取决于正心。“有志与力，而又不随以怠”，这是王安石游华山洞的所得，前进的深度，在于“尽吾志”，故以此出句与大家共勉。

——高 1802　刘廷亦

春联，是一种独特的中国文学形式，它以工整、对偶、简洁、精巧的文字描绘时代背景，抒发美好愿望。附中写春联、贴春联活动，是每年的传统，年年都参加的我也有着不一样的感受。用隶书书写，每一个字都倩影摇曳，墨影留香，每一个字都积蓄了万千情感，带给人最真挚的祝福。在附中处处都能见到同学们精心书写的春联，这为附中增添了许多过年气息。

——高 1802　刘硕

3.3.5 主题戏剧演绎爱国情怀

——清华附中上地学校北京曲剧《四世同堂》

清华大学附属中学上地学校 辛颖 叶春芳

《四世同堂》是老舍先生讴歌弘扬中国人民伟大爱国精神的不朽之作，是一部表现抗战北平沦陷区普通民众生活与抗战的长篇小说，本剧根据原著改编。全剧以北平小羊圈胡同为背景，通过复杂的矛盾纠葛，以胡同内的祁家为主，钱家、冠家以及其他居民为辅，刻画了当时社会各阶层众多普通人的形象；反抗与顺从的选择，国家与个人的选择，种种艰难的选择纷繁地交织在一起，深刻地展示了普通人在大时代历史进程中所走过的艰难曲折的道路。

我校“老舍戏剧社”与北京曲剧团合作，排演本部爱国戏剧。从2014年第一季排演开始，到现在正在排演的第五季，我们已成功走过近五个春秋。《四世同堂》的情怀和精神已通过北京曲剧表演润物无声地影响了我校学生、家长和教师近五千人的心灵世界。

经小说《四世同堂》改编的剧本，将国家的命运与个人的命运紧密结合起来，渲染了浓烈的家国情怀，学生在对文本理解和表演的过程中，增强了爱国主义情感。

戏剧排练有助于提高学生的自信心、自我理解能力和自律能力。能锻炼学生表演能力、合作能力，培养学生创造性思维，培养学生对生活的热爱，加深对传统文化的情感。继承和弘扬中华优秀传统文化是教育的重要组成部分，戏剧传统课程是中华优秀传统文化的组成部分，我校正努力在戏剧传统课程建设上融合社会主义核心价值观，走出自己的特色之路。

活动意义

习近平总书记2013年12月30日在中共中央政治局第十二次集体学习时谈道：“对中国人民和中华民族的优秀文化和光荣历史，要加大正面宣传力度，通过学校教育、理论研究、历史研究、影视作品、文学作品等多种方式，加强爱国主义、集体主义、社会主义教育，引导我国人民树立和坚持正确的历史观、民族观、国家观、文化观，增强做中国人的骨气和底气。”

我校近年来一直致力于传承经典传统文化，从“走进胡同，回味京韵”校本课程开设到国学吟诵艺术实践，从春联艺术创作到老舍戏剧社第一部大戏《四世同堂》排演……我校虽然建校时间短，但在开展中国传统文化艺术活动和加强对学生的综合素质教育等方面，一直在不停地探索和努力。

中国传统文化教育工作已成为我校的重点工作。傅首清副区长曾多次来我校视察和指导工作，对于我校大力开展中国传统文化教育工作表示了极大的关注。我校学生通过以上活动，对中国传统文化表示出了良好的参与度，文化素养也有了相当水平的提高。

老舍先生名著《四世同堂》是传世经典，是传承传统文化，体现北京元素、北京精神的名篇。《四世同堂》还是海淀教师进修学校中学语文教研室制定的《初中名著阅读目录》初一下学期必读篇目。《四世同堂》曲剧是北京曲剧团经典剧目，我校与北京曲剧团合作，让学生在实践中学习老舍名著，体会老舍名著，感受老北京生活。该曲剧排演是落实党和国家号召大力继承与弘扬中华传统优秀文化，落实习近平总书记 2013 年 12 月 30 日关于“对中国人民和中华民族的优秀文化和光荣历史”要大力宣传指示精神，践行社会主义核心价值观的需要。同时，通过曲剧排演，学生通过自己的实践将自己多年积累的人生体会变成具体可感的人物形象，提升和内化学生对生活与人性的认知。我校努力搭建这样高层次的展示平台，对学生的胆识、勇气、创新精神、合作意识等都是很好的培养和鼓励。《四世同堂》曲剧排演是素质教育非常有效的载体之一。

活动过程

现在北京曲剧《四世同堂》排演已是我校校本课程之一。

课程准备和开展过程有：①演员选拔；②成立“老舍戏剧社”；③现场观看北京曲剧《四世同堂》；④排演北京曲剧《四世同堂》；⑤公演北京曲剧《四世同堂》。

课程建设从演员选拔开始。参加选拔的学生需要经历三关：①表演一段北京曲剧《四世同堂》自选人物台词；②任选一项才艺现场展示；③回答导演随机考试的题目。在选拔前，学生们都会用心准备；现场竞选，从容舒展。有些同学选拔时的表演就能入情入戏，很有感染力，展现出良好的表演天赋。

第一季选拔后，成立了学校“老舍戏剧社”。在成立仪式上，辛颖校长对“老舍戏剧社”工作做了全面的宏观指导，对学生提出三点期待：①期待孩子们爱上阅读，读经典，长内涵；②通过演出戏剧，共同提升文化素养；③团结合作，共同排练并演出好曲剧《四世同堂》，传承好北京地方戏。

然后，清华附中上地学校“老舍戏剧社”组织学生演员到剧场现场观看北京曲剧《四世同堂》演出。通过观看曲剧，学生们对《四世同堂》有了更深的理解，对于表演，学生们也更有信心了。学生在活动中收获成长，在排练中感受人生，在戏剧中锻炼自我。

接着进入排练环节。排练内容有模仿秀、练胆气、静心、定角色、读台词、背台词、对台词、分场排练、全场联排等。

学生体会

参演《四世同堂》带来的成长

现在回想起来，参加《四世同堂》排演的日子，一转眼已经过去两年了。但是那些排演的画面在脑海中浮现的时候，真的就像发生在昨天一样。

当年的我，其实有一点儿自卑，好像到初中第一次勇敢做的事情，就是报名参加学校北京曲剧《四世同堂》排演。

很幸运，我被选为了扮演“韵梅”的演员之一，这让我，变得自信了一点点，真的。然后为了不让自己在其他优秀的演员们面前丢人，每一次导演和老师布置的任务我都认真去做。于是我发现了很多事情，以前认为冗长又沉闷的讲座其实细听起来有诸多收获，因为有收获也觉得有趣味起来；仔细琢磨反复揣测剧本，甚至原著小说，原先只是文字描写出的人物在我眼前慢慢变得丰满且有血有肉……第一次发现枯燥的名著可以变得这么好玩，第一次发现我可以对一件事情这么专心。

而后就到了我们真正排练的时候了。在这个阶段，我们遇到了很多有意思的问题。比如说，我们要管同龄人叫爷爷叫爸爸，最开始真的是羞于出口，到后来大家就笑个不停地乱叫起来。当然克服这点心理障碍也很简单——把自己带入剧情里面，跟随剧情的发展，心情起伏跌宕，到说台词的时候我只忙着为韵梅悲惨的命运而感慨了，后来想笑都笑不出来了。

我们那届也是机缘巧合，排演完要公演的时候正值清华大学附属中学百年校庆，于是我们的曲剧就作为贺礼献给清华附中百年华诞。但是这反而让我更紧张了，公演时，看着清华大学大礼堂台下黑压压坐了满满的人，我嘴上像“韵梅”一样懂事地安慰着别的演员，给他们加油打气，其实我也是一直在宽慰自己的心，记得备场的时候甚至都能感觉到手不由自主地发抖，尽管内心已努力平静。可是我一走上台，不知道是不是那个舞台有魔法，还是得益于平时的训练，我好像一下子就进到了我的角色中，游刃有余地做韵梅，平日里排练过千百次的动作和台词就自然而然地接了下去。我第一次真正体验到了什么叫“practice make perfect”（熟能生巧）！

下台之后，碰到老师和同学，他们都说我们演得真好。之后很长一段时间，老师都还戏称我为“韵梅同学”。我想，这也是对我表演的一种肯定。作为一名演员，能让人记住我饰演的角色，成就感是满满的。

总之，因为参加学校北京曲剧《四世同堂》排演活动，我开始逐渐变得勇敢和自信，我敢于去争取成长的机会了，而不再是坐等机会降临到我头上。

这就是我那一年里的成长。

——初 1301　叶雨晗

掌声背后

三年前的九月，我们十几个不专业的初中小孩儿完成了北京曲剧《四世同堂》的演出，现在我还记得当时谢幕时我出场的顺序和我们举着的那条长长的红色横幅。

排练过程从海选到登台，用了一年多的时间，我们也从最开始的小孩儿蜕变成真正的演员。其实这一路，我学会的不只是去模仿视频中的人物，去演绎那个角色，最珍贵的是，导演在排练过程中传递给我们的一种态度：作为一名演员，戏是天大的事。我们曾经因为各种各样的花哨理由迟到，为了吃爱心早餐，为了贪睡几分钟，而这样就会拖慢整个排练的进度。那一天，导演花了一个小时的时间来教我们懂得“在其位，谋其政”这样看似浅显的道理，不是他的话语，而是他的情感感染了我，他为了我们这台戏，付出时间，付出心血，是因为自己的热爱与责任。既然选择了，我们就都坚持了下去。

排练与演出内容相同，但感觉相差甚远。在第一场演出时，我有一出要拔下芦苇叶的戏，但我没有提前试用道具，真正上了场，才发现那根本应该活动的芦苇叶与铁丝紧紧地缠绕在一起，我戳破了手也没能拔下来，但音乐在继续，我只能临时加了动作来代过，手指上的血染红了我蓝色的旗袍。那一刻，我才明白了演戏远远没有那么简单，有很多需要提前准备、现场应对和忍受的。掌声的背后，需要所有人竭尽心力，人在，心也在。

直到现在我还以韵梅这个名字为傲，戏落幕了，但过程中给我们留下的珍贵记忆，伴着简单的盒饭，伴着午后的欢笑，落在了每个人的心底。

——初1301　陈子轩

《四世同堂》观后感

距去年9月9日《四世同堂》第一场演出到现在已经一年多了，又有机会看《四世同堂》，这让我兴奋了很久。

在清华附中礼堂，入座大概20分钟，钟声响起，灯光渐渐熄灭，我往前挪了下身。

故事发生在抗战时期，北平沦陷时期。第一个场景在祁老人家，大家都准备为祁老人祝寿。街坊邻居一番庆贺之后儿孙们纷纷给祁老人下拜庆寿。扮演祁老人的是我校初三的学生，十分专业的装扮使他脸色暗黄，须眉银白，眼角腮旁的纹路中含着笑，小眼深藏在笑纹与白眉中，看着自己儿孙满堂。他的演技包括说话的声音都十分到位，让我很快进入了情境。

日本人突然打了进来，使原本平静的小羊圈儿风云四起。祁瑞全为国出力出城打鬼子，祁瑞丰为了当官去讨好日本人，当了科长就不知天高地厚的他最终也遭到了报应。

这一遍比第一遍感悟更多了些，我注意到了一些除了剧情之外的细节。比如，祁瑞宣从狱中出来后陶醉地呼吸着新鲜的空气，头晕目眩，体现出他在狱中受了很多罪，也侧面表现出了日本人的残暴。剧中两次芦苇荡的场景，第一次送走祁瑞全的时候，祁瑞宣叫韵梅“顺儿他妈”，而经历了几番风云之后，第二次芦苇荡的场景，祁瑞宣直呼了他为她起的名字“韵梅”，帮她拿篮子，还让她走在前，体现出她从家里的劳动力、儿媳、做打杂工的小角色，变成现在祁家中不可缺少的成员，也体现出她为这个家做的贡献之多，表现出她正直、善良的人物性格。

令我最印象深刻的场景是韵梅抱着小妞子，给她唱歌听，直到小妞子饿死在怀里，我在韵梅的凄喊中不禁潸然泪下。小妞子，不足9岁就在日本人的残害下被饿死，怎能让人不心生怜悯和悲伤。

同学们把人物的角色及性格都体现得淋漓尽致，表现出了当时北平人民在日军铁蹄践踏下的艰难处境，将国家与个人的种种选择交织在了一起。正如王殿军校长所说："真想不到是一群孩子在演！"同学们得到了老师的充分认可，这场不容错过的盛宴将成为大家的宝贵财富。

——初 1402　孙亦容

学会放下

在鲜花与掌声中，北京曲剧《四世同堂》第三季公演完满落幕了，场下欢呼不止，场上也充满了欢声笑语，同时也是时候结束了。

《四世同堂》陪伴我度过了整个初中生涯，我参演过两季，我演过油头滑脑、见利忘义的冠晓荷，也演过心怀祖国、满腔热血的祁瑞宣。俗话说得好，"台上一分钟，台下十年功"，一年里每分每秒的努力，看似是给大家看的，实际上，更多的是给自己看的。看着自己努力的成果，看看自己表演得好不好。扪心自问，其实我还可以再完善一下这里的动作，其实还可以演得更好，其实……回想起来，心中萌生出了许多懊恼之情。

导演说过，我们只是一群初中生，一群孩子，我们不用像戏剧演员那样要求自己变得职业，但是我们可以要求自己变得专业。"戏比天大！"导演铿锵有力的话语萦绕在我的耳畔。确实如此，我们在戏中的一颦一笑的确不能像真的演员那样一板一眼，但是我们认真钻研、反复尝试的态度会使我们变得更加专业。

《四世同堂》，不仅培养了我认真的态度，也教会了我学会放下……

再次回想起演出时的情景，我不仅看到了自己的遗憾，也看到了我这一年来的努力，看到了我认真的态度，我突然释然了。我突然感到，结果往往也没有那么重要，过程才是真切而美好的，只有学会放下结果，才能更好地认识自己。

这两年的经历，是宝藏，是无价之宝，令我变得更加成熟。若干年以后，我会想起那个炎热的夏天，叶春芳老师将我带到了北京曲剧《四世同堂》的排练剧组的场景。我手足无措过，懊恼自责过，但现在我都已经放下，拥有的只有对这段时光的自豪与留恋。

——初 1501　赵晏彬

3.3.6　艺术社团展风采，爱国教育正青春

清华大学附属中学　胡军

怀着对民族音乐文化的热爱，秉承清华大学“自强不息，厚德载物”的治学理念，以积极服务于广大师生和群众为目标，以“传承传统音乐文化，引导国民文化取向”为己任，刻苦训练、积极演出，呈现了“三高、两稳、一多”的发展态势（“三高”为办团意义高、管理规格高、技术水平高；“两稳”为外请专家、学生演奏员队伍稳定；“一多”为以传承传统音乐文化、“维护我国文化安全”为目标的专场演出多）。乐团在校内积极传播民族文化知识，促进同学们道德水平和核心素养的全面发展；在校外积极为广大人民群众的精神文明建设服务，普及传统民族音乐文化、提升公民的文化素质；在国外展示中华传统音乐并弘扬民族精神。乐团在艺术的殿堂中全面发展，现已成为一支声部建制齐全、有自己演奏风格和自己创作作品的成熟型学生民族管弦乐团。几年来乐团在世界范围行程25万千米，组织学校、社区、慰问、出访、专场等演出110余场，为近20万名各国观众展现了我国博大精深的民族文化。

活动意义

学生艺术社团首先要服务于教育，服务于学生。

学校是“社会人”的“制造厂”与“训练场”，是塑造每个公民优良品德、素质基础的地方。越是在社会品德标准和文化基础发生动荡的时代，学校越是要从学生“先入为主”的特点出发，从培养接班人的目的出发，坚守社会道德的标杆、尺度和准则。

我们认为，作为基层的业余团体，学生艺术社团应明确自己的定位和发展目标，立足于学校教育，服务于学生，丰富学生的艺术阅历，开拓学生的艺术视野，坚持传承民族文化，维护我国的“文化安全”，在学生品德教育和素质教育中，为培养有爱国情怀的公民发挥应有的功效。

（1）根据学生的实际情况，以学生喜闻乐见的浅显曲目以及他们喜爱的方式，来丰富

学生的课余生活、引领学生的文化取向，应该是学生艺术社团在新时代与时俱进的新举措。

作为主要服务于学生的学生艺术社团，在选择演出节目时，应当考虑到演出对象的知识水平、欣赏习惯等具体情况，多选取一些比较浅显、易懂、便于传播的曲目，采用由浅入深、从简到繁的方式来传播文化知识、引导文化取向。

几年来，清华附中金帆民乐团在演出曲目与形式上，已经逐步形成“名作与自创并重，传统和时代兼顾”的特点，近年来，乐团提出“演奏自己的音乐，歌颂我们的生活”的口号，并很快创做出了第一首歌颂学校的合奏作品《清华附中素描》。几年来，根据学生的需求，乐团不断丰富演出形式和曲目，创编了一些学生喜闻乐见的音乐作品：非物质文化遗产的昆曲《牡丹亭》、古琴曲《流水》；动画片插曲《伴随着你》、经典外国音乐《查尔达什》《野蜂飞舞》等曲目，都被加入乐团演出序列中。学生们被这些“通俗易懂”的作品所吸引，被点燃了学习音乐的热情，渐渐喜欢上了民乐，并逐步升级到了熟悉和理解的水平，提高了他们对音乐文化的鉴赏层次。

（2）学生艺术社团要秉持认真的态度、采用丰富的形式来传承我们民族的传统文化。

笔者曾经做过一个调查：在课堂里请 11 个班的 66 个小组来介绍他们喜欢的音乐，结果 65 个小组选择了舶来音乐，1 个小组选择了中国传统音乐（仅占 1.5%），这不能不说是文化危机的具体表现。如果一种民族文化不是毁于外族的侵略与压制，而是消亡于本族人的漠视，那将是一个莫大的悲剧！而另一项问卷调查显示，78% 的家长不会或很少对孩子们进行爱国主义教育。如果在学校教育中，我们不能给予孩子们应有的、足够的爱国、爱党、爱社会主义的教育，那么在当下社会中，我们的孩子还能从什么渠道去受到这方面的教育呢？

孩子们就如同一张白纸，写上什么、写满什么，那么他们就会成为一个什么样的人，因此我们应该把民族、国家意识形态的核心价值观放到思想教育的首位。

在传承中国文化的工作中，学生艺术社团的学生应当成为教育者和带动者，同时也完成自我教育。

在此方面，清华附中金帆民乐团有一些可借鉴和推广的具体举措：我们通过演出、活动、总结、讲演等形式，对金帆民乐团的学生们进行“做金帆人，铸民族魂”的系列思想教育；我们要求每一位团员都要“像小小的萤火虫，哪怕只能发出微弱的光，也要拼了命地照亮身边的些许世界，尽自己的微薄力量保护我们的文化传统不被遗忘、我们的革命精神不被遗忘”；我们金帆民乐团的排练大厅永远对全校师生们开放，全校师生可以随时来此了解中国民乐知识；乐团办公室鼓励团员带他们的朋友来乐团观看排练；乐团定期在校内组织大型的演出、音乐沙龙、国旗下讲话和民乐知识普及活动；我们充分利用乐团资源，对全校同学进行有计划、有高度的“中国非物质文化”普及工作，我们建立了北京市第一个“金帆教育课程”——“清华附中金帆民乐团古琴社”。以上活动，不但从多个层面、多种渠道展现和宣传了民乐知识，大大提升了全校学生的艺术品鉴能力，而且广泛宣扬了中国的传统文化及核心价值观念，全面推进了学生们的品德教育和素质教育，为学生们成长为有着优秀品质的、大写的“中国人”打好了思想基础。

在金帆民乐团的辐射作用下，清华附中又创办、发展了昆曲社、古风乐社等多个学生艺术社团，最终形成了几大社团齐头并进、百花齐放的艺术教育新局面，为学生们提供了丰富多彩的校园文化生活。

（3）学校艺术社团是培养学生核心素养，开展国民的爱国主义教育的重要载体。

清华附中近几年来，遵循习主席的指示，结合时代热点，由胡军老师根据乐团的实际情况，创做出了一批爱国音乐作品，其中2012年10月创作的《钓鱼岛的土是我祖宗的土》首演于美国，获得南加州华人的热烈欢迎；2016年2月，作品《我的藏南》获得美国第八届好莱坞“天使杯”国际艺术节优秀作品奖；2016年7月23日，在南海最紧张的日子里，乐团毅然决然地奔赴南海前线，慰问官兵，胡军老师专门创作的作品《父辈的旗帜在南海永远飘扬》获得了海军将士们的热烈欢迎，极大地鼓舞了官兵们的士气。

活动过程

准确定位新时代学校艺术社团的社会价。

在这些观点的指导之下，我们把清华附中金帆民乐团定位于：（它是）“一台服务于大众，传播文化知识的播种机；应当是一支服务于大众，宣传文化素养的宣传队”。

（1）学生艺术社团应该成为专业团体的有效补充，为广大基层人民群众服务。

学生艺术社团有着比较严密的组织结构，教师专业，演奏员刻苦专注，演奏水平比较高，因此完全可以成为社会演出团体的良好补充，逐步形成专业团体、社会团体、学生艺术社团这三个层次的社会文化态势，多方位、多层次、无盲区地为广大的工农兵服务。

秉承着这样的理念和想法，清华附中金帆民乐团以“回报社会，传承传统文化”为己任，多次举行各种慰问演出，无偿地把文化生活送到部队、乡村、工厂、敬老院、孤儿院、民工队伍中。在众多的慰问演出中，乐团同学们最难以忘怀的一场演出，是2016年7月23日，民乐团远赴南海舰队一线部队进行名为《父辈的旗帜在南海永远飘扬》的专场慰问演出，因为当时紧张的局势，乐团师生在演出城市等了将近一周，才喜迎将士们的远航凯旋，师生们激动地相拥而泣，以极大的热情为战士们演出了《没有共产党就没有新中国》《军港之夜》《歌唱祖国》等爱国作品。音乐会的主题曲《父辈的旗帜在南海永远飘扬》是胡军老师专门为这支英雄部队所创作的作品，精彩演奏之后，博得了将士们经久不息的掌声，极大地鼓舞了将士们的士气，也激发了同学们的爱国之心。

（2）学生艺术社团应当定期举行社区演出，以丰富社区文化生活，提高居民文化素质。

从身边做起，服务一方，持续、有效地普及音乐知识，提升居民的文化素质，是学生艺术社团可以实现的另一个目标。

清华附中背靠清华大学社区，其乐团与清华大学民乐团和清华附小吹打乐团形成民族文化“一条龙”发展体系，共享师资、乐谱、器材和场地的资源，通过共同排练、联合演出等方式，共同推动和引领着清华园社区民族艺术的发展。近几年来，清华大学、附中、附小三个乐团共同举行了清华社区专场民族音乐会，演出收到了良好的社会效果，很多居民通过观看音乐会，了解到了民乐知识，提高了文化品位和人文素质，北京市和民乐界的领导与专家都对这种独特的办团理念给予了高度评价。

乐团自 2009 年以来，连续 8 年组织学生们赴“太阳村”进行慰问演出，并举行募捐活动，多年来为这些失去父母的孩子们筹集善款达 7 万余元。

（3）迈出国门，弘扬民族文化，让世界感受中国文化的魅力，是学生艺术社团的责任与使命。

笔者认为，艺术社团的学生应该作为文化使者，与外国学生进行广泛的交流，力争在外国下一代接班人和执政者当中，传播中国文化，争取获得他们对中国文化的认同，为我国在国际上的发展铺路架桥。

清华附中民乐团在发展过程中十分重视涉外的艺术交流和文化宣传工作，不但充分利用学校本身的资源，多次与来访的外国学生进行交流，帮助他们了解中国文化，而且每年 4 月，以传播中国传统文化为目的、为国防大学防务学院的外国将领举行的民族专场音乐会，也已经成为附中金帆民乐团的“保留节目”。

同时，清华附中金凯民乐团多次自主地去联系赴海外的交流和演出，在国际舞台上为中国的民族文化争取到了更多的“展示度”。乐团近年来足迹遍及欧洲、亚洲、美洲和大洋洲，演出 110 多场，为全球近 20 万观众展现了中国的传统音乐文化和中国当代青少年的风采。特别是 2017 年 1 月，乐团赴美国纽约联合国总部，携手中关村三小乐团，联合举行名为《父辈的旗帜在南海永远飘扬》的音乐会，在世界上最大、最著名、最瞩目的舞台上，代表中国当代青少年传达了爱国主义精神，新华社、搜狐网等各大知名媒体都给予了非常正面的评价，成为全北京学生艺术社团的自豪和骄傲。